日・英語談話スタイルの対照研究

シリーズ 言語学と言語教育

第13巻 日本語 e ラーニング教材設計モデルの基礎的研究
　　　　加藤由香里著
第14巻 第二言語としての日本語教室における「ピア内省」活動の研究
　　　　金孝卿著
第15巻 非母語話者日本語教師再教育における聴解指導に関する実証的研究
　　　　横山紀子著
第16巻 認知言語学から見た日本語格助詞の意味構造と習得
　　　　–日本語教育に生かすために　森山新著
第17巻 第二言語の音韻習得と音声言語理解に関与する言語的・社会的要因
　　　　山本富美子著
第18巻 日本語学習者の「から」にみる伝達能力の発達　木山三佳著
第19巻 日本語教育学研究への展望–柏崎雅世教授退職記念論集
　　　　藤森弘子，花薗悟，楠本徹也，宮城徹，鈴木智美編
第20巻 日本語教育からの音声研究　土岐哲著
第21巻 海外短期英語研修と第2言語習得　吉村紀子，中山峰治著
第22巻 児童の英語音声知覚メカニズム–L2学習過程において　西尾由里著
第23巻 学習者オートノミー–日本語教育と外国語教育の未来のために
　　　　青木直子，中田賀之編
第24巻 日本語教育のためのプログラム評価　札野寛子著
第25巻 インターアクション能力を育てる日本語の会話教育
　　　　中井陽子著
第26巻 第二言語習得における心理的不安の研究　王玲静著
第27巻 接触場面における三者会話の研究　大場美和子著
第28巻 現代日本語のとりたて助詞と習得　中西久実子著
第29巻 学習者の自律をめざす協働学習–中学校英語授業における実践と分析
　　　　津田ひろみ著
第30巻 日本語教育の新しい地平を開く–牧野成一教授退官記念論集
　　　　筒井通雄，鎌田修，ウェスリー・M・ヤコブセン編
第31巻 国際英語としての「日本英語」のコーパス研究
　　　　–日本の英語教育の目標　藤原康弘著
第32巻 比喩の理解　東眞須美著
第33巻 日本語並列表現の体系　中俣尚己著
第34巻 日本の英語教育における文学教材の可能性　髙橋和子著
第35巻 日・英談話スタイルの対照研究–英語コミュニケーション教育への応用
　　　　津田早苗，村田泰美，大谷麻美，岩田祐子，重光由加，大塚容子著

シリーズ 言語学と言語教育 35

日・英語談話スタイルの対照研究

英語コミュニケーション教育への応用

津田早苗・村田泰美・大谷麻美
岩田祐子・重光由加・大塚容子 著

ひつじ書房

まえがき

　本書の著者はいずれもが、談話分析の手法を用いてコミュニケーションの研究を行う一方で、大学で英語教育または日本語教育に携わってきた。しかし、教育の場で会話の指導を行う際に、語彙、文法、発音などの指導だけでは克服しきれない壁を常々感じてきた。つまり、我々の母語である日本語と相手の言語とでは、会話の仕方が何か違うという違和感である。そして、その違いの要因が、具体的にどのような点にあるのか、どのように会話の指導をすべきなのかについて長い間悩んできた。本書はそのような疑問に端を発している。

　本書は、大学英語教育学会（JACET）の中部支部待遇表現研究会のメンバーである著者一同が受けた平成22〜24年度科学研究費助成事業（科学研究費補助金 基盤研究(C)22520595「国際語としての英語の語用指標解明と英語教育への応用―英語会話ができる日本人の育成」研究代表者：津田早苗）の成果をまとめたものである。本研究会は20年にわたり、英語と日本語の会話にどのようにポライトネスがあらわれているのかを研究してきた。本研究はその延長線上にあり、ポライトネスからさらに視野を広げ、英語と日本語のコミュニケーションのスタイルを解明しようとするものである。また、その背後にある、両言語話者がもつポライトネスをも含めた価値観の一端を明らかにしようとするものである。この研究が、英語と日本語の会話の特徴を解明する一助となり、英語・日本語教育に少しでも貢献できれば、著者としてこれほど嬉しいことはない。

　また本書は、本研究会の2代目代表であり、長年にわたり会の要であった津田早苗氏のご退職を記念するものでもある。氏は、当初まだ若手研究者であった他のメンバーを指導し、励まし、支え続けてくださった。我々、著者達が細々とではあるが研究を継続してこられたのは、氏のこれまでのあたたかいご指導のおかげである。

最後に、本研究のデータの収集に大変なご尽力をいただいた只木徹氏(名城大学(当時))、ネリダ・ジャーキー氏(シドニー大学)、太田徳夫氏(ヨーク大学)、ベバリー・ラファイエ氏(東海学園大学)、スーザン・イングランド氏、遠藤由美氏(マンチェスターカレッジ)、林裕子氏(オックスフォード大学大学院(当時))、砂川千穂氏(テキサス大学大学院(当時))、佐久間友子氏(テキサス大学大学院(当時))、村田美樹氏(武蔵野美術大学(当時))、重光千彩氏(東京工業大学(当時))に、ここに記して心より感謝を申し上げる。また、会話実験にご協力くださった、日本、アメリカ、イギリス、オーストラリア、カナダの多くの被験者の方々にもお礼を申し上げる。最後に、本書の出版を快くお引き受けくださり、お力添えいただいたひつじ書房の松本功社長、渡邉あゆみ氏にも深く感謝の意を表したい。

著者代表
大谷　麻美

目　次

まえがき　v

第1章　日本人にとっての英語コミュニケーションの壁
―本研究の目的と位置づけ―
大谷麻美 ──────────────────── 1
1. 本研究の背景 ·· 1
2. コミュニケーションのスタイル ·· 3
3. 求められるコミュニケーション能力 ···································· 4
4. 見えてくる課題 ·· 7
5. 本研究の目的と理論的枠組み ·· 7
6. データの特徴 ·· 8
7. 本書の構成 ··· 11

第2章　分析会話データについて
津田早苗 ──────────────────── 15
1. 会話データの概要 ·· 15
2. 英語母語話者間会話 ·· 17
   - 2.1　アメリカ英語会話 ··· 18
   - 2.2　オーストラリア英語会話 ··· 19
   - 2.3　イギリス英語会話 ··· 20
3. 日本語母語話者間会話 ··· 22
4. 異文化間会話 ·· 23
   - 4.1　異文化間会話（英語） ·· 23
   - 4.2　異文化間会話（日本語） ··· 24

5. 会話の文字化に用いた記号 ……………………………………………… 25

第3章　'We had a good conversation!'
　　　　—英語圏の'Good conversation'とは—
重光由加　　　　　　　　　　　　　　　　　　　　27
1. はじめに ………………………………………………………………… 27
2. フォローアップ・インタビューの実施について ……………………… 28
3. 回答より ………………………………………………………………… 28
   3.1 会話の場面設定について ………………………………………… 28
   3.2 初対面会話で気をつけること …………………………………… 29
   3.3 満足感の得られる会話 …………………………………………… 30
   3.4 苦手な会話 ………………………………………………………… 32
   3.5 初対面会話で好まれる話題 ……………………………………… 32
   3.6 会話の参加者をどのようにとらえるか ………………………… 33
4. おわりに ………………………………………………………………… 35

第4章　日・英語初対面会話における自己開示の機能
岩田祐子　　　　　　　　　　　　　　　　　　　　37
1. はじめに ………………………………………………………………… 37
2. 自己開示とは …………………………………………………………… 38
3. 話し手と聞き手の共同構築としての自己開示 ………………………… 40
4. 分析データ ……………………………………………………………… 41
5. 分析方法 ………………………………………………………………… 41
6. 分析結果—いつ自己開示するのか— …………………………………… 43
7. 分析結果—誰が開示するのか(聞き手の役割)— ……………………… 47
8. 分析結果—何を自己開示するのか(自己開示の内容)— ……………… 52
   8.1 自分についての情報開示 ………………………………………… 52
   8.2 自分にとってマイナスの情報提示 ……………………………… 53
   8.3 自分の意見も明確に表明 ………………………………………… 55
   8.4 自分の意見を支える体験談としての自己開示 ………………… 58
   8.5 話し手へのラポールを示す聞き手の自己開示 ………………… 64
9. 分析結果—どの程度自己開示するのか— ……………………………… 70

- 10. 考察―なぜ自己開示するのか（自己開示の機能）― ……………… 80
  - 10.1 距離を縮める機能 …………………………………………… 80
  - 10.2 アイデンティティの構築としての機能 …………………… 80
  - 10.3 話し手へのラポールを示す機能（聞き手の自己開示） … 85
  - 10.4 会話を発展させる機能 ……………………………………… 86
- 11. 日・英語の初対面会話で期待される自己開示における相違点 …… 86
  - 11.1 自己開示は初対面会話で期待されているのか …………… 86
  - 11.2 自己開示の内容 ……………………………………………… 87
  - 11.3 自己開示の程度 ……………………………………………… 87
  - 11.4 聞き手の役割 ………………………………………………… 88
- 12. おわりに―英語教育への示唆― ………………………………… 88

第5章 日・英語の男性初対面母語会話に見られる応答要求発話―応答の連鎖―
重光由加　93

- 1. はじめに ……………………………………………………………… 93
- 2. 日本人が英語を話すときに見られる問題点 …………………… 94
- 3. 会話の中の応答要求発話―応答連鎖について― ……………… 95
- 4. 分析方法 …………………………………………………………… 96
  - 4.1 分析データ …………………………………………………… 96
  - 4.2 分析の方法と分析の枠組み ………………………………… 98
  - 4.3 応答要求発話の種類と機能 ………………………………… 99
    - 4.3.1 真偽疑問文 …………………………………………… 99
    - 4.3.2 補充疑問文 …………………………………………… 100
    - 4.3.3 選択疑問文 …………………………………………… 100
    - 4.3.4 付加疑問文または同等の働きをもつ文 …………… 101
    - 4.3.5 順番配布を主眼とした疑問文 ……………………… 101
    - 4.3.6 ニュースマークス …………………………………… 102
    - 4.3.7 ほのめかし応答要求発話 …………………………… 102
  - 4.4 応答の分析について ………………………………………… 103
- 5. 分析結果 …………………………………………………………… 103
  - 5.1 応答要求発話数 ……………………………………………… 103
  - 5.2 応答要求発話の種類 ………………………………………… 104

  5.3 応答について ·· 110
    5.3.1 補充疑問文への応答 ·· 111
    5.3.2 選択疑問文への応答 ·· 115
    5.3.3 順番配布への応答 ·· 117
    5.3.4 ほのめかし応答要求発話への応答 ···················· 119
    5.3.5 真偽疑問文への応答 ·· 122
    5.3.6 付加疑問文への応答 ·· 124
    5.3.7 ニュースマークスへの応答 ································ 125
  5.4 くりかえし見られた応答要求発話―応答のパターン― ········ 127
 6. 総合的考察とまとめ ··· 130
 7. おわりに ··· 133

第6章　日・英語の他者修復
―母語話者間会話と異文化間会話の比較―
津田早苗 ──────────────────────── 135

 1. はじめに ··· 135
 2. 他者修復の先行研究と分類 ··· 136
 3. 他者修復と他の分析項目との関連 ································· 138
 4. 分析 ··· 140
  4.1 分析データ ·· 140
  4.2 他者修復の分類 ·· 142
  4.3 分析方法 ·· 142
 5. 分析結果 ··· 143
  5.1 量的分析 ·· 143
  5.2 質的分析 ·· 146
    5.2.1 他者修復の典型的用例 ······································ 147
    5.2.2 驚き、興味などをあらわす他者修復 ············ 159
 6. おわりに ··· 164

第7章　日・英語の初対面3人会話におけるあいづち
大塚容子 ──────────────────────── 169

 1. はじめに ··· 169

2. あいづちの研究 169
3. あいづちの定義 170
4. 分析データ 172
5. 分析結果 173
　5.1　あいづちの頻度 173
　5.2　あいづちの種類 175
　5.3　あいづちの出現位置 178
6. 考察―日・英語あいづちスタイルの相違― 185
7. おわりに 189

第8章　話題展開スタイルの日・英対照分析
―会話参加者はどのように話題の展開に貢献するのか―
大谷麻美　　　　　　　　　　　　　　　　　　　　　193

1. はじめに 193
2. 本研究のきっかけ 194
3. 先行研究と問題の所在 195
4. 本研究の目的 196
5. 話題と Topic Framework 197
6. Topic Framework の認定 198
7. 話題の展開 200
8. 分析データ 202
9. 分析 203
　9.1　各会話の Topic Framework 数 203
　9.2　話題展開スタイルの質的分析 204
　　9.2.1　Interactive Style 204
　　9.2.2　Duet Style 207
　　9.2.3　Monologue Style 213
　　9.2.4　混合スタイル 216
　9.3　話題展開スタイルの量的分析 220
10. 考察―話題展開スタイルの相違とその文化的背景― 222
11. 英語教育への示唆 225
12. おわりに 227

第9章 日・英・米・豪の母語会話および異文化間会話から見るターンと発話量
村田泰美 ———— 231
1. ターンと発話量に関する研究 ……… 231
2. 本研究の目的 ……… 232
3. 研究の方法 ……… 235
   3.1 分析データ ……… 235
   3.2 ターンとあいづちの数え方 ……… 235
   3.3 発話量の計量方法 ……… 237
4. 分析 ……… 238
   4.1 日・英・米・豪の会話全体におけるターン数と発話量 ……… 238
   4.2 日・英・米・豪の会話における会話参加者のターン数と発話量の配分と比較 ……… 239
   4.3 日・英・米・豪の会話に現れたターンの種類 ……… 241
   4.4 英語異文化間会話 ……… 244
   4.5 日本語異文化間会話 ……… 251
5. まとめと考察 ……… 254
補遺 地域別ターンおよび発話量の素データ ……… 263

第10章 英語会話と日本語会話の構造
岩田祐子 ———— 265
1. はじめに ……… 265
2. 英語会話の構造と特徴 ……… 265
   2.1 英語会話における話し手の役割 ……… 265
   2.2 英語会話における聞き手の役割 ……… 266
   2.3 英語会話の構造 ……… 267
   2.4 英語会話の構造の背後に見える特徴 ……… 267
3. 日本語会話の構造と特徴 ……… 268
   3.1 話し手の役割 ……… 268
   3.2 聞き手の役割 ……… 269
   3.3 日本語会話の構造 ……… 270
   3.4 日本語会話の構造の背後にある特徴 ……… 270
4. 英語会話と日本語会話の類似点と相違点 ……… 271

4.1　英語会話と日本語会話の類似点 ……………………………………… 271
　　4.2　英語会話と日本語会話の相違点 ……………………………………… 272
　5. おわりに ……………………………………………………………………… 275

第 11 章　語用指標とその英語教育への応用
村田泰美 ―――――――――――――――――――――― 277
　1. 目指したもの ………………………………………………………………… 277
　2. 英語教育と語用規則 ………………………………………………………… 280
　　2.1　どの語用規則か ………………………………………………………… 280
　　2.2　明示的指導か暗示的指導か …………………………………………… 282
　3. CEFR-J と語用規則 ………………………………………………………… 288

索引 ……………………………………………………………………………… 293

執筆者一覧 ……………………………………………………………………… 297

第1章
日本人にとっての
英語コミュニケーションの壁
―本研究の目的と位置づけ―

大谷麻美

1. 本研究の背景

　日本人の英語コミュニケーション能力が批判されるようになってからずいぶん久しい。それをうけてここ数十年、読み書き重視の教育からコミュニケーション、特にオーラルコミュニケーション重視の教育に重点を移すべく様々な改革がなされてきた。たとえば1986年の臨時教育審議会第二次答申では、外国語教育の文法知識と読解力養成への偏重を批判し、実践的能力への切り替えをうながした。また外国人の活用も提言した。1989年の学習指導要領改訂では、コミュニケーション重視の方針を受け、高等学校のカリキュラムに「オーラルコミュニケーションA、B、C」が設けられた。1998年の中学の指導要領では、「聞くことや話すことなどの実践的コミュニケーション能力」が謳われた。さらに2002年には「『英語が使える日本人』の育成のための戦略構想」が、また翌2003年には「『英語が使える日本人』の育成のための行動計画」が策定された。そこでは、中学の段階では「聞くこと」「話すこと」の実践的コミュニケーションを重視し、授業の大半も英語で行うようにとの指針が示された。そして、そろそろこれらの改革の成果が目に見えてきても良いはずなのだが、それでもなお日本人の英語コミュニケーション能力が不十分だという批判は後を絶たない。そのためついに、2013年の「グローバル化に対応した英語教育改革実施計画」においては、従来、小学校5・6年生が対象であった外国語(英語)活動を中学年で行い、高学年

では英語を教科として導入する計画を示している。そして「英語によるコミュニケーション能力を確実に養う」と言明している。

しかし、「英語コミュニケーション能力」と簡単に言うが、果たして具体的に日本人の英語コミュニケーションの何が問題なのであろうか。特に、ビジネスや研究などで日常的に英語コミュニケーションを必要としている日本人にとっては、何が困難点となっているのであろうか。寺内・小池・高田(2008)は、日本人海外勤務経験者7000人余りを対象に、国際ビジネスを行う際の英語能力についてアンケート調査を行った。その結果、彼らがコミュニケーションで最もストレスを感じる点として、以下のようなことを挙げている。(抜粋)

・日常会話での問題はあまりないが、一旦議論になると、相手の言うことに反論しかつ自分の論を進めることがあまりできない。
・相手が言うことについて聞き役になっていて、自分の意見を言う前に話の筋道が相手のペースになってしまう。
・議論中に自分が言いたいことをすぐ言えないうちに、別の外国人に同じ意見を言われてしまって、タイミングを逸して、不利な立場に立たされる。

(寺内・小池・高田 2008: 465)

我々がこれまでに収集した英語会話データの中にも類似のケースが見られた。たとえば、会話参加者の1人に、英検1級を取得し、普段の仕事でも英語で読み書き、翻訳、プレゼンテーションを行い、英語が「できる」と言われる日本人がいた。ところが彼は、アメリカ人英語母語話者とのたわいない会話では、相手の言っていることを十分理解しているにもかかわらず、ほとんど話さず、聞き役に徹していた。それは、相手の話に口出しをするのは失礼との気遣いからであったのだが、相手のアメリカ人からは会話に貢献しようとしない無礼な人だと誤解され、気まずい関係になってしまったのである(Otani 2007)。

これらの事例から、このような日本人たちの問題は、語彙、文法、発音などの言語知識に関するものというよりは、英語で期待される話し方に関する

ものだと気づかされる。つまり、英語でいかに会話に参加し、話題を膨らませ、主張すべきか等を理解していないために、結果的に会話が困難になり、また相手に悪い印象を与えてしまっているのである。しかし、どのように話すべきかという点に関しては、日本の英語コミュニケーション教育では未だ十分に関心が払われているとは言えない。日・英語間で話し方に大きな隔たりがあるとすれば、その相違を明確にし、英語で共有されている話し方の規範を日本人英語学習者に示すことは非常に重要なことだと考えられる。

2. コミュニケーションのスタイル

話し方が、その言語文化や価値観と大きくかかわっていることはもはや自明の理であろう。そのため、様々な文化で話し方が異なることもすでに多くの研究で指摘されている。その代表的なものに、コミュニケーション・スタイルの研究がある。たとえば、Hall (1976, 1983) や Clyne (1994) は、多くの文化のコミュニケーションのスタイルを類型化して見せた。Hall は意図 (meaning) を伝える際のコンテクスト (context) への依存度と情報 (information) の量は、文化によりかなり相違があるという。そのうえで、コンテクストへの依存度が高いコミュニケーション (high-context communication) を好む文化と、コンテクストよりも情報に依存する (low-context communication) 文化の存在があることを指摘した。日本は high-context communication 文化であり、それが low-context communication 文化をもつ西洋人にとって、いかに理解が困難であるかを明らかにしている。

また Clyne (1994) は、コミュニケーションのスタイルには、少なくとも 3 つがあると指摘する。ヨーロッパ大陸にみられるスタイル A は、長いターンや解説を好み、声やスピードを上げてターンの維持や奪い取りを行い、ポジティブとネガティブ・ポライトネス[1]を好んで使用するスタイルだという。またスタイル B は、南アジアで使用され、長いターンや繰り返しを好み、形式ばった話し方をし、ポジティブ・ポライトネスを好む。東南アジア、特に儒教文化圏で好んで用いられるスタイル C は、短いターンを好み、ネガティブ・ポライトネスを好むスタイルである。

さらに、会話の参加者の間でコミュニケーション・スタイルが異なると、当然、そこで行われる様々な行為の解釈に齟齬が生じる可能性が高いことも指摘されている。Clyne(1994)やFitzGerald(2003)は、コミュニケーションのスタイルの違いが、異文化間でどのような誤解や問題を引き起こすのかを、詳細な談話の分析から示して見せた。Clyneは多国籍の人々が多く働く職場でのコミュニケーションを、発話行為(謝罪や不満等)、会話の開始部、ターンテイキング、交渉等の観点から分析し、それらがいかに多様なスタイルから成り立つかを明らかにした。さらにその多様性が、どのようにコミュニケーションの破たん(breakdown)につながるのかを解明した。また、FitzGeraldは、英語を母語とするオーストラリア人と、アングロ系以外の言語を母語とするオーストラリアの移民たちとの間の会話で、どのようなスタイルの違いが見られるのか、またその相違がどのように誤解を生むのかを詳細に記述した。そしてその誤解が、単に情報伝達に齟齬をきたすだけではなく、相手の人種や人格に対する偏見や不信感にまでつながりかねないことを示している。

　コミュニケーションのスタイルの相違が、情報伝達を阻害するだけでなく、対人関係の不全にまでつながりうることは、言語コミュニケーションが果たす機能を考えれば当然のことと言える。Malinowski(1923)、Jakobson(1960)、Brown & Yule(1983)らは、言語コミュニケーションが情報伝達の機能以外に、対人関係維持の機能(交感的機能:phatic communion, phatic function, interactional function)を果たす点を指摘している。先述した我々のデータの日本人の話し方が、アメリカ人英語母語話者に不信感を引き起こし、悪い印象を与えてしまったことからも、このことは明らかであろう。

　このように、英語でどのように話すべきかという問題は、情報の伝達のみならず対人関係の構築・維持の面からも看過できない問題なのである。

3. 求められるコミュニケーション能力

　これらのコミュニケーション・スタイルや話し方の重要性は、コミュニケーション能力(communicative competence)を考える際にも、より詳細に考

察されるようになってきた。コミュニケーション能力のモデルとして広く受け入れられてきたものに Canale & Swain (1980) がある。彼らは、コミュニケーション能力を4つの下位要素に分類している。つまり、語彙、統語、音声などを認識する grammatical competence、その言語が使用される社会的文脈を理解する sociolinguistic competence、文や発話をまとまりとして理解する discourse competence、そして不十分な知識の中でも会話を継続させるために、パラフレーズ、繰り返し、回避等の方略を使用する strategic competence である。

しかし、Celce-Murcia (2007) は、Canale らの分類をより詳細にしたモデルを提示した (図1)。このモデルでは、communicative competence の下位要素として、linguistic competence、formulaic competence、sociocultural competence、interactional competence、discourse competence、strategic competence の6つを提示している。

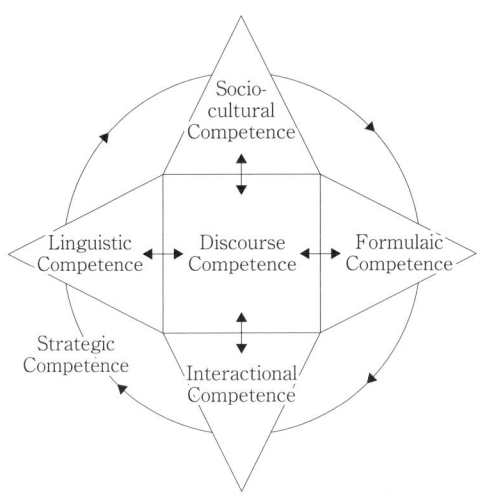

図1 Revised schematic representation of 'communicative competence' (Celce-Murcia 2007: 45)

このモデルが Canale らのモデルと異なり注目すべきは、その sociocultural competence と interactional competence をとりわけ重要な能力としている点

である。彼女は sociocultural competence を、社会的、文化的コンテクストの中で、どのようにメッセージを適切に伝えるのかという語用に関する知識であり、また社会的規範の知識にも及ぶとしている。そして興味深い点は、コミュニケーション能力を統制する(top-down)役割を果しているとし、これらの6つの下位要素の中で特に重要な能力としている点である。また、特記すべきは、オーラルコミュニケーションでは、言語そのものの誤りよりも、これらの社会文化的誤りのほうがより深刻であるとしていることである。さらに教育の上での深刻な問題として、第二言語や外国語の教師は、言語規則についての知識はあっても、言語使用に伴うこれらの社会文化的に適切な振る舞い方や期待についてはあまり知識をもたないことだと断じている。(Celce-Murcia 2007: 46)

　さらに、Canale らのモデルにはなかった interactional competence を新たに提示した点も重要である。Interactional competence とは、相互行為(インタラクション)に必要となる実用的な能力としている。たとえば、発話行為はもちろん、意見や感情の伝え方、情報交換の仕方などを理解できる能力である。さらに、ターンのやり取りの仕方、会話の切り出し方・終わり方、話題の導入・転換の仕方、それに伴う非言語やパラ言語の知識なども含まれる。また、それらの方法は言語ごとに異なるため、コミュニケーションには非常に重要であるのに、伝統的な言語教授法では説明されることはほとんどないと指摘している。

　このような相互行為の能力の重要性は、EU の言語教育政策の要となっている Common European Framework of Reference for Languages (CEFR) (Council of Europe 2001) でも、殊更別して説明されている。一般的には言語の4技能として考えられていた listening、reading、speaking、writing の能力が、CEFR の自己評価表では、listening、reading、spoken interaction、spoken production、writing の5技能に分類されているのである。従来の speaking を、あえて spoken interaction(やりとり)[2] と spoken production(表現)とに区別したのである。Production 能力とは、「説明できる」「表現できる」などの口頭表現ができる能力である。それに対し、interaction の能力とは「やりとりができる」「会話に参加できる」「相手の発言に合わせることができる」などの

相手との相互行為を適切に行い、解釈できる能力である。このように、あえて interaction の能力を区別して取り上げるのには、単に文や文章を口頭で表現できる production の能力だけでは対処しきれない困難さが、コミュニケーションの相互行為にあるからだといえよう。

4. 見えてくる課題

　以上の先行研究の概観から、2つのことが言えよう。1つは、コミュニケーション・スタイルの研究から、日本語と英語の話し方やスタイルは異なる類型に分類されており、この相違は、日本人にとって英語コミュニケーションを行う上で大きな障壁となりうるという点である。日本人が特に英語会話が苦手であるという事実は、この話し方やスタイルの相違と、そこから生じる解釈の相違に起因する点が大きいのではないかと仮説が立てられる。そしてこの解釈の違いが、単に情報の伝達を阻害するだけではなく、よりよい人間関係の構築をも阻害する要因となる可能性がある。またもう1つは、コミュニケーション能力の研究から、社会・文化的背景を理解したうえで適切に相互行為を行える能力が、これまで以上に重視されつつあるという点である。

　しかし、一方で、日・英語を比較をした場合、具体的に相互行為のどの点が相違するのか、また、どの点が日本人にとって困難点となるのかは未だ十分に明らかにされていない。日・英語間のコミュニケーション対照研究で比較的多く行われてきたのは発話行為に関する研究であろう (e.g. Wierzbicka 1991, ザトラウスキー 1993, Tanaka, Spencer-Oatey & Cray 2000)。しかし、先述の寺内らの海外勤務経験者への調査結果を鑑みると、それ以外にも、会話への参与方法、談話管理、話題選択などの観点からも両言語でのコミュニケーションの特徴を見ていくことが不可欠と言えよう。

5. 本研究の目的と理論的枠組み

　本研究は、上記のような先行研究と課題を踏まえたうえで、日本人に対する英語教育への貢献を視野に入れ、英語の会話における相互行為のあり方を

明らかにしようとするものである。特に、日本人が英語で円滑に会話に参加するために、そして誤解のない対人関係を築くために不可欠と思われる行為に着目する。相互行為は、Gumperz(1982)も指摘するように、ほとんど意識化されず慣習化されているもので、異文化間のコミュニケーションで問題が生じて始めて顕著になる(Gumperz 1982: 131)。そのため、本研究では、日本語と比較・対照することで、英語の相互行為の特徴を鮮明にしようと試みる。

理論的枠組みとしては、Gumperzの相互行為的社会言語学を援用する。彼は、コミュニケーションの中で行われる相互行為の解釈はコンテクストに依存し、その解釈の鍵となるものを contextualization cue としている。後に詳しく述べる各著者の分析対象(自己開示、あいづち、応答要求表現、他者修復、話題展開スタイル、ターンと発話量の分布)は、いずれも発話内容を解釈する重要な contextualization cue となるものである。日・英語の会話で、これらがどのように行われ、解釈され、結果的に円滑な会話になるのか、また、そこに両言語間でどのような類似点と相違点が見られるのかを明らかにする。各著者が扱うこれらの分析対象は、我々のこれまでの研究から(Tsuda 2006, Tsuda et al. 2008, Otsuka 2011, Shigemitsu 2011, 村田 2011, 津田 2012)、英語と日本語の相互行為の特徴をあぶり出すために有効な、いわば指標となりうるものだと考えてきた。これらの点を分析することで、両言語の相互行為のあり方、ひいてはコミュニケーションのあり方を明確にできるのではないかと考える。

そして最終的には、これらの分析結果から明らかになった相互行為の特徴を、どのように教育の現場に還元できるのかを考察する。

6. データの特徴

本書の研究は、著者たちが長年にわたって共同で集めた会話のデータを用いている。データの詳細は次章のとおりであるが、いずれも会話参加者を募り場面設定をして会話を行わせたものである。それらは一部の会話を除き、いずれも3人の男性の間で行われた初対面会話である。

談話分析においては、多人数会話の分析は徐々に増えてはいるものの(e.g.

熊谷・木谷 2010, 大場 2012, 三牧 2013)、それでも 2 人会話の分析が大多数を占めてきた。3 人以上の多人数会話の特徴は、話者交代システムや会話参与の枠組みなどが、2 人会話と比較するとはるかに複雑になる点である(坊農・高梨 2009)。たとえば、話者交代において、話し手が次の宛て先を選択する際、2 人会話であれば、宛て先は残るもう 1 人とおのずと決定されてしまうが、3 人会話では、宛て先と傍参与者が存在することとなる(伝 2013)[3]。また、宛て先とされていない人が発話権を奪うこともある(熊谷・木谷 2010)。会話参与においても、3 人会話では、1 人があえてほとんどターンを取らず、傍参与者で居続けるという選択肢も可能になる。そしてこれらの結果、発話量の分布も、2 人会話以上に不均衡が出る可能性もある。

　本研究は、その結果を日本人の英語コミュニケーション教育へと還元していくことが目的である。また、先に述べた日本人が抱える「会話に参加できない」、「聞き役に回ってしまう」などのストレスも、2 人会話では比較的生じにくく、むしろ多人数間の会話で生じやすい問題であろう。そのため、日本人学習者が実際に直面する可能性が高く、かつ、日本人にとってより困難を伴う環境に即した調査が必要と考え、あえて 3 人会話を調査対象とした。

　また、会話の場面設定は初対面会話とし、参加者も実際に初対面の者たちを組み合わせた。初対面会話は、旧知の相手との会話とは異なり、相手の経歴や人柄もわからず、ゼロから対人関係を作り上げる必要がある。そのため、知り合いとの会話以上に相手との関係構築に配慮が必要となる。相手への印象次第では、今後の関係を継続するか否かを判断されてしまう重要な場面であるともいえる。つまり、初対面会話は、その言語の話者がもつ対人関係への配慮の規範が顕著に出やすい場面なのである。本研究では、相互行為のありかたが対人関係に与える影響にまで踏み込んで考察したいため、初対面会話のデータが適切であると考えた。

　さらに、本データの会話参加者の条件としては、全員が少なくとも大学卒業以上の学歴をもつ者とした。これは、分析結果を日本の高等教育機関での英語教育に応用することを目指しているため、それに相応する教育背景をもった者たちのコミュニケーション特徴を明らかにする必要があると考えたからである。

会話参加者を男性に限ったのは、性差の変数による結果の差異を極力減らすためである。これまでのコミュニケーション研究の成果を考えると、性別によりそのスタイルに相違がみられる可能性が高い(e.g. Tannen 1984, Holmes 1995, 2006)。また男女混合の会話は、話し手と宛て先の性別の組み合わせによってコミュニケーションのスタイルが変わる可能性もある。それらの要因を排除するために、本研究では、ごく一部のデータを除き(詳細は2章参照)、ひとまず1つの性別だけを対象とすることとした。そのため、本研究の結果は、あくまでも男性について言えることであり、女性に関しても全く同じ結果が見られるかどうかは、今後の検討の余地のあるところである。

英語データは、アメリカ、イギリス、オーストラリアの3種の英語を対象とした。外国語として英語を教える際に、英語の変種の多さを考えると、どの英語を教えるべきかは難しい問題である。しかし、日本人学習者が国際共通語として英語を用いることを考えると、誰にでも理解されやすく、誤解を受けにくい英語を教える必要があると考える。その際の英語として、我々はSvartvik & Leech(2006)の唱える World Standard English(WSE)(図2)が適切であると考えた。WSE とは、ある特定の地域の英語を指すのではなく、極めて抽象的な概念である。標準語と言われる Inner Circle(内円)の英語変種の中でも、その多様性の部分を排除した、いずれの英語にも共通する核となる

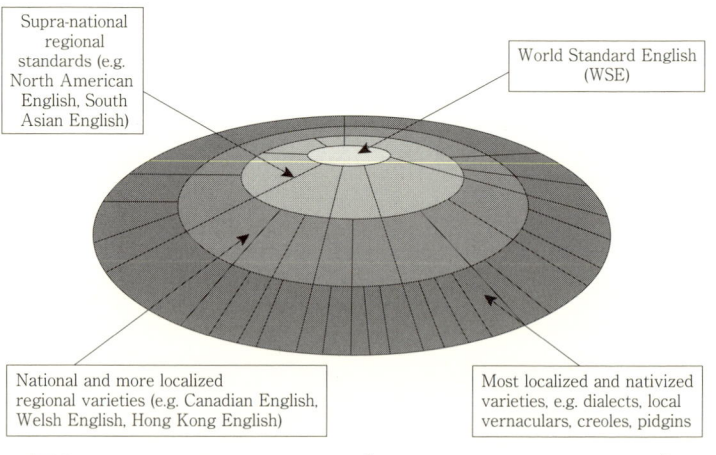

図2　A model of world English（Svartvik & Leech 2006: 226）

部分を抽出したものである。そのため WSE を母語とする者はいない。本研究では、英・米・豪の Inner Circle の英語に共通して用いられる話し方があれば、それは WSE のスタイルとして認めることができると考えた。そのため、あえて3種の英語をデータとして使用し、その3つに共通するコアとなる部分を探ることにした。

7. 本書の構成

　本書は6名の著者が共通の会話データとフォローアップ・インタビューのデータを用い、それらを異なる視点から分析し、日・英語のコミュニケーションの特徴を明らかにしようとするものである。また、最終的には、本結果から抽出されたそれらの特徴の違いを、英語の教育の現場にどのようにフィードバックすべきか考察する。具体的な構成は以下のとおりである。
　まず2章では、本書の中で共通して使用するデータの詳細を述べる。
　3章では、会話の後のフォローアップ・インタビューで語られた、日・英語母語話者の会話に対する意識や価値観について紹介をする。
　4-9章では、各著者が、日・英語の相互行為を大きく特徴づけると考える点に焦点を当てデータの分析を行う。これらの点は、いずれも会話の中の contextualization cue となり得るものであり、また、日・英語のコミュニケーションの特徴を引き出す指標となり得るものでもある。また、いずれも日本人が英語で会話を行う際に障壁となり、誤解を生む可能性が高いと思われるものでもある。具体的には、あいづち、他者修復、応答要求の仕方と答え方、ターンの種類と回数のような会話の中の比較的ミクロな部分から、自己開示の深さ、話題展開のスタイル、発話量の分布のような会話全体に関わるマクロな部分にまで及ぶ。
　まず4章では、会話の中で行われる自己開示について述べる。日・英語の会話では、自己開示の量がどの程度なのか、どの程度深い自己開示がなされるのかを明らかにする。5章は、両言語の会話の中で行われる応答要求発話の種類とその答え方についてである。どのような質問や返答が多く行われ、それが会話にどのように作用するのかを分析する。6章は、相手の発話が理

解できないときにどのように聞き返しを行うか、つまり他者修復の方法についての分析である。7 章では、両言語のあいづちの種類と量を明らかにする。8 章では、1 つの話題がどのように会話参加者の間で発展され継続されていくのか、つまり話題展開のスタイルについて検討する。最後に 9 章では、ターンの種類と発話量の分布がどのようになっているのかに着目する。いずれの分析も、英語会話と日本語会話、また、時には日・英語話者間の会話をも比較することで、その特徴をより明確にしようとするものである。

　10 章では、それぞれの分析結果がどのように関連しており、その結果、両言語の会話で、それぞれどのようなコミュニケーション・スタイルが生み出されるのかを考察する。

　そして最後の 11 章では、これらの結果をどのように日本の英語コミュニケーション教育に生かすことができるのかを考える。

注

1　Brown, P. & Levinson, S. C. (1987) を参照のこと。
2　CEFR の用語の日本語訳は、吉島・大橋 (2004) の訳による。
3　伝 (2013) では、発話を宛てられた聞き手を「宛て先」、そうでない聞き手を「傍参与者」としている。

参考文献

坊農真弓・高梨克也 (2009)『多人数インタラクションの分析手法』オーム社
Brown, G. & Yule, G. (1983). *Discourse analysis*. Cambridge: Cambridge University Press.
Canale, M. & Swain, M. (1980). Theoretical bases of communicative approaches to second language teaching and testing. *Applied Linguistics, 1* (1), 1–47.
Celce-Murcia, M. (2007). Rethinking the role of communicative competence in language teaching. In E. Alcón Soler & M. P. Safont Jordà (Eds.), *Intercultural language use and language learning* (pp.41–57). Dordrecht: Springer.
Clyne, M. (1994). *Inter-cultural communication at work: Cultural values in discourse*. Cambridge: Cambridge University Press.
Council of Europe. (2001). *Common European framework of reference for languages:*

Learning, teaching, assessment. Cambridge: Cambridge University Press.［吉島茂・大橋理枝（訳・編）(2004)『外国語教育Ⅱ　外国語の学習、教授、評価のためのヨーロッパ共通参照枠』朝日出版］

伝康晴(2013)「三者会話のダイナミクス」『日本語学』32(1) 4–13

FitzGerald, H. (2003). *How different are we? Spoken discourse in intercultural communication*. Clevedon: Multilingual Matters.［村田泰美（監訳）重光由加・大谷麻美・大塚容子（訳）(2010)『文化と会話スタイル―多文化社会・オーストラリアに見る異文化間コミュニケーション―』ひつじ書房］

Gumperz, J. J. (1982). *Discourse strategies*. Cambridge: Cambridge University Press.

Hall, E. T. (1976). *Beyond culture*. New York: Anchor Books.

Hall, E. T. (1983). *The dance of life: The other dimension of time*. New York: Anchor Books.

Holmes, J. (1995). *Women, men and politeness*. London: Longman.

Holmes, J. (2006). *Gendered talk at work*. Malden, MA: Blackwell Publishing.

Jakobson, R. (1960). Closing statement: Linguistics and poetics. In T. A. Sebeok (Ed.), *Style in language* (pp.350–377). New York: John Wiley and Sons, Inc.［田村すゞ子他（共訳）(1973)「言語学と詩学」『一般言語学』(pp.183–221) みすず書房］

熊谷智子・木谷直之(2010)『三者面接調査におけるコミュニケーション―相互行為と参加の枠組み―』くろしお出版

Malinowski, B. (1923). The problem of meaning in primitive languages. In C. K. Ogden & I. A. Richards (Eds.), *The meaning of meaning: A study of the influence of language upon thought and of the science of symbolism* (pp.435–496). (Reprinted in 1994, London: Routledge/ Thoemmes Press)

三牧陽子(2013)『ポライトネスの談話分析―初対面コミュニケーションの姿としくみ―』くろしお出版

村田泰美(2011)「三英語圏変種（英、米、豪）の男性初対面会話に現れたスタイル的特徴―ターンと発話量の比較―」名城大学人間学部『人間学研究』9　15–27

大場美和子(2012)『接触場面における三者会話の研究』ひつじ書房

Otani, M. (2007). Topic shift by Japanese and Americans: A cause of misinterpretation in intercultural communication. *Memoirs of Nara University*, *35*, 69–83.

Otsuka, Y. (2011). A case of reactive tokens. Paper presented at *the conversational management of Inner Circle Englishes and the implications for EFL education* (II: Content). Symposium at the JACET 50th Commemorative International Convention in Fukuoka, Japan.

Shigemitsu, Y. (2011). Different paths to co-constructing topic development in Japanese and English: Function of questions in conversation. Paper presented at the 12th International

Pragmatics Conference in Manchester, U.K.

Svartvik, J. & Leech, G. (2006). *English: One tongue, many voices*. New York: Palgrave Macmillan.

Tanaka, N., Spencer-Oatey, H. & Cray, E. (2000). 'It's not my fault!': Japanese and English responses to unfounded accusations. In H. Spencer-Oatey (Ed.), *Culturally speaking: Managing rapport in talk across cultures* (pp.75–97). London: Continuum.

Tannen, D. (1984). *Conversational style: Analyzing talk among friends*. Norwood, NJ: Ablex Publishing Corporation.

寺内一・小池生夫・高田智子 (2008)「企業が求める英語力調査」小池生夫他編『第二言語習得研究を基盤とする小、中、高、大の連携をはかる英語教育の先導的基礎研究』(pp.447-476) 平成 16 年度～平成 19 年度科学研究費補助金 (基盤研究 (A)) 研究成果報告書

Tsuda, S. (2006). Functions of clarifications: An analysis of intercultural conversations in English. *Journal of JACET Chubu Chapter*, 4, 1–15.

津田早苗 (2012)「英・米・豪の英語に共通する語用指標記述の試み―初対面会話に見られる「聞き直し」の分析から―」『東海学園大学研究紀要』17　125-138

Tsuda, S., Murata, Y., Otsuka, Y., Hori, M., Shigemitsu, Y. & Otani, M. (2008). Intercultural communication between native and non-native speakers: Japanese and English conversation styles and rapport development. 『JACET 中部 25 周年記念論文集』57-82

Wierzbicka, A. (1991). *Cross-cultural pragmatics: The semantics of human interaction*. Berlin: Mouton de Gruyter.

ザトラウスキー、ポリー (1993)『日本語の談話の構造分析―勧誘のストラテジーの考察―』くろしお出版

第2章
分析会話データについて

津田早苗

1. 会話データの概要

　本書のすべての会話の分析は我々が2004年から収録を始めた会話データを使用している。各章における説明の繰り返しを避けるため、本章では会話データについて詳述する。会話データには、英語および日本語の母語話者間会話、英語および日本語の異文化間会話がある。英語母語話者間会話と日本語母語話者間会話はそれぞれの母語話者による会話で、異文化間英語会話は日・英語母語話者間の英語の会話、異文化間日本語会話は両者間の日本語の会話である。

　英語母語話者間会話にはアメリカ・イギリス・オーストラリアの3英語変種のデータがある。1章で述べたように本書では日本語母語話者が国際共通語として学習する英語のモデルは母語・第二言語・共通語としての英語の上位語である World Standard English(WSE)であると考える。本書では、まずInner Circle の3種の英語変種間の語用に顕著な違いがあるかどうかを検証するため、上記の3英語変種を取り上げる。

　3種類の英語母語話者間会話の分析をし、英語の標準的な語用指標を明らかにした上で、日本語母語話者間会話の会話スタイルを比較分析し、日・英語がどのような語用的特徴を持ち、どのような相違があるのかを明らかにする。

　両言語の母語話者による会話の分析をした上で、異文化間英語会話と異文化間日本語会話を分析し、母語話者と非母語話者間の会話においてどのよう

な誤解や問題があるかを考察する。それは、日本語と英語の母語話者は英語または日本語で会話する際に、それぞれが自文化に影響された会話スタイルを用いると考えられるからである。

　変数を抑え会話データをできるだけ客観的に分析するため、会話参加者の性別・年齢・学歴および会話データの時間や場面設定を次のように統一した。
(1)性別：男性
　1章に述べたとおり性差による変数を抑えるため男性に限った。ただし、初期のデータである2005年の異文化間会話(日本語)には女性の会話参加者が含まれている。
(2)教育歴：原則として学部卒以上(表では学歴と表記)
　社会階層の違いによる社会方言差の影響を避けるため教育歴を統一した。日本人が海外ビジネス・留学などで英語を使う場面を想定し学部卒が適切であると判断した。
(3)年齢：成人(20代から50代)
　未成年と成人では生まれ育った文化・社会の規範をどの程度身につけているかに違いがあると考えられる。本研究では、社会性を身につけたと考えられる成人の会話を分析する。
(4)時間：会話30分と会話後の個別インタビュー約5分
　30分の会話収録の後、ひとりずつ他の参加者の居ないところで30分の会話についての評価、気になったことなどについてインタビュー(フォローアップ・インタビューと呼ぶ)を行い、分析の一助とした。研究者が会話について気づいた点についても質問した。
(5)会話場面：初対面会話
　会話参加者にできるだけ自然な会話をしてもらうため、会話収録開始まで互いに会話をしないように配慮し、場面については次のような説明をした。
「皆さんは、大学指導教員の家でパーティーに参加しています。ホストがキッチンで準備をするために席をはずしたので初対面の参加者同士だけで会話をする状況になります。このような場面を想定して会話をしてください。」
(6)個人情報の保護について：
　会話参加者全員と会話参加者のプライバシーは保護されることなどを記し

た誓約書を交換した。データ利用の際は参加者名を記号化し、名前が必要な際には仮名を用いた。

　各会話の収録時期、収録場所などについては以下に会話種類別に参加者データと共に記述する。各章の分析はすべてここに記述された会話データを用いているが、研究内容や分析目的により、扱う会話数や種類は異なっている。2009年の日本語母語話者間データを除き、英語母語話者間会話と日本語母語話者間会話データは2010年から2013年の科学研究助成により収録した。異文化間会話には2012年に収録したデータに加え、2004年から2005年に収録したデータがある。

2. 英語母語話者間会話

　アメリカ英語・オーストラリア英語・イギリス英語の会話を現地で収録した。現地で収録したのは外国の文化・社会に影響されることの少ない母語会話を収録するためである。収録の準備段階において、それぞれの国に在住する研究協力者に依頼し、条件に適合する英語変種の母語話者の必要人数と収録場所を確保した。次に会話データ収録のため著者数人が現地に行き、映像・音声データ収録と収録後のフォローアップ・インタビューを行った。

　各英語変種が家庭を含め主たる日常言語の話者であるという条件に適合するとして応募した参加者に、会話収録当日にあらためて質問紙による調査をした。質問紙には、氏名・出生地とそこにおける滞在期間および現在の居住地・生年月日・学歴・職業・母語・家庭で使用する言語・英語変種に関わる情報の項目の記入を求め、それぞれの英語変種の母語話者であることを再度確認した。今回の英語のデータ協力者はほとんどヨーロッパ系である。会話収録後に統一した質問項目に基づくフォローアップ・インタビューを行い、分析のための会話データの一助とした。

　現地で収録した音声会話データのスクリプトを作成し、それを複数の人数で複数回、点検・修正した。特に英語の母語会話については各母語話者によるスクリプトの点検を行った。

　以下に掲げるのは3つの英語変種それぞれの会話コードと会話参加者コー

ド及び参加者に記入してもらった年齢、出身地、長期居住地域、居住年数、学歴、職業の表である。

2.1 アメリカ英語会話

データ収録地：テキサス州オースティン
データ収録年月日：2010年10月9日・10日
会話コード：US31—US40
会話コードと会話参加者コード：表1参照
参加者の年齢、出身地、長く居住した地域と年数、学歴、職業：表2参照

表1 アメリカ会話の番号と会話参加者コード

会話コード	会話参加者コード	会話コード	会話参加者コード
US31	U1, U2, U3	US36	U2, U8, U9
US32	U1, U4, U5	US37	U7, U8, U10
US33	U3, U4, U6	US38*	U9, U10
US34	U2, U6, U7	US39	U8, U11, U12
US35	U3, U5, U7	US40	U7, U9, U11

＊US38会話協力者の1人が予告なしに欠席し、2名会話となった。

表2 参加者の年齢、出身地、長期居住地域、居住年数、学歴、職業

参加者コード	年齢	出身地	長期居住地域	居住年数	学歴	職業
U1	20代	State College, PA	California	9	MA	学生
U2	20代	Austin, TX	Denton, TX	13	BA	ウェブ作成
U3	20代	San Francisco, CA	Virginia	25	BA	大学院生
U4	20代	San Diego, CA	Utah	7	BA	大学院生
U5	20代	Wisconsin Rapids, WI	Wisconsin	18	BA	求職中
U6	20代	Kennett, MO	Kennett, MO	18	JD	弁護士
U7	20代	Dallas, TX	Dallas, TX	15	MA	大学院生

U8	20代	New York, NY	Oyster Bay, NY	18	BA	音響技術
U9	30代	Houston, TX	Dallas, TX	15	BA	大学院生
U10	20代	Durham, NC	Lexington, KY	10	BA	大学院生
U11	20代	Detroit, MI	Detroit, MI	22	MA	芸術家
U12	20代	Austin. TX	Austin, TX	27	BA	大学院生

2.2 オーストラリア英語会話

データ収録地：シドニー
データ収録年月日：2010年11月4日・5日
会話コード：AU41—AU50
会話コードと会話参加者コード：表3参照
参加者の年齢、出身地、長く居住した地域と年数、教育、職業：表4参照

表3 オーストラリア会話コードと会話参加者コード

会話コード	会話参加者コード	会話コード	会話参加者コード
AU41	Au1, Au2, Au3	AU46	Au6, Au10, Au12
AU42	Au4, Au3, Au5	AU47	Au5, Au12, Au13
AU43	Au4, Au6, Au7	AU48	Au14, Au8, Au13
AU44	Au8, Au2, Au6	AU49	Au6, Au15, Au14
AU45	Au9, Au10, Au11	AU50	Au16, Au17, Au15

表4 参加者の年齢、出身地、長期居住地域、居住年数、学歴、職業

参加者コード	年齢	出身地	長期居住地域	居住年数	学歴	職業
Au 1	20代	Sydney	Sydney	29	BS	ソフト開発
Au 2	20代	Camden, NSW	Campbell town	18	BA	大学院生
Au 3	20代	Fiji Island	Sydney	22	BA	技師
Au 4	20代	Port Huron	Uki	15	BA	大学院生

Au 5	20代	Australia	Australia	16	BA	大学院生
Au 6	20代	Australia	Wyong, NSW	23	BA	大学院生
Au 7	20代	Adelaide	Adelaide, SA	23	BA	大学院生
Au 8	20代	Sydney	Glebe, Sydney	23	BS	技師
Au 9	30代	Australia	Nowra, NSW	18	BA	大学職員
Au 10	20代	Sydney	Springwood, NSW	9	BA	大学院生
Au 11	20代	Sydney	Sydney	22	BA, BS	大学職員
Au 12	20代	Australia	Australia	21	BS	情報技術者
Au 13	30代	Sydney	Sydney	28	BA	大学院生
Au 14	20代	Sydney	Sydney	26	BA	大学職員
Au 15	20代	Sydney	Sydney	25	PhD	研究技術者
Au 16	30代	Sydney	Sydney	24	BS	大学院生
Au 17	30代	Sydney	Newcastle, NSW	24	BA	会計士

2.3 イギリス英語会話

収録地はオックスフォード、マンチェスター、ロンドンの3箇所である。
データ収録地1:オックスフォード
データ収録年月日:2010年9月5日
会話コード:UK26―UK30

データ収録地2:マンチェスター
データ収録年月日:2011年2月21日
会話コード:UK51―UK56

データ収録地3:ロンドン
データ収録年月日:2011年2月22日
会話コード:UK57、UK58
会話コードと会話参加者コード:表5参照
参加者の年齢、出身地、長く居住した地域と年数、教育、職業:表6参照

表5　イギリス会話のコードと会話参加者コード

会話コード	会話参加者コード	会話コード	会話参加者コード
UK26	B1, B2, B3	UK53	B15, B16, B17
UK27	B2, B4, B5	UK54	B11, B17, B18
UK28	B5, B6, B7	UK55	B16, B18, B19
UK29	B6, B8, B9	UK56	B17, B19, B20
UK30	B3, B8, B10	UK57	B21, B22, B23
UK51	B11, B12, B13	UK58	B21, B24, B25
UK52	B13, B14, B15		

表6　参加者の年齢、出身地、長期居住地域と居住年数、学歴・職業

参加者コード	年齢	出身地	長期居住地域	居住年数	学歴	職業
B1	20代	記述なし	記述なし	記述なし	BA	大学院生
B2	20代	Reading	Reading	8	BA	大学院生
B3	20代	Macclesfield	Knutsford	20	BA	大学院生
B4	20代	Manchester	Surrey	11	BA	学生
B5	20代	Liverpool	Liverpool	18	MA	情報技術
B6	30代	Oxford	Oxford	15	MA	情報技術
B7	20代	Reading	Wokingham	11	BA	無職
B8	20代	London	London	18	BS	大学院生
B9	30代	Inverness	Oxfordshire	28	高卒	漁業
B10	20代	Cambridge	Cambridge	18	BA	造園業
B11	30代	Wigan	Wigan	14	MA	運輸経済
B12	30代	Harlow	Marlow Bucks	9	BS	一般企業
B13	40代	London	London	18	BA	情報技術
B14	40代	Manchester	Manchester	46	BA	公務員
B15	30代	Oldham	Oldham	20	BA	教員
B16	30代	Manchester	Manchester	24	BA	教員

B17	30代	Ciattsbridge	Wirror	20	BA	公務員
B18	30代	Sarford	Eccles	25	BA	教員
B19	30代	Chorley	Adlington	5	PhD	会計士
B20	40代	Manchester	Manchester	20	MA	大学教員
B21	20代	Ipswich	Oxford	15	BA	大学院生
B22	50代	Oldham	London	26	BA	作家
B23	40代	Swaziland	London	20	BA	無職
B24	40代	Cardiff, Wales	London	25	BA	俳優
B25	20代	Lambeth	Bormonery	13	高卒	造園業

3. 日本語母語話者間会話

1会話につき3名の日本語母語話者による会話を収録した。
データ収録地：東京
データ収録年月日：2009年1月20日、2011年11月27日
会話コード：JP12、JP65―JP73

　参加者の条件、性別・教育歴・年齢は英語母語会話と同じである。ほとんどの日本語会話の参加者は大学院生であるため、専門分野を表8に明記した。会話コード・会話参加者コードと会話参加者の詳細は表7、表8のとおりである。

表7　日本語母語話者会話の会話コードと会話参加者コード

会話コード	会話参加者コード	会話コード	会話参加者コード
JP12	J13, J14, J15	JP69	J35, J34, J43
JP65	J41, J42, J39	JP70	J35, J37, J40
JP66	J41, J38, J40	JP71	J36, J37, J39
JP67	J36, J42, J40	JP72	J33, J38, J43
JP68	J37, J42, J43	JP73	J33, J35, J39

表8　会話参加者の年齢、専門分野

参加者コード	年齢	専門分野	参加者コード	年齢	専門分野
J13	20代	人文	J37	20代	言語
J14	20代	人文	J38	30代	言語
J15	20代	人文	J39	20代	工学
J33	20代	外国語	J40	20代	工学
J34	20代	外国語	J41	20代	デザイン
J35	20代	デザイン	J42	20代	外国語
J36	20代	外国語	J43	20代	計算工学

4. 異文化間会話

4.1 異文化間会話（英語）

　異文化間英語会話の収録は2箇所で行われ、収録年も異なっている。
会話収録の場所・時期と収録会話の特徴
データ収録地1：東京
データ収録年月日：2004年6月14日、21日
会話コード：ICE2（2人会話）、ICE3（4人会話）

データ収録地2：名古屋
データ収録年月日：2012年4月28日
会話コード：ICE74—ICE79（4人会話）、ICE80（2人会話）

　異文化間英語会話の英語母語話者はすべて北米の英語母語話者である。英語母語話者と日本語母語話者間の異文化間の英語会話には、4人会話と2人会話があり、4人会話は英語母語話者2名と日本語母語話者2名の会話であり、2人会話は英語母語話者1名と日本語母語話者1名の会話である。参加者の条件、性別、学歴、年齢は以下のとおりである。

会話コードと会話参加者コード：表9参照。
会話参加者の年齢、職業など：表10参照

表9 異文化間会話（英語）の会話コードと会話参加者コード

会話コード	参加者コード＊	会話コード	参加者コード
ICE2	J3, U3	ICE77	J48, J49, U16, Ca5
ICE3	J4, J5, U4, U5	ICE78	J46, J47, U16, Ca5
ICE74	J44, J45, Ca5, U13	ICE79	J48, J49, Ca6, U15
ICE75	J44, J45, Ca6, U14	ICE80	J49, U17
ICE76	J46, J47, Ca6, U15		

＊参加者コードの Ca はカナダ英語話者であることを示す。

表10 参加者の生年、職業・専門分野

参加者コード	年齢	職業・専門分野	参加者コード	年齢	職業・専門分野
J3	50代	企業勤務	A3	50代	米軍基地勤務
J4	50代	大学体育教員	A4	40代	米軍基地勤務
J5	50代	大学数学教員	A5	60代	大学教員
J44	20代	高校英語教員	U13	20代	大学生・文学部
J45	20代	高校英語教員	U14	20代	大学生・土木工学
J46	20代	大学院生・国際開発	U15	20代	大学生
J47	20代	大学院生・国際開発	U16	20代	大学生
J48	20代	大学生・医学部	U17	20代	大学生
J49	20代	大学院生・文学部	Ca5	20代	大学生
			Ca6	20代	大学生

4.2 異文化間会話（日本語）

異文化間日本語会話は2005年にトロントで収録した。この会話の参加者には女性も含まれる。

データ収録地：カナダ、トロント
データ収録年月日：2005年9月11日、18日
会話コード：ICJ8、ICJ9
会話コードと会話参加者コード：表11参照
参加者の性別、年齢、職業など：表12参照

表11　異文化間会話（日本語）の会話コード・会話参加者コード

会話コード	会話参加者コード
ICJ8	J9, J10, Ca1, Ca2
ICJ9	J11, J12, Ca3, Ca4

表12　参加者の性別、年齢、職業・専門分野

参加者コード	性別	年齢	職業・専門分野など
J9	男性	20代	学生（休学中）ワーキングホリデー中
J10	女性	20代	学生（休学中）ワーキングホリデー中
J11	女性	30代	大学卒、ワーキングホリデー中
J12	女性	20代	大学卒、ワーキングホリデー中
Ca1	男性	10代	大学生、日系3世、大学で日本語履修
Ca2	男性	20代	会計士、日本滞在2年、大学で日本語履修
Ca3	男性	20代	大学生、2年間日本語履修
Ca4	女性	20代	大学生、日本留学2年、日本語履修5年

5. 会話の文字化に用いた記号

会話のトランスクリプトはFitzGerald（2003）に従う。
会話の記号は以下のとおりである。
[　：発話の重複のはじめを示す。
]　：発話の重複の終わりを示す。
[　]内の数字は例1のようにどの発話同士が重なるかを示す。

例 1.
J33 ［あー　ありそうですね 1］
J35 ［@@ありそう 1］
　発話の重複が続くとき、例 2 のように同じ数字の発話が重なることを示す。
例 2.
J35：…［…いけなくなってきて 1］
J33：［うん　うん 1［うんうん 2］
J39：［うんうん　うん 2］うん
　上の発話例では、J35 と J33 の発話の重複を数字 1 と［　］で示し、J33 と J39 の発話の重複を数字 2 と［　］によって示す。
(.)：(1 秒未満のポーズを示す)ポーズを示す。(　)内の数字は秒数を示す。
↑：会話の上昇イントネーションを示す。
会話の下線、あるいは、ボールド体：会話の一部を取り上げ、説明をする場合に使用する。
@　笑いを示す。
＝2 つの会話が途切れなく密着していることを示す。

参考文献

FitzGerald, H. (2003). *How different are we? Spoken discourse in intercultural community.* Multilingual matters.［村田泰美(監訳)重光由加・大谷麻美・大塚容子(訳)(2010)『文化と会話スタイル―多文化社会・オーストラリアに見る異文化間コミュニケーション―』ひつじ書房］

第3章
'We had a good conversation!'
— 英語圏の'Good conversation'とは —

重光由加

1. はじめに

　本章では、本書の論文に入る前に、研究の副産物である会話収録後のインタビューの中から浮かび上がった参加者たちが描く「会話」のイメージを紹介する。インタビューを振り返ると、英語母語話者と日本語母語話者それぞれが、どのような会話を楽しいと感じるかに違いがある様子がわかる。

　「英会話」ということばは、あまりにあたりまえに使われているので、日本語でふだん行っている会話を英語にすればよいというのが一般的な認識であろう。ところが、英語になるとなぜできないのか、何をどうやって勉強すれば英語が話せるようになるのか、焦りや苛立ちを感じる人が少なくない。これは、会話のシステム（話者が交代するなど）とは別に、そのシステムが話者の文化・社会的背景に従って、どのように運用されるかという問題なのである。FitzGerald(2003)は、「ターン・テイキングと発話量、談話の組み立て、価値観の違い」による話し方のスタイルは話者の文化・社会的背景と密接に関係しているため、異文化間コミュニケーションでは、情報内容の誤解だけではなく人間関係にまで影響を及ぼすさまざまな問題の原因となっていることを実際の異文化接触会話データを示しながら指摘した。

　本章では、本書の論文で使われている会話データの参加者へのインタビューの回答から、特に英語の母語話者が会話についてどのように考えているのかを紹介する。

2. フォローアップ・インタビューの実施について

フォローアップ・インタビューはすべての会話調査の直後に、参加者たちに5分前後行った。ここで紹介するのはイギリス、アメリカ、オーストラリアの53人と日本人39人の男性のインタビューの回答がもとになっている。彼らは22歳以上の男性で、直前に「30分の初対面会話」の録画に参加している。インタビューの聞き手は本書の著者たちであり、すべて録音されている。あらかじめ「直前の会話の感想」「ほかの参加者の印象」「ふだん会話でこころがけていることは何か」「やりやすい会話とやりにくい会話はあるか」という共通の質問を用意してあった。しかし、直前に行われた実験会話の気になる様子を尋ねたり、インタビューの回答の方向に沿って話の重点に異なりが生じているため、全員にまったく同じインタビューが行われているわけではない。

3. 回答より

インタビューの中で共通して得られた回答を以下に紹介する。かぎかっこ内は、回答の抄訳である。

3.1 会話の場面設定について

本書の会話データは、初対面会話の調査のため「友人宅のホーム・パーティに参加したが、お互い初対面である。共通の友人を交えて近くに座っていたが、その友人が席を外さなければならなくなった。残った知らない者同士で30分ほどいっしょにいる状況となった」という場面設定が与えられた。

どの英語の母語話者にとっても、「初めて出会う人とのパーティー(a party with strangers)」が日常的な場面設定であることがわかった。特に「初めて出会う人とのパーティー(a party with strangers)」は、大学や仕事関連の場が多く、回答者たちにとってそのような場面は「アカデミックな会話になる」とのことである。また、初対面の人との会話は「照れくさかったりやりにくかったり(awkward)という気持ちはある」ものの、「知性に満ちた(intelligence)会話を心がける」という回答が目立つ。「実際の会話では歩き回ったり席の移動があったりするため、30分同じ相手と会話するのはあまりない」という回答もあったが、オーストラリアの参加者のうち2人が「30分の会話は通常より短い」と述べた。

　一方、日本語母語話者にとっては指定された場面設定は日常的に経験がないという声が大多数であった。また、専門分野の異なる参加者がそろったグループ（文学部出身、工学部出身、芸術学部出身）に参加した人たちからは、「異なる分野の人と話す経験は日常生活にはない」という声もあった。しかし、「やってみると何も問題なくできた」という回答が多かった。大学院生の参加者が多かったので、「学会の懇親会ではあり得るだろう」という回答もあった。

3.2　初対面会話で気をつけること

　初対面の会話というジャンルでは、自己紹介をして、互いが何者であるかを明かすやりとりを含む特徴がある。また、実際の初対面会話では、その後も継続して交流する可能性も高いので、よい印象を他の参加者に与えようということは重要視されているだろう。初対面会話でどのようなことに気をつけているかに対する回答を以下に紹介する。

　いずれの英語圏の参加者も、初対面会話は「能力を見せ合う場」ととらえている。会話では「能力と知性（competence and intelligence）を示すことが大切」という回答が複数あった。しかし、ほかの参加者と明らかに差がでるような能力の示し方はよいことではなく、「どれだけ知識があるか」「説明がうまいか」「相手の話に対して質問ができるか」というところが能力の見せ所となるようである。さらに、会話から何か知的なことを学ぼうという意識もある。初対面の場合は相手の情報を知ろうといろいろ質問を行うが、インタビューによれば、「一緒に話している人が何を考え、何を感じているかを知りたい」からであるとの回答を得た。

　日本語の参加者の回答からは、共通した回答は出てこなかった。「相手の話をよく聞く」というのがいくつかあった。中には「話の腰を折らないで聞く」という回答や、「途中で意見を言ったり質問はしないように気をつける」

ということである。「相手が居心地がよくなるように気をつける」や、「しゃべり方で相手がどのような人かを判断し、自分の行動を決める」というのもあった。また、「プライベートなことは聞かない」というのをあげる参加者もいた。したがって、相手に気をつかった会話を心がけていることがわかる。

日本人の回答を補完するために、筆者の担当する都内の大学の英米文学科の講義科目（平成25年度　異文化間コミュニケーション概論）で、同い年くらいの同性との初対面会話で気をつけていることは何かを約170人の学生（男女）に自由回答で記述させた。気をつけることとして、「あたりさわりのない話題」を選び、「自分がいやなことはしない」「失礼なことはしない」と書いた学生が多かった。また、「笑顔でいる」「敬語・ことばづかいに気をつける」「愛想よくする・明るくする・暗い印象を与えない」など、自分の外見やふるまいから、自分を印象づけようとする姿勢も感じられた。

また、英語圏の話者にとっては、参加者全員が平等に話すというのが望ましい会話であることがインタビューで示されている。たとえば、多くの実験会話は3人会話であったが、そのうち「2人だけで話が進んでいくことはよいことではなく」、あまり話していない人に対しては、会話に加われるように気を配らなければならない。また逆に1人だけが話し続けることはよくないととらえられている。特定の人が話し続けないように話題を変えたり、あまり話さない人に対して質問をしたりする工夫が必要である。自分は聞いているのが好き、話すほうが好き、よく話すタイプだなどの類型化が行われており、日本語の会話は全員が平等に話すのではなく1人だけが話している、または、話さない人がいるといいうことが許容されていることがわかる。

英語圏の話者が、会話の内容で自分の能力を見せようとしているのに対し、日本語話者は、会話の場の雰囲気づくりや他の参加者へ気配りができるかどうかを重要視しており、「会話」に臨む態度にずれがあることがわかる。

3.3　満足感の得られる会話

英語圏では、総じて「笑いが出ているのはよい会話である」という認識もあるようであるが、英語圏の回答では、楽しい会話はおおむね「自分の意見をしっかり持った人との知的な会話」である。会話の参加者が知性的（intelligent)であったということも、満足感を生んでいる。また、「さまざまな話題で話せる会話が楽しい」と感じている。その理由として、会話は「新しい知識を得るためにする」ものであり、とくに初対面の会話では、「いつもの仲間との限られた分野の会話ではなく、異なる分野の人」と話す会話であるため、新しいことを知る機会として、知識欲を満たす会話に満足するのである。

会話では、情報を得るだけではなく、「意見の交換ができた」ことが大切であり、お互いの考えを知り気持ちをシェアする(Share the feeling)ことはラポール(心の通い合い・気持ちの交流)につながることもわかった。異なる意見をもつ人や初めての人との会話では意見対立が起きる可能性もあるのだが、英語母語話者はそれさえも楽しんでいる。お互いに「自信(confidence)をもち、堂々としていて能力にあふれる人との知的な会話」ができれば、それが満足を感じる会話となる。

会話参加者に関しては、「聡明で前向きな人は会話を明るくしてくれる」「どの参加者も会話の内容には興味を示し、わくわくした気持ちで参加している」という回答である。会話でラポールを築くために役立っているものとして、意見の交換以外に、ジョークが大切であるという回答があった。ジョークは駄洒落とは異なり深い背景知識や語彙の知識を用いた「言葉遊び」の一種であるので、初対面でもジョークが分かり合える仲というのが、背景知識や経験を共有していることの証となる。同時に、ジョークの言葉遊びから、言語能力を競うことも行われていると考えられる。

日本語会話の参加者は、満足感のある会話に具体的に触れた回答が少なく、共通な特徴は得られなかった。しかし、専門分野が異なる人を組み合わせた会話では、前述したようにふだん自分が話さない分野の人や、知らない話が聞けたことに対して「楽しかった」点をあげた回答者は複数いる。また、楽しいという尺度ではなく、日本語母語話者には「楽な会話」かどうかという視点があった。特に、会話の中では聞き役にまわる人と、よく話すタイプの人がおり、「ほかのひとが話してくれたので楽だった」「進行役の人がいてよかった」という回答や、「話しやすい会話だった」という回答が目立つ。

3.4 苦手な会話

　英語圏の回答者は「沈黙のある会話はやりにくい」という回答が共通して出てきた。「沈黙は緊張を生む」からである。沈黙を避けるための方策として、「質問をしたりコメントを多く言ったり」するが、そのためには、相手の話をしっかり聞くことが重要になってくる。質問に対しては、詳しく答えることも必要である。会話では話を理解しながら聞いて行かなければならないという参加態度があらわれている。

　日本語会話であげられた苦手な会話に関しては、共通に得られた回答はなかったが、そもそも「初対面の会話は苦手」「3人の会話だと話に入っていけない」「感情的な人がいる会話は苦手」「質問してくる人がいる会話は苦手」「一方的に話す人がいる会話は好ましくない」など、会話の場面的な要素に対して苦手意識を指摘した回答者が多い。「自分の話したことに対して「でも…」と反論する人がいるのはよくない会話」など、「自分の意見に対して意見を言ったりする人がいる会話はよくないこと」だと回答した人もいた。日本語母語話者は、沈黙に対してはほとんど指摘がなかった。

　なお、日本語母語話者の中では、よく知っている人と会話をするときには、かえって話題選び(相手の人の話しやすい話題、話しにくい話題を気にするなど)を慎重にしなければならないため、苦手であるという回答があった。また、日常生活の中で、知り合いとも会話をする機会がそもそもほとんどないという参加者も複数いた。

3.5 初対面会話で好まれる話題

　会話参加者に大学院生が多かったので、英語の会話も日本語の会話も共通の話題は研究課題や学術的な活動、職業、仕事内容が多かった。英語圏の社会人の参加者の場合は教育歴、職業、仕事内容、専門的な話題、政治情勢に対する話題などが好まれる。

　また英語圏での男性の会話では、スポーツは安全なトピックだと考えられていると言える。実験会話でもスポーツの話題が好まれており、「初対面とはスポーツの話題で話すと決めている」という参加者もいた。スポーツに関しては、具体的には、試合結果、自分のスポーツの体験談などである。今回

は実験会話であったため、パーティーの場面という設定だが飲食はなかったので、比較的改まっているが、実際にお酒を飲みながらなどくだけた会話ではテレビ番組、お酒の話題、さらに毒づいたりすることもあるという回答もあった。

会話データでは、「天候、故郷、家族、旅行」についての話題もなされていたが、これらは「話題が尽きた時に持ち出す話題」であるという指摘が、複数(とくにアメリカの参加者)からあった。複数の実験会話に参加した参加者でも、このような話題が多かった会話の直後では、「今のはうまくいっていない会話だった」と指摘した参加者が2人以上いた。

アメリカの参加者のある1人の回答によれば、「話題にも地域性があり、ニューヨークにいたときは国際情勢や国際問題などを話すことが多かったが、それ以外の地域では自分たちに関係のある話題が多い」と指摘があった。

また、「知らない話題では、あまり間違ったことは言いたくない」が「自分になじみのない話題を聞くことを楽しめた」という回答もあった。その場合は、話を聞いているだけではなく詳しく知りたいので「質問をして深く情報を得る」ことで会話に積極的に参加をする。このように、1つの話題に関しては、詳細の情報や具体的な話を好んでいることもわかった。

初対面の会話にふさわしくない話題は、相手が既婚か未婚かという話である。家族の話題は問題がないのだが、配偶者の有無、パートナーの有無、つきあっている人がいるかどうかも避けるべき会話である。

日本語の会話では、とくに話題について明確に答えた人はいなかった。本書での会話は、スポーツ、故郷、家族などについて話した例はなく、学生の場合は学校関係(研究や就活)が中心であった。「相手も院生とわかったので、院生活の話題が一番無難」と答えた人も2人以上いた。

3.6 会話の参加者をどのようにとらえるか

参加者が会話の中で初対面の相手に対してどのように接しているかという観点からみる。英語の会話の参加者は大学院生グループ(20代が中心)と社会人グループ(30代から40代が中心)というグループを組んで会話をしてもらった。しかし、ひとつのグループに20歳代から50歳代というもっとも年

齢差の開きがあったグループがあった(UK58)。このグループでは「同世代の方が話しやすい」という回答はあったものの、「年齢差は関係ない」ということだったので、年齢差は英語の会話ではほとんど影響を与えないと言っていいだろう。

　英語の会話では、社会階層と既婚か未婚か(marital status)は会話に影響したようである。英語圏共通と断定はできないが、イギリスの参加者は社会階級や社会的地位を気にしていると回答した。たとえば他の人より自分の方が社会階層が上だと感じたら、「気取って(posh)聞こえないように気をつける」と言った参加者もいる。アメリカの参加者は、既婚か未婚かは会話に影響すると感じている。「結婚している人の方が、精神的に大人である(mature)」ので、あらたまった感じで話したつもりだという未婚の参加者もいた。オーストラリアの会話グループで成人になってから大学に入学した学部在学中の参加者がいたが、院生の参加者から「彼はまだ学部生だから会話の仕方に慣れていない」という発言があった。これは、前節で書いた、会話には知性やスキルが求められていることに通じる。

　日本人の参加者にとって、属性の差は敬語使用の判断材料となっていることがわかる。データをとる際に、年齢が近く外見では年の差の判断がつかない参加者を組み合わせたグループを作ったので、実際に年齢はあまり気にしなかったという回答が多かった。インタビューの中で、「年齢がわからなかったので話しやすかった」という回答もあったが、「年齢の探り合いがあった」という回答があった。年齢がわからない場合は、一貫して敬語を使ったというグループと、上下関係を基準に敬語を使うかどうかを迷わなくてよかったので、「楽」だったという回答があった。

　英語の会話にはなかった属性として、理系・文系など研究分野の違い、所属大学がどこなのかを意識していた参加者も複数いた。会話の参加者の印象を尋ねたときに、「典型的な理系の人」や「〇〇大学っぽい人」という括りで接し方を意識していたという参加者もいた。

　英語・日本語の会話ともに会話直後のインタビューで、いっしょに会話をした人の名前を憶えていない参加者のほうが多かった。また、いっしょに会話をした参加者を説明するときに、英語母語話者は出身地、職業や大学など

属性での説明を述べるのに対して、日本語母語話者は属性以外に「よくしゃべる人」「やさしそうな人」「いろいろなことを知っている人」など、その場での個人の印象で説明することが多い。初対面の人をどのようにとらえるのか、人間関係をどのようにとらえるのかの認知的な側面も興味深い。

4. おわりに

　この章では会話の分析や談話分析というデータの客観的な側面とは別に、実際の会話者がどのような態度で会話をしているか、会話についてどのように考えているかという内面的で主観的な部分をフォローアップ・インタビューの結果から読み解いた。それによって、英語圏の人たちが求めている「会話」と、日本語母語話者が求めている「会話」の姿が異なっていることが示された。

　英語母語話者と日本語母語話者では会話に対する意識が異なることが明らかになった。英語圏の参加者は、会話は知的で能力を見せ合う場面であり、そのために会話でのテクニックや、話題づくりの知識が必要であると言えるだろう。さらに、会話をスムーズに行うために、英語の会話では、いつも話せる話題を用意していたり（スポーツなど）、発言が少ない人に意識的に発言権を与えたり、また話しすぎる人に牽制して話題を変えたりというスキルが必要なことがわかった。

　一方、日本語母語話者の回答からは、会話については特にこのようにやらなければならないという共通の規範は得られなかった。強いて言えば、「相手に合わせた会話」を意識していると思われる。相手の話を最後まで聞く、わからなくても素直に話を聞くなどが、初対面会話でのほかの参加者たちへの配慮であり、自分の好感度を示す方策とも言えるだろう。

　回答を見ると、日本語会話の参加者たちの日常生活では、実際には分野の異なる人と話すということがないし、あまり会話はしないということで、会話自体の慣れや、熟達度が英語母語話者と日本語母語話者では異なっているということも示唆されていると言える。

　この実験会話は、大学卒の参加者を対象にしており、英語圏のすべての会

話がこの通りだとは言えない。また、本章では非英語母語話者が英語を話す時には英語母語話者の通りふるまうことを強く主張する意図はまったくない。しかし、少なくとも日本の社会人が仕事で出会う英語母語話者の知的レベルとしては、想定内の人たちだろう。会話はかなり意識的な営みであり、英語では会話は何か特別なスキルが必要であるということがわかる。また、積極的にラポールを築くことが大切だと印象づけられる。

英語母語話者の「よい会話」に対する概念が、後に続く章で示される語用指標の基盤となっているともいえよう。

Appendix: インタビューを行った人

このインタビューの回答者は科研 No. 22520596(代表　津田早苗)の会話データ収集に参加した者である。

インタビューを行ったものは以下の通りである。カッコ内は収録地。

津田早苗(Manchester、London、東京、名古屋で)
村田泰美(Sydney、名古屋)
大塚容子(名古屋)
岩田祐子(Austin、東京)
重光由加(Oxford、Manchester、London、Austin、東京、奈良)
大谷麻美(Oxford、Sydney、東京、奈良)

参考文献

FitzGerald, H. (2003). *How different are we? Spoken discourse in intercultural community.* Multilingual matters.［村田泰美(監訳)重光由加・大谷麻美・大塚容子(訳)(2010)『文化と会話スタイル―多文化社会・オーストラリアに見る異文化間コミュニケーション―』ひつじ書房］

第4章
日・英語初対面会話における自己開示の機能

岩田祐子

1. はじめに

　日本人で英語母語話者と英語で会話を行った経験がある人がしばしば気づく英語会話の特徴は、英語母語話者が自らのことを初対面にもかかわらず積極的に語ることである。彼らが自分の個人的情報や体験、意見などを開放的に語る姿に驚く日本人も多いだろう。実は筆者もその1人である。相手の英語母語話者が自分のことを積極的に開放的に語るのに対し、聞き役を務めることはできるが、自分も自分の個人的情報や体験、意見などを初対面で相手に語ることはなかなかできない。まわりを見ても、初対面では自分のことをなかなか語らず、表面的な会話に終始する日本人が多いように思われる。初対面会話で自己を語る、すなわち自己開示において、英語母語話者と日本語母語話者の言語行動は異なるのだろうか。もし異なるとしたら、どこがどう異なるのだろうか。

　本章では、自己開示に焦点を当てて、日本語会話と英語会話では自己開示が初対面会話の中でどのようになされているのか、自己開示の機能を分析する。すなわち、いつ、誰が、どの程度、何をどのように語るのかについて、話し手の言語行動、聞き手の言語行動、話し手と聞き手の共同作業としての言語行動という観点から分析する。また英語会話と日本語会話における自己開示の特徴をそれぞれ明らかにし、類似点と相違点を考察する。

2. 自己開示とは

　自己開示は、心理学の分野では長く研究されているテーマである。

　自己開示という語を初めて心理学用語として用いた臨床心理学者のJourard(1971a)は、自己開示を個人的な情報を他者に知らせる行為(act of revealing personal information to others)と定義した。また開示するとは、ベールをとること、あらわにすること、あるいは示すことである。自己開示は、自分自身をあらわにする行為であり、他人たちが知覚し得るように自身を示す行為であるとも述べている(1971b)。

　榎本(1997: iii)は、このJourardの自己開示の概念は、他者に対して開示するということを特に意識したものであり、自己を他者に知ってもらうために自分自身をあらわにすることであると述べている。榎本(1997: iii)はまたJourardの自己開示には、「自分自身や自分自身の経験に直接言及する言表、あるいは自分自身がにじみ出るような発言が自己開示に相当するものであり、単に外的な事象についての話や第三者的な言表は自己開示に含まれない」とも述べている。榎本(1997: iii)は、Jourard以来、心理学の領域で行われている自己開示研究は、自分自身について他者に語る行為、すなわち自分についてどのくらい他者に話すかを問題としていると振り返った上で、疑問を呈している。自己開示を具体的な他者との会話における自己開示に限定する必要はなく、表情、視線、しぐさなども無言のうちに自己開示する可能性があるし、外には現れない心の構えのようなものも自己開示するのではないかと述べている。

　異文化コミュニケーションの観点から自己開示を研究した西田(1989: 27)は、人間関係における自己開示を「自分のことを人に打ち明けること」であると述べている。西田は、アメリカ人の自己開示の特徴、白人とアフリカ系アメリカ人の自己開示の違い、男性と女性の自己開示の違いを分析した上で、異文化の人間関係における自己開示を分析している。その中で西田は、異文化コミュニケーションにおける自己開示の問題は、「英語での挨拶程度なら困らなくなった人が、その次の段階として、何を話せばよいか、何を話題にすればよいか、と考えるとき、切実に必要になる内容である」と述べて

いる(1989: 27)。日本人英語話者が、英語でコミュニケーションをとり何らかの人間関係を形成しようとしたとき、話題を何にするのか、適切な自己開示の時期はいつなのか、どこまで自己開示すればよいのかが大きな問題となるのである。

コミュニケーションは、意思伝達であり、情報を伝える行為である。一般の意思伝達と自己開示の違いとして、Cozby(1973)は、自己開示では3つの基準を充たしていなければならないとした。第一は、情報の送り手に関する個人的情報を含んでいなければならない、第二は、情報の送り手が言葉で伝達しなければならない、第三は、情報の到達点がもう1人の受信者でなければならない、の3つである。ただ、第二の言葉で伝達しなければならないに関しては異なる意見もある。たとえば、Barnlund(1975)は、身体の接触(タッチング)も自己開示の行為であるとする。西田(1989: 28)は、自己開示の基準として、「情報の内容は自己に関することで、意図的に伝えられたものであり、嘘の情報を除外していて、他からは手に入れることのできない、個人的なもので、伝達の相手が決まっている」としている。

上記のような先行研究を踏まえて、本章では自己開示を「自分の個人的情報や体験、考え、感情などを会話の中で相手に伝えようとする言語的行動 (linguistic behavior to express and try to convey others one's own personal information and experiences, thoughts and feelings during a conversation)」と定義する。この定義に基づき、英語と日本語の初対面会話において自己開示がどのようになされているかを分析し、自己開示の仕方の違いが英語会話と日本語会話をどのように特徴づけているかを明らかにする。先述した榎本(1997)が提示した疑問、自分自身について他者に語る行為、すなわち自分についてどのくらい他者に話すかだけが自己開示なのか、外には現れない心の構えのようなものも自己開示するのではないかという疑問に共感もし、もっともだと思うところもあるが、本章の分析では、あくまでも言語を使って自分についてどのくらい他者に話すかを自己開示とし、言語行動における自己開示を分析する。

3. 話し手と聞き手の共同構築としての自己開示

　日本語会話においても英語会話においても、会話とは参加者の間で話し手と聞き手がターンを交替しながら進めていくものである。1人の人が始めから終わりまで話し手であり続け、他の参加者がその間、聞き手であり続けるというケースは少なく、参加者たちは話し手と聞き手の役割交替をしながら話を進めていく。ただ、トピックごとに誰が話し手になり、誰が聞き手になっているかを見たときは、そのトピックについて自己開示しながら主に語っている参加者がいる場合があり、その場合は、その参加者を便宜上本章では「話し手」と呼ぶ。他の参加者は話し手の自己開示を聞く「聞き手」となる。

　会話は話し手だけでなく、聞き手も参加した協同作業(a joint production)である(Tannen, 1989: 12)。協同構築される会話においては、話し手の役割だけでなく、聞き手の役割が大変重要になる。Duranti(1986)は、"the audience as co-author" と述べて、聞き手が話し手とともに談話を形成していくと主張した。本章では、自己開示に際して、話し手が一方的に開示するのではなく、聞き手が話し手の自己開示にコメントやあいづちで関心を示し、質問をして話し手の自己開示を促す役割を果たしていること、すなわち話し手と聞き手が協同で自己開示を展開していることを会話データで示す。

　また聞き手自身も単なる聞き手にとどまらず、話し手のstory(first story)に関連したsecond storyを語る話し手となること、聞き手自らも自己開示をし、その結果、話し手が語ったトピックが聞き手のsecond storyに繋がってトピックが発展していくことを提示する。Sacks(1974)は、storytelling sequencesを3つのパートに分けた。storyが語られる前段階のpreface sequence, storyの語りであるtelling sequence、storyの後の聞き手の反応部分であるresponse sequenceである。Sacksによれば、response sequencesは、話し手の話が終わったことを聞き手が理解していること、聞き手が次のターンを取って話を再開すること、話し手の話に対する賞賛から成る。話し手が話したstoryは語る価値があったことを示すのである。Schegloff(1992: 206)は、Sacks(1974)の研究を踏まえ、話し手の自己開示に合わせて、聞き手も

話し手となり、話し手の first story に関連した自分の経験を second (follow-up) story として語ることで、話し手の first story を聞き手が理解したこと、first story の内容への評価と理解を示すと論じた。また話し手の story が次の second story を生み出す力がある story であったことも示すと述べている。

本章では、自己開示が話し手と聞き手のいわば協同作業でなされるので、自己開示の大きさには話し手の言語行動だけでなく、聞き手の言語行動も大きくかかわっていることを明らかにする。

4. 分析データ

本章では、先述の共通データの中から、日本語会話5本、英語会話15本 (イギリス、アメリカ、オーストラリア各5本) を選び分析を行った。データの選択の際には、参加者や会話場所に偏りがでないように以下の2点を考慮した。第一に、参加者に偏りが出ないように、同一参加者が複数の会話に登場する場合は、2回までになるようにデータを選んだ。第二に、イギリスは収録場所が、オックスフォード、ロンドン、マンチェスターと3か所にわたったため、収録場所が偏らないようにすべての収録場所のデータを分析に含めるようにした。

5. 分析方法

英語会話・日本語会話ともトピックごとに区切って分析した。三牧 (1999: 175) の話題の定義、すなわち「会話の中で導入、展開された内容的に結束性を有する事柄の集合体を認定し、その発話の集合体に共通した概念を『話題』とする」を参考にトピックごとに会話を区切った。また三牧 (1999: 175) は、「話題はさらに派生話題をもった構造を示すことも」多いとし、大話題―小話題を提唱している。しかし、本章では、Schegloff (1992) の first story, second story の考え方を参考に、トピックの発展を論じることとし、1つのトピックから派生・発展するトピックは別のトピックとして扱った。

表1　会話データの詳細

言　語	収録場所	会話コード	参加者コード
日本語	東京	JP17	J24, J25, J26
	東京	JP65	J39, J41, J42
	東京	JP69	J34, J35, J43
	東京	JP72	J33, J38, J43
	東京	JP73	J33, J35, J39
アメリカ英語	テキサス	US31	U1, U2, U3
	テキサス	US35	U3, U5, U7
	テキサス	US36	U2, U8, U9
	テキサス	US39	U8, U11, U12
	テキサス	US40	U7, U9, U11
イギリス英語	オックスフォード	UK26	B1, B2, B3
	オックスフォード	UK28	B5, B6, B7
	マンチェスター	UK54	B11, B17, B18
	ロンドン	UK57	B21, B22, B23
	ロンドン	UK58	B21, B24, B25
オーストラリア英語	シドニー	AU43	Au4, Au6, Au7
	シドニー	AU45	Au9, Au10, Au11
	シドニー	AU46	Au6, Au10, Au12
	シドニー	AU47	Au5, Au12, Au13
	シドニー	AU48	Au8, Au13, Au14

　またトピックの区切りの同定には、市川・德永(2007)の手法を参考にした。市川・德永は、日本語会話のトピックの区切りを同定する手法として、互いにあいづちを打つ、沈黙、「何かある」などの明示的なトピック遷移の合図、イニシアティブの交代等を判定条件として挙げている。これらの判定条件を英語にも当てはめて英語会話のトピックの区切りを行った。そして、それぞれのトピックにおいて、会話参加者がどのように自己開示を行っているかを話し手の言語行動、聞き手の言語行動、話し手と聞き手の協同作業と

しての言語行動という観点から分析した。

6. 分析結果―いつ自己開示するのか―

　本章のデータはいずれも初対面会話であるため、冒頭で自己紹介が必ずなされ、そのときに自分の名前・在籍する大学(院)名・専門・職業・出身地などについての個人情報が語られ、自己開示が起こる。自己紹介以降は様々なトピックについて話し合われるが、それらの自己紹介以外のトピックにおいても、参加者が体験談を語り、感情や意見を表明する中で自己開示が起こる。たとえば、自己紹介の中にでてきたトピックから発展したトピックについて意見交換を交わす場合の意見や意見を支える証拠としての体験談は自己開示である。

　英語会話においては、自己紹介でかなり詳しい自己開示があり、その後のトピックにおいても意見や感情の表現において、またそれらを支える体験談において自己開示が行われる。

　次の英語会話(1)では、話し手(U2)が自己紹介で積極的に自己開示している。単に自分の大学や専攻だけでなく、自分の情報を積極的に開示している。この会話では冒頭互いに名前を紹介し挨拶を交わした後、07–08行目と10行目でU2が現在の場所(テキサス州)に7〜8年住んでおり、ここで生まれ、その後引っ越したと述べている。出身地の町の名前をただ述べるだけでなく、更なる追加情報を開示している。そのすぐ後、U2は他の2人に「あなたたちはどうなのか(How about you?)」と聞いて相手の自己開示を促している。つまりU2は自ら開示すると同時に、相手の自己開示を促しているのである。するとU1が11–12行目で自分はカリフォルニア出身であること、大学院で広告を学ぶためにこの町に来たことを述べている。ここでもU1は出身地だけでなく、追加情報を開示している。するとU2がカリフォルニアの中のどこ出身かと追加情報を求める質問をしている。そのあと、U1、U2の自己紹介を聞いていたU3が17–18行目で自ら自分の出身地、どこで育ったのか、この地には大学院に入るために1年前に来たなどと述べ、開示している。するとU2が、U3が学んだ学部の大学はWilliam & Maryかと問いか

け、U3がそのとおりだと答えている。その後U1が22行目で2人に大学院での専攻を聞き、U2が大学時代の専攻と、現在は大学院には進まず働いていることを述べている。これに対し、U1が27、31、33、36、39行目で質問やコメント、あいづちでU2の自己開示を促している。その後、40-42行目でU3が自分の専攻について答えている。参加者が自ら積極的に自己を開示していること、聞き手が話し手の自己開示を促すような質問をしていることなどがわかる。

(1) [US31]¹

01　U2:　Oh, I'm U2.
02　U3:　Yeah, I'm U3.
03　U1:　I am U1.
04　U2:　U1 and U3〔nice to meet you guys.〕
05　U3:　〔Nice to meet you.〕
06　U1:　Nice to meet you guys.
07　U2:　I'm from here. I lived here about 8 years now, 7 to 8 years. I was
08　　　　born here　自ら自己開示
09　U1:　Okay.　あいづち
10　U2:　but moved away. How about you?　自己開示→質問
11　U1:　Ah-- California. I came here for graduate school ah–advertising. Yeah,
12　　　　pretty much, it.　自己開示
13　U2:　Where in California?　質問
14　U1:　Bay Area, so up by Bay San Francisco.　自己開示
15　U2:　Okay cool.　コメント
16　U1:　Um-hum.
17　U3:　I am from the DC area. I grew up in Northern Virginia and moved here
18　　　　a year ago for for graduate school.　自ら自己開示
19　U2:　A William & Mary shirt I see?　質問
20　U3:　Yeah, that was, that's where I did my undergrad.　自己開示
21　U2:　Okay.　あいづち

22 U1: Nice. What are you guys studying respectively? 質問
23 U3: Ah-- political science. 自己開示
24 U1: Okay. あいづち
25 U2: I, I did computer science here, but I am actually not in school
26   anymore. 自ら自己開示
27 U1: Awesome. あいづち
28 U3: Cool. あいづち
29 U2: Yeah, I just started a job as a freelance web developer, after a
30   summer of unemployment, and it's pretty. 自ら自己開示
31 U1: What did you prefer? 質問
(All @@)
32 U2: Oh, the unemployment was nice for about a month. @ 自己開示
33 U1: @ Yeah, it's usually how it goes. コメント
34 U2: Yeah, I've just – I did computer science and I started working at
35   startups, and it's been really volatile ever since. 自ら自己開示
36 U1: Yeah. あいづち
37 U2: And now I am pulling like, like I think I worked for about 40 hours
38   Thursday and Friday straight. 自ら自己開示
39 U1: Oh man. コメント
(中略)
40 U3: I tried ah to double major as an undergrad in computer science and
41   political science, and eventually, the programming just got a lot.
42   I mean I was really good at hello world = 自ら自己開示
(U2: = @)

　これに対して次の日本語会話(2)は、冒頭に互いの名前を自己紹介し、「よろしくお願いします」と互いに挨拶をした直後の部分である。J39に大学院での専門を聞かれたJ33が言語学を専門としていることを開示している。しかし、文法を研究していることと皆に難しいと言われるということ以外、あまり深い開示はされていない。英語会話に見られるようななぜその専門を選

んだのか、学部のときの専攻は何か、将来の職業の計画などについてJ33は全く述べていない。聞き手もJ39の01行目の最初の質問以外は質問をせず、07行目でコメントをした以外はあいづちを打ちながらJ33の話を聞いているだけである（03、05、11、13、15行目）。

(2) [JP73]
01 J39 : 学校ー ではど んな勉強 さ れてるんですか↑ [ふた] 質問
02 J33 : [えと] 僕ーは あの 言語学を やってます 自己開示
03 J35 : おお あいづち
04 J33 : でなんか英語の 文法の研究っていう 自己開示
05 J39 : お [おー] あいづち
06 J33 : [感じ] なんですけど 自己開示
07 J35 : 難しそうですね コメント
[一同：@]
08 J33 : よくね 文法っていうと難しそうとか 言われるんですけど
09   けっこうなんか よく 言われてみれば [なんでだ] ろうみ
10   たいな 自己開示
11 J35 : [うん] あいづち
12 J33 : ことを やっているんで 自己開示
13 J35 : うん あいづち
14 J33 : 実はけっこうみんなに身近なことなんじゃないかなと 自己開示
15 J39 : [うーん] あいづち
16 J33 : [思うんです] けど

　上記の2つの会話(1)、(2)が示すように、英語会話においても日本語会話においても初対面会話では互いの名前や大学院での専攻などについて同じような自己紹介が行われる。この自己紹介において、英語会話の参加者は、積極的に自分のことについて語り、情報を提供し、聞き手も積極的に質問をして相手の自己開示を促している。その結果、自己開示が大きな会話が成立する。また自己紹介を詳しく語るので、その中から次のトピックへと発展して

いくことも多い。また詳しい自己紹介の中から全員で話ができるトピックを見つけていくこともよく見られた。たとえば、英語会話 US35 では、参加者の中で唯一現在失業中の U5 が自己紹介の時は少し遠慮がちに参加していた。しかし U5 が少し前まではアラスカで働いていたことを述べると、他の参加者2名(いずれも大学院生)がアラスカのことをいろいろ質問し、3人でアラスカのサケや政治について話をしている。英語会話 UK57 でも参加者の1人 B23 が以前は出版社に勤めていたが、現在失業中であると語り、会話の前半は他の参加者に比べて寡黙がちであった。しかし、他の参加者2名が教育問題について語っているうちにあるテストの話になると、出版社で働いているときそのテストを扱っていたと述べ、会話に参加していく。参加者それぞれが自己開示することで、参加者全員が話題に参加できる共通項を探すことが可能になっている。

　これに対し、日本語会話では上記の会話が示すように、参加者は名前や大学院での専攻を述べるが、英語会話に比べ詳しい自己開示はしないことが多い。出身地や将来どういう職業に就きたいか(就く予定であるか)などについて話し手から語られることは少なく、他の参加者が質問をしてより詳しい情報提供を促すようなことは見られない。従って日本語会話においては、自己紹介における自己開示は、英語会話に比べると小さい。

7. 分析結果—誰が開示するのか(聞き手の役割)—

　トピックにおいてそれを主に語っている話し手が自己開示するのはある意味当たり前のことである。ここでは、話し手の自己開示を支える聞き手の役割に着目する。なぜなら第3節で述べたように会話は話し手と聞き手の協同作業であり、自己開示も例外ではないからである。

　英語会話における話し手の自己開示の大きさは、聞き手の言語行動によっても促されている。話し手が自己開示をしている間、すなわち話し手が自分の個人情報や意見を述べている間、聞き手は、あいづちを打つだけでなく、コメントをし、質問をし、話し手の自己開示を積極的に促している。

　次の英語会話(3)では、Au4 がオーストラリア社会にはワーキングクラス

と中流・中流の上のクラスとの間に明白な文化的差異があると述べている。これに対し、Au7 はただあいづちを打ちながら聞くのではなく、05–06 行目でその差異は高校時代の後から派生したものかと質問している。この質問が、07、09、11–13、15 行における Au4 の更なる意見の表出、すなわち自己開示を引き出している。これに対し、Au7 は、ただ同意するのではなく、16–19 行目で人種も関係があるのではないかと意見を述べている。この会話例が示すのは、話し手の自己開示を促す聞き手の積極的な言語行動である。

(3) [AU43]

01 Au4: All my friends from universities like Japanese films and Tom Waits.
02 　　　There is this really clear cultural distinction between
03 　　　working-class Australians and middle-class and upper-middle
04 　　　class Australians.
05 Au7: But like do you see that as something that happened after they left
06 　　　high school like something that was sort of cultivated. 質問
07 Au4: No, not at all.
08 Au7: Or was it already = 質問
09 Au4: = I think it starts at very young age.
10 Au7: Yeah. あいづち
11 Au4: I think that people are often of the impression that the key divisions
12 　　　in Australia are ethnicity or religion or culture. But really the key
13 　　　divisions in my opinion are class and socioeconomic background.
14 Au7: Mmm あいづち
15 Au4: It is far more important than those other factors I think.
16 Au7: Yeah, I mean, it is, but I think – but ethnicity affects people's
17 　　　employment opportunities. So I think that's true, but like does also
18 　　　restrict because that restricts mobility and I don't think you can
19 　　　really separate that from class in a sense. 意見、自己開示
20 Au4: Right.

それでは、日本語会話における聞き手の役割はどうだろうか。英語会話のように聞き手が話し手の自己開示をさらに促すような質問をしているだろうか。下記の日本語会話(4)では、名前を互いに紹介する自己紹介が終わった後、J42が他の2人の参加者に大学院での専門を聞いている。J39が自分の専門を答えた後、14–15行目と17–18行目でJ41が自分の専門を語りながら、以前は一般大学に通っていたが、思い立って美大に進んだことを述べている。一般大学から美大に転学するのは珍しいことであり、理由もあると思われるが、聞き手であるJ42とJ39は16、19行目でただあいづちを打つだけで質問をJ41に対し全くしていない。AU43の英語会話における聞き手のような言語行動は見られない。

(4) [JP65]
01 J42：[@@]　ちなみにご専門は↑
02 J39：えーと　人間工学といって　あの機械と人間のまあインターフェ
03 　　　イスですね
04 J42：はい
05 J39：をつなぐ研究をしていますね
06 J42：ということは　ここの [T大の]
07 J39：[そうですね　ちょうど] はい
08 J41：ふーん
09 J39：社会　あ理工系　け　経営工学専攻で　K大とかだと管理工学
10 　　　とか [あと]
11 J42：[ああ]　あのヤナミノ [unclear]
12 J39：そうですね　のような感じになります
13 J42：J41 [さんは]
14 J41：[あ]　僕は　えーと　アートマネージメントを専攻していまし
15 　　　て　えーと　前に一般大学に通っていたんですが 自己開示
16 J42：はい あいづち
17 J41：そこからちょっとまあ　ひとつ　あのちょっと思い立って美大
18 　　　のほうに＝

19 J42：＝おお＝ あいづち
20 J41：＝はい　進みまして　で　えーと　ちょっと今インターフェー
21 　　　スの話をされましたけど
22 J39：はい
23 J41：私も人と芸術をつなぐ部分という部分をその研究して　いかに
24 　　　こうまあ分かりやすく楽しく美術とかを　まあ伝えていけるか
25 　　　なっていうことを研究しています

　次の日本語会話(5)でも聞き手の言語行動は、英語会話の聞き手のように積極的に話し手の自己開示を促すということはしていない。この会話では、理系の院生として理系における基礎研究の意味に疑問を呈した J43 に対し、病気とコミュニケーションを研究している J38 が自分の研究はいわば基礎研究というようなものだが、基礎研究だから何でもいいというのではなく、自分なりに最終的な到達点をある程度想定して研究している、すなわち社会の認識を変えたいという思いで研究をしていると自分の研究に対する考えを述べている。この J38 の意見に対し、J33 も J43 も 03 行目から 34 行目の間、あいづちをひたすら 15 回打つだけで、質問もしなければコメントもしていない。ただ J38 の意見を拝聴しているだけである。この部分は、今回分析した日本語会話の中では参加者が意見を述べているという意味では大変珍しい個所である。他の日本語会話データでは、参加者が意見を述べるという箇所はほとんど見られなかったからである。ただ、この箇所の聞き手 J33 と J43 の言語行動は、話し手 J38 に質問してさらに自己開示を促す、もしくは自分も意見を述べるといった英語会話の聞き手によく見られるような言語行動ではない。

(5)[JP72]
01 J38：だからまあ　個人的にはですよ　あの　最終的な到達点はある
02 　　　程度やっぱり　描いて［おく必要ってのは１］やっぱりある
　　　　　　　　　　　　　　　　　　　　　　　　　　意見、自己開示
03 J43：［うんうん　うん　１］ あいづち

04 J38：基礎研究だからいいっていう［ことではなくて2］
　　　　　　　　　　　　　　　　　　　　　　　意見、自己開示
05 J43：［はいはいはい2］ あいづち
06 J38：基礎研究はこれがたか　もしできたら　例えばこんなこともで
07 　　　きる= 意見、自己開示
08 J43：=はいはい［はいはい1］ あいづち
09 J38：［んじゃないか1］っていうところまで 意見、自己開示
10 J33：うん= あいづち
11 J38：=考えてやっぱり研究する必要っていうのは［やっぱり文系で
12 　　　も1］僕はあると 意見、自己開示
13 J43：［うんうん1］ あいづち
14 J38：［思う2］んですね 意見、自己開示
15 J33：［うん2］ あいづち
16 J38：だから僕がさっき　偉そうなこと言いましたけど　それを　実
17 　　　際に　それを最終的な到達点として　あの　社会の認識を　少
18 　　　しでも［変えたいと1］ 意見、自己開示
19 J43：［はいはいはい1］= あいづち
20 J33：=うん= あいづち
21 J38：=いうふうに思ってる　それを動機付けてんのやっぱり友達が
22 　　　そういうので苦しんでるし　自分もやっぱ苦しい思いをしたり
23 　　　するので　え　それが少しでも変れば　それが絶対だとは思わ
24 　　　ないですけどね 意見、自己開示
25 J33：うん あいづち
26 J38：だけど　実際に自分が扱えるデーターっていうのは非常に限ら
27 　　　れた［ものですし1］ 意見、自己開示
28 J43：［ああ　はい1］= あいづち
29 J33：=［うん2］ あいづち
30 J38：［そういう2］意味では基礎研究しかできない 意見、自己開示
31 J43：［うんうん3］ あいづち
32 J33：［うん3］ あいづち

33 J38：[ただ3] 最終的な到達点は描いてます　意見、自己開示
34 J43：ふ[ーん4] なるほど　あいづち
35 J33：[うん4] あいづち

8. 分析結果—何を自己開示するのか（自己開示の内容）—

8.1 自分についての情報開示

　英語会話においても日本語会話においても初対面会話では共通して選択されるトピックがいくつかあった。日英語会話に共通するトピックとしては、①自己紹介に関するもの：大学もしくは大学院で勉強した（もしくは現在勉強している）内容、出身地や出身大学、現在所属している大学（大学院）名、現在の自分の職業もしくは将来就きたいと思っている職業、②自分の好みに関するもの：スポーツや趣味・好きな音楽などである。

　英語会話では選択されるが、日本語会話にあまり出てこなかったトピックは、①家族に関するもの：家族や子供がいる場合は子供について、もしくは子供の教育、②社会・政治・政治、文化（文化による違い）、民族・社会階級などに関するものである。

　日本語会話の参加者で子供がいる人は少なかったこともあり、日本語会話では子供や家族の話はほとんど選択されていない。英語会話では、子供をもつ人は子供のことをよく語っている。英語会話の参加者の多くは、初対面では政治・宗教・民族などの話題は避け、スポーツや音楽の話をトピックとして選択するのが一般的なルールであるとフォローアップ・インタビューで語っている。しかし参加者の顔ぶれで大丈夫だと判断した場合は、政治や宗教について話をすると言った参加者もいた。実際の会話を見ると、一部の英語会話では、政治や社会・民族・階級などについてのトピックを選択し、自分の意見を述べている例も見られた。第7節で分析したオーストラリア会話(3)などはその例である。これに対し、日本語会話で社会・政治・宗教・民族に関わるトピックは全くといっていいほど選択されていない。

8.2　自分にとってマイナスの情報提示

　英語会話における参加者は、自分についてのプラスの情報だけでなく、自分の苦労や困難なことといった負の情報もオープンに話す傾向がある。たとえば、第 6 節で分析した英語会話 (1) でも U2 が大学を出た後、夏の間失業していてその後今の仕事に就いたことを述べているが、US35 でも、U5 が少し前まではアラスカで働いていたが、現在は失業中で仕事を探していることを述べている。US36 でも、U8 が自分は失業中であること、仕事を探しに東部からテキサスに移ってきたことなどを述べている。UK57 でも B23 が以前は出版社に勤めていたが、自分は現在失業中であり、妻が働いていて、自分は子供の面倒を一日中見ていることなどを述べている。UK28 でも B7 が現在仕事を探しており、仕事探しが難しいことを語っている。生活の不安としては、UK58 で B24 が俳優として生計をたてていくことは大変であると述べている。学業面に関しても、AU47 で Au5 が Ph.D. student として学業を進めていくことへの不安を述べている。このように英語会話においては、初対面であっても現在自分がおかれた状況をたとえ負の情報であっても正直に述べている参加者が多い。

　また自分の負の情報を開示するとき、自分自身 'self' をポジティブに提示（プラスの自分を提示）する傾向があると思われる。

　次の英語会話 (6) では、U2 は 04–06 行目で、大学を出たが今は大学院に進もうとは思っていないこと、大学院に進む経済的余裕がないこと、奨学金に頼るつもりはないことなど語っている。続いて 08–10 行目、12–13 行目と 15–19 行目で、U2 は自分ができる仕事を探したこと、現在は友人のつてで libertarians の政治的活動グループのための選挙用 website を作っていること、このグループの政治的信条は自分の信条とは全く異なることなどを語っている。自己紹介として自分の職業を語る際に、初対面で会ったばかりの人たちに自分が背負っている苦労を語っているのである。また自分の政治信条とは違うグループのために働いているとも語っている。率直とも言ってもよい自己開示である。

　これに対し、聞き手はただうなずいているのではない。聞き手である U1 は 22 行目で、給料のために妥協したのかと揶揄ともとれる発言をしている。

すると U2 は、23-25 行目で、自分を売っているのではない、この政治的活動グループのメッセージがすべての人に届けばよいと思っていると応戦している。たとえ自分の信条とは全く異なることであっても、情報として皆に発信する手伝いをしている自分の仕事には価値があるのだと明言しているのである。大学院に行く経済的余裕がない自分ではなく、経済的に自立した自分、自分の職業に誇りをもち社会的貢献をしている自分を提示しているのである。

(6) [US31]

```
01  U2:  Or people who have gone through the equivalent programs at like the
02       NSA or something like that. It's a really–I mean it's a very(.) it's –
03       it's built on academics, and it doesn't – and it makes sense in some
04       ways. So you know I get out. I don't really want to go to grad
05       school. I don't have enough money to pay my way through at the
06       moment. And I don't want to trust to a stipend.  自己開示
07  U3:  Yeah.
08  U2:  And so I decided to you know get some work under my belt. And then
09       the only thing available for people who don't want to commit to like
10       a 10-year contract or something like that is web development.
11  U1:  Yeah.
12  U2:  So now I am working for libertarians. Like I just got this job kind of
13       randomly through a friend's connection.  自己開示
14  U1:  It's usual, I guess.
15  U2:  Yeah, and just kind of email this guy and email back they needed
16       somebody like that week to start. So I'm working for a libertarian
17       political action group, uh making websites aimed at the upcoming
18       election,(U-hn)which is so completely in deviation from [my political
19       space],  自己開示
20  U3:  [@@@]
21  U2:  Really it's kind of interesting.
```

22　U1:　It's funny what you compromise to get a paycheck.　コメント
23　U2:　Well, it's, like I thought about it, and it was like is this compromise,
24　　　　am I selling out yet. I don't think I am selling out, because I,
25　　　　honestly, I want everybody to get their message out.　自己開示
26　U1:　Yeah.

　上記の英語会話(6)が示すように、英語会話において自分のマイナスの情報も開示すると言っても、マイナスの情報を不幸なこととして提示するのではなく、それをポジティブに提示することに特徴がある。これに対し、日本語会話においては、JP69でJ35が「(自分のような)美大生は先が怖い」と言って将来の不安を語っているケースくらいで、自分の専門や将来への不安や、経済的な問題などの負の情報は語られていない。

8.3　自分の意見も明確に表明

　英語会話における参加者は、初対面会話においても自分の意見を明白に述べ、自己開示する傾向がある。ここでも参加者は、自分自身'self'を提示しているのである。

　以下の英語会話(7)は、第7節で分析した(3)と同じデータである。ここでは、オーストラリア社会の中の階級差が話題となっている。Au4は、高校時代の友人でそのまま地元に残った友人たちの映画や本の趣味と、自分が今接しているシドニー大学の友人たちの映画や本の趣味が全然違うことを述べている。その後、02–04行でワーキングクラスのオーストラリア人と中流もしくは中流の上のオーストラリア人との間には、明白な文化的な違いがあると主張している。それに対し、聞き手であるAu7は、05–06行でその違いは高校を卒業してからできたものだと思うかと尋ねている。するとAu4は、09行目でこの違いは子供の時から始まっていると述べ、11–13行でオーストラリア社会を分けているのは人種、宗教、文化だと思っている人も多いが、本当に分けているのは階級と社会経済的背景であると主張している。これに対してAu7は、同意しながらも16–19行で、人種が就職の機会に影響を与えていることを指摘し、Au4の言うことも当たっているかもしれないが、人種

がmobilityを制限しているので、人種と階級を分けて考えることはできないのではと述べている。これに対し、Au4も同意している。この会話では、オーストラリア社会の階級差についての意見をAu4が述べ、それに対し、Au7もただ同調するのではなく、自分の意見も述べている。

(7) [AU43]

01 Au4: All my friends from universities like Japanese films and Tom Waits.
02   There is this really clear cultural distinction between
03   working-class Australians and middle-class and upper-middle
04   class Australians.　意見、自己開示
05 Au7: But like do you see that as something that happened after they left
06   high school like something that was sort of cultivated.
07 Au4: No, not at all.
08 Au7: Or was it already =
09 Au4: = I think it starts at very young age.　意見、自己開示
10 Au7: Yeah.
11 Au4: I think that people are often of the impression that the key divisions
12   in Australia are ethnicity or religion or culture. But really the key
13   divisions in my opinion are class and socioeconomic background.
　　　　　　　　　　　　　　　　　　　　　　　　　意見、自己開示
14 Au7: Mmm
15 Au4: It is far more important than those other factors I think.
16 Au7: Yeah, I mean, it is, but I think – but ethnicity affects people's
17   employment opportunities. So I think that's true, but like does also
18   restrict because that restricts mobility and I don't think you can
19   really separate that from class in a sense.　意見、自己開示
20 Au4: Right.

これに対し、日本語会話の自己開示は自分に関する個人的情報の開示がほとんどで、政治・宗教・民族といったことに関しての話題はそもそも話され

第4章 日・英語初対面会話における自己開示の機能　57

ることがなく、意見の表明や意見の対立といった会話はほとんどといってよいほど見られない。

　下記の日本語会話(8)では、3人の参加者のうち2人がアルバイトとして塾で教えているという体験談を語っている。その中で生徒の中にも熱心に勉強に取り組む生徒とそうでない生徒がいることなどを語り合っている。その後、J39が自分は九州出身であること、東京の塾で教えて私立と公立の格差が大きいことに驚いたと述べている。荒れているところは本当に荒れているんだなとも述べている。この発言に対し、J33とJ35はそうかもしれないと肯定し、あいづちを打っている。しかしそれ以上、自分の意見を述べることはしていない。このトピックはこれ以上発展せずに、この後は、3人が中学・高校で私立に行っていたのか公立に行っていたのかというトピックに関して、それぞれが体験談を語っている。東京の中学・高校の私立と公立の格差が激しく、荒れている学校はかなり荒れているという話題は、社会・教育・経済などの観点からいろいろ分析できるトピックだと思われるが、J39の感想を他の2人はあいづちを打ちながらただ聞くだけで、自分の意見を述べることもしていなければ、J39に質問して何故そう思ったのかなども聞いていない。その後は、自分たちの中学・高校が私立か公立だったのかの体験談にトピックが移っている。

(8)［JP73］
01 J39：けっこう　とお　あの僕出身はあの東京都じゃなくて　あの＝
02 J35：＝はい＝
03 J39：＝大分　あの九州のほうなんです［けど1］
04 J33：　　　　　　　　　　　　　　　　［へえ1］
05 J35：　　　　　　　　　　　　　　　　［ああ1］
06 J39：その　こっち来て思ったんですけどけっこう　なんか私立と公
07　　　立の　格差が　か　けっこう激しいな　［っていう2］
08 J35：［うーん2］＝　あいづち
09 J33：＝ああ　そうかもしれないです　　あいづち
10 J39：［感じ3］

11 J35：[そうですね3] あいづち
12 J39：なんか　ほんと荒れてるところはほんとに荒れててなんか
13 J39：うん　あいづち
14 J39：びっくりす　するというか

8.4　自分の意見を支える体験談としての自己開示

　英語会話では、政治や社会、教育などについて自分たちの意見を積極的に交換していることが多く見られるが、自分の意見を述べる際に自分の意見を支える証拠として自分の体験談を開示していることが多い。

　たとえば、第8節第3項でも分析したオーストラリア会話 AU43 の英語会話(9)の下記の部分では、3人の院生は、オーストラリア社会が階級社会であるという自分の主張を支える証拠として自分の体験談(例、どんな高校に行き、そこのクラスメートの様子)を語っている。以下の会話で、Au4 が、私立の学校に行ったら一生私立の学校出身者と付き合うことになると述べている。また現在の大学では、ほとんどの学生が有名高校か私立高校の出身者であるとも述べている。これらの実際の体験をサポートとして、「人々はオーストラリアのような国に生まれたら、何でもやりたいことができると思っているかもしれないが、現実は多くの場合、人々は自分が育った環境を大人になってから再構築するのだ」という彼の意見を語っている。

　また Au7 も有名高校 (selective high school) の学生は成績が大変優秀な者か、私立小学校の出身者、もしくは高級住宅地に住む者が大半であると述べている。

(9) [AU 43]

01 Au7: There're like – there're like 7 million people in Sydney or something,
02 　　　 like it's ridiculous that people could not　意見、自己開示
03 Au4: Right.
[ALL: @@@@]
04 Au7: be like close.　意見、自己開示
05 Au4: I suppose that just highlights the extent to which the city is a

06　　　　divided city. 意見、自己開示
07 Au7: Yes.
08 Au4: If you go to private school, you spend all of your time with other
09　　　　people who go to private school and if you go to a public school.
　　　　　　　　　　　　　　　　　　　　　　　　　　　意見、自己開示
10 Au6: Sydney Uni.
11 Au4: Exactly. Exactly. @
[Multiple Speakers]
12 Au4: @@@ You end up in Maquarie.
13 Au7: Um yeah, I get it – have you had interactions with the students
14　　　　that have kind of reflected that, have you done tutoring.
15 Au4: I've [taught]
16 Au7: [Yeah.]
17 Au4: classes yes. For the most part the students come from selective
18　　　　schools or private schools. 体験談としての自己開示
19 Au7: Yeah, yeah.
20 Au4: I think that there is remarkably little social mobility in Australia.
　　　　　　　　　　　　　　　　　　　　　　　　　　　意見、自己開示
21 Au7: Yeah.
22 Au4: People often have the perception that if you are born in a country
23　　　　like Australia, you can do anything you want to do. But in reality,
24　　　　for the most part, people recreate the environment that they
25　　　　grew up in when they become adults. 意見、自己開示
26 Au7(unclear): Mmm.
27 Au4: It's really quite surprising. @
28 Au7: Especially, these selective schools because, I mean, it seems like Sydney
29　　　　is really similar to Adelaide where I you can get into a selective school
30　　　　either through getting really high marks and that's – and then people
31　　　　from like private primary schools are like represented.
　　　　　　　　　　　　　　　　　　　　　　　体験談としての自己開示

32 Au4: Yes.
33 Au7: Or something they are zoned but then the areas like they're kind of doubled,
34   so can get in either through your marks or through – or through zoning,
35   but then the zoning is in the areas where real estate is really expensive.
                                                              体験談としての自己開示
36 Au4: Right. @
37 Au7: so that kind of combination of zoning
38 Au6: Mm.
39 Au7: like, there's no way
40 Au4: Yes.
41 Au7: where you can just like from the age of 5 just be doing well and continue
42   to be doing well and at not, like, some point not have to be paying a bit
43   more rent.   体験談としての自己開示

　以下の英語会話(10)は上記会話の続きであるが、今度はAu6が自分の高校での体験を語っている。低所得者層の家族出身の生徒が多く、彼らは退学したり、商売を始めたり、マリファナを吸うようになり、家にこもって学校に来なくなると話をしている。Au7が本当に良い大学に行こうと思ったら、シドニーに引っ越してくるしかないと言うと、Au6は、シドニーかニューキャッスルだと同意している。Au6の高校時代の体験談は、オーストラリア社会には階級があるという彼らの主張のサポートとして語られている。

(10) [AU43]
01 Au7: Yeah, it's really true.
02 All: @@@@
03 Au4: It's really quite striking.
04 Au6: Yeah, from where I am from.   体験談としての自己開示
05 Au4: Right.
06 Au6: Yeah, like, you can really see that happening Busan – I mean, you go in um
07   basically all the kids at the school – the high school I went to. I went

08   to a private primary school because my dad taught there but at the
09   high school, it was all, you know, lower class families and that and
10   basically you could just see them drop out of school

体験談としての自己開示

11 Au4: Yes
12 Au6: go into the trades   体験談としての自己開示
13 Au4: Yes
14 Au6: or smoke pot and stay home. @   体験談としての自己開示
15 Au4: Yes, yes.
16 Au7: And if they wanted to go to like a really good, like if they want to go to a
17   good uni whatever afterwards, they would have to move to Sydney.

意見、自己開示

18 Au6: Yeah, or like New Castle and   意見、自己開示
19 Au7: Oh yeah there's
20 Au6: there is a Uni like New Castle, they've got campus, at Arrienbe which is sort
21   of between Wayon (unclear) and Gosford don't know if you know it but I
22   mean it's - it's okay.
23 Au4: @@@@ You know there's not these.

　次の英語会話(11)では、Au4が、自分が学んだのはNew South Walesの田舎の高校であること、そこの生徒たちはほとんどがワーキングクラス出身や生活保護受給家庭であること、彼らは卒業してから就いている仕事は特定のものであること、たとえば小売業や商売であることを述べている。そしてさらにFacebookを見ると彼らがアクション映画やR&Bが好きであることがわかると語っている。それに対し、現在学んでいるシドニー大学の友人たちは、日本映画やTom Waitsを好むことを述べている。これらの自分の体験に基づく実例が、彼の主張である「ワーキングクラスのオーストラリア人と中流もしくは中流の上のオーストラリア人との間には、明白な文化的な違いがある」のサポートとなっているのである。

(11)［AU43］

01　Au4: Yeah Yes. The distinctions are really quite stark. I went to a high school
02　　　　in rural New South Wales　体験談としての自己開示
03　(unclear): Uhu
04　Au4: and almost everyone there was from working class backgrounds or they
05　　　　are all on welfare and all of my friends from high school now do
06　　　　very specific things. They work in retail. They work in trades.
07　　　　And if – if I log on to Facebook, I notice that they whack (unclear)
08　　　　certain cultural products as well. They like action movies and they
09　　　　like, I'm not sure, R&B whereas all of my friends in the
10　　　　universities…　体験談としての自己開示
［Multiple Speakers］
11　Au4: Exactly.
［Au7: @@］
12　Au4: All my friends from universities like Japanese films and Tom Waits.
13　　　　There is this really clear cultural distinction between working-class
14　　　　Australians and middle-class and upper-middle class Australians.
　　　　　　　　　　　　　　　　　　　　　　　　体験談としての自己開示

　それでは日本語会話ではどうだろうか。前述したように今回分析した日本語会話の中には意見を述べるという箇所はほとんど見られなかった。唯一の例外が、第7節で取り上げた日本語会話(5)の中の以下の箇所である。J38が自分の研究の目的は社会の病気に対する認識を少しでも変えたいことだと述べ、基礎研究と思われる自分のような研究においても、最終的な到達点を考えて行うべきだと意見を述べている。この際に、21–24行目で社会の病気に対する間違った認識のために苦しんでいる友達がいるし、自分も苦しい思いをしたと体験談を語り、自分の意見のサポートとして体験談を使っている。

(12)［JP72］
01　J38：だからまあ　個人的にはですよ　あの　最終的な到達点はある

02　　　程度やっぱり　描いて［おく必要ってのは1］やっぱりある
　　　　　　　　　　　　　　　　　　　　　　　　意見、自己開示
03 J43：［うんうん　うん1］
04 J38：基礎研究だからいいっていう［ことではなくて2］
　　　　　　　　　　　　　　　　　　　　　　　　意見、自己開示
05 J43：［はいはいはい2］
06 J38：基礎研究はこれがたか　もしできたら　例えばこんなこともで
07　　　きる＝ 意見、自己開示
08 J43：＝はいはい［はいはい1］
09 J38：［んじゃないか1］っていうところまで 意見、自己開示
10 J33：うん＝
11 J38：＝考えてやっぱり研究する必要っていうのは［やっぱり文系で
12　　　も1］僕はあると 意見、自己開示
13 J43：［うんうん1］
14 J38：［思う2］んですね 意見、自己開示
15 J33：［うん2］
16 J38：だから僕がさっき　偉そうなこと言いましたけど　それを　実
17　　　際に　それを最終的な到達点として　あの　社会の認識を　少
18　　　しでも［変えたいと1］ 意見、自己開示
19 J43：［はいはいはい1］＝
20 J33：＝うん＝
21 J38：＝いうふうに思ってる　それを動機付けてんのやっぱり友達が
22　　　そういうので苦しんでるし　自分もやっぱ苦しい思いをしたり
23　　　するので　え　それが少しでも変れば　それが絶対だとは思わ
24　　　ないですけどね 体験談としての自己開示
25 J33：うん
26 J38：だけど　実際に自分が扱えるデーターっていうのは非常に限ら
27　　　れた［ものですし1］ 意見、自己開示
28 J43：［ああ　はい1］＝
29 J33：＝［うん2］

30　J38：［そういう 2］意味では基礎研究しかできない　意見、自己開示
31　J43：［うんうん 3］
32　J33：［うん 3］
33　J38：［ただ 3］最終的な到達点は描いてます　意見、自己開示
34　J43：ふ［ーん 1］なるほど。
35　J33：［うん 1］

8.5　話し手へのラポールを示す聞き手の自己開示

　初対面会話における聞き手の役割は、あいづちやコメント、質問にとどまらない。話し手の自己開示に合わせて、聞き手もまた話し手のトピックに関連した自分の経験を second (follow-up) story として語り、自己開示している。second story は、聞き手が話し手の story をどう捉えたかを示し、話し手の story が次の story を生み出す力があったことを示し、聞き手として適切な反応である (Schegloff 1972: p. 208)。
　以下の英語会話は、第 6 節で引用した英語会話 US31 の続きである。U2 が大学院に進む余裕がないので仕事についていること、その仕事に誇りをもっていることなどを語る間、聞き手に回っていた U3 が、以下の会話で自己開示を行っている。02 行、04–05 行で、U2 は自分の専攻が最高裁判所であること、政治学をやっているからといって弁護士になるつもりはないことを明かしている。07–08 行では、将来は政治学や裁判所について学部生に教えるようになりたいのだとも言っている。U2 の story に触発されて自分の story (second story) を語っているのである。10–11 行目及び 12–13 行目で、弁護士になるために法科大学院 (law school) に行けば、十万ドルの借金を背負うことになるが、今のままなら少なくとも TA として奨学金が得られると述べている。この奨学金では貧乏だが、少なくともローンを組まなくてすんでいると答えている。
　この会話の後、U3 は法科大学院に行く経済的余裕がないが、経済的に自立し、好きな研究をしている自分に満足しているとも語っている。この一連の U3 による自己開示は、この前に U2 が語った story、すなわち大学院に進む余裕がないので仕事についていること、その仕事に誇りをもっているなど

のstoryに触発されて語られたstoryである。U2の語りをfirst storyとすると、U3の語りはsecond storyである。U3がU2の語りを聞いて心を動かされたからこそ出てきたstoryであり、このstoryを語ることでU2の語りへの共感を示している。話し手が語るstoryへの共感は、あいづちやうなずき、コメント、質問などでも表すことができるが、この例のように聞き手は関連するsecond storyを語ることによっても可能なのである。

(13) [US31]
01　U2:　What do you do in political science?
02　U3:　I study the Supreme Court. 自己開示
03　U2:　Okay.
04　U3:　Yeah. But I don't want to become a lawyer, that's, that's usually
05　　　　the first question that I get. 自己開示
06　U2:　Uh.
07　U3:　I'd rather just go and teach undergrads about political science
08　　　　and the court. 自己開示
09　U1:　Uha.
10　U3:　Ah because if I went to law school, it'd be like a $100,000 in debt.
11　　　　And at least this way I am getting a TAship, 自己開示
(U2: @)
12　U3:　So I'm not, I am living poor, you know, I've got very small salary
13　　　　but at least I don't have any loans. 自己開示

またこのU3の自己開示も自分にとって負の情報をポジティブに提示している例である。上記の会話では、法科大学院に行く経済的余裕がなくTAで貧しく暮らしていると言っているが、その後しばらく話した後の下記の会話(14)の部分では、研究に重点が置かれた今の大学で研究助手として様々なプロジェクトに参加し業績を作ることができており、好きな研究をしている自分に満足していると語っている。貧しくても好きな研究に打ち込んでいる幸福な自分という'self'をポジティブに提示しているのである。これは本節第

2項で分析したU2と共通する'self'の提示の仕方である。

(14) [US31]
01　U3: Which is great because I've gotten like a research assistantship and like –
02　　　I'm – like all the projects that I've been working on I got added as
03　　　like a co-author, and so this is ah-I'm busy as hell, but I'm pretty
04　　　happy.　自己開示

　日本語でも話し手へのラポールを示す聞き手の自己開示の例が見られる。次の日本語会話(15)は、専攻が異なる大学院生3人の会話である。理工系専攻の院生J43が、01–02行目、05–06、08–09行目で、自分のクラスメートはパソコンが友達といった人が多く、コミュニケーションを取りたがらないという実態を話し、大学の選択を間違えたと思ったこと、友人を作りにくかったことなどを話している。

(15) [JP69]
01　J43：特に　T大の中でも特に　情報系の人達って　あのー　人とし
02　　　ゃべんないんですよ
03　J34：［ああー］
04　J35：［あ　そう］なんですか↑うん
05　J43：人としゃべんないし　何だろうな↑あの　ほっんとに　パソコ
06　　　ンだけが友達みたいなやつが　[unclear]
07　J35・J34　：［@@］
08　J43：っていうのを大学入って見て　〈前歯のすき間から息を吸い込
09　　　む音〉間違えたかなあーとか思って　自己開示
10　一同：@@
11　J35：若干思ってたのと違ったみたいな @@
12　J34：ちょっとおかしかった @@
13　J43：噂には聞いてたけど　こんな人ほんとにいるんだみたいな人が
14　　　けっこう［いてー］　自己開示

第 4 章　日・英語初対面会話における自己開示の機能　67

```
15  J35 ：［あー］
16  J34 ：へえー↑
17  J43 ：最近はでもわりと　あ　おもしろい人だなあぐらいに思うよう
18       になったですけど 自己開示
19  J34 ：あー
20  J43 ：や　入ったときはもう衝撃で 自己開示
21  J35 ：＠＠
22  J43 ：こいつ何しゃべりかけたら俺に話しかけてくれんだろう［み
23       たいな＠＠］＝ 自己開示
24  J34 ：＝［＠＠］
25  J35 ：それでけっこう始めー　その　なんか学科というか　そん中の
26       間ではー　友達が　作りにくいかった感じですか＝
27  J43 ：＝作りに　やっぱ　作りにくくて　できた友達もー 自己開示
28  J35 ：うん
29  J43 ：なんだ　5　6人で　最初に　固まってたんですけど［やっぱ1］
30       みんな 自己開示
31  J35 ：［は1］［い2］
32  J34 ：［おー　おー2］
33  J43 ：がーがー　がーがー　うるさい　やつらで＝ 自己開示
34  J35 ：＝うーん
35  J43 ：だから授業中後ろで俺ばーって　しゃべって 自己開示
36  J35・J34 ：＠＠
37  J43 ：おい　とか言われてたんですけどー(.)なんかほんとに
38       さい　初めて最初＝ 自己開示
39  J35 ：＝うん
40  J43 ：隣に席になったやつは　もうほんとにパソコンと友達みたいな
41       人で＝ 自己開示
42  J35 ：＝もうちょっと＝
43  J34 ：＝ああ
44  J35 ：パソコンとしゃべってるから話しかけないって＠＠［話ですか］
```

45 J43：[ほんと　そう] それで　ちょっとあの普通の　話　メシ　何
46 　　　　[食べる↑] みたいなこと言っても　 自己開示
47 J35：[ああ]
48 J43：うん　メシ　あ　いい　行かない [みたいな] [unclear] で
49 J34：[@@]
50 J43：で
51 J34：パソコン↑
52 J43：パソコンで　で　プログラムの [話とかを]　 自己開示
53 J35：[うん　うん]
54 J43：これ分かんないんだ　けどって聞くと　もうものすごいニコニ
55 　　　　コして [unclear]　 自己開示
56 J35・J34：@@

　上記の J43 の話をあいづちや質問をしながら聞いていた美大生 J35 が、下記会話(16)では、J43 の話を引き継いで、美大生は一人一人が自分のセンスに自信をもち、我が強く、皆で話し合ってもなかなか意見がまとまらない大変さを話している。コミュニケーションに関する専攻別の学生気質が話題になっており、理工系院生 J43 の話に触発されて美大生 J35 が、second story として自己開示を行っている。J35 は、J43 が話している間もあいづちや質問などで聞き手としてふるまっていたが、自分も second story を語ることで、J43 の話への共感を示している。

(16) [JP69] ((15)からの続き)
01 J35：全然　あでも美大生とかいうと逆にほんとに変な人多いですよ
02 　　　　普通に　 自己開示
03 J43：[へえ]
04 J35：[たぶん] 言ったら
05 J34：アーティスティックな
06 J35：いや　アーティスティック　っていうふうにたぶん　美大入っ
07 　　　　時点で　ま　そういう人ばっかりじゃないんですけど　なんか

08　　　選民思想じゃないけど選ばれた感が　どっかに入ってきている
09　　　んですよ 自己開示
10 J34：[あー]
11 J43：[へー]
12 J35：俺はだから　その　センスがあるからってそれこそ　[思って
13　　　る]やつがいるし
14 J43：[あー　はいはい]
15 J35：ま　実際ある人もいるんですけど　あと　それこそ　けっこう
16　　　打ち込みやすい　っていう[こうなり]やすいやつがやっぱい
17　　　て 自己開示
18 J43：[あー]
19 J35：ほんとにー(.)なんて言うんだろ↑(.)わりとその文系
20　　　とか　それこそコミュニケーションとかいって　こういうふう
21　　　な感じで会議とか
22 J34：うん
23 J35：したりする　ことが多いと思うんですけど　美大　とかも　会
24　　　議をするとー　会議とかそういう打ち合わせとかするとー　み
25　　　んな　我が強いというか 自己開示
26 J34：[あー　あー]
27 J43：[あー]
28 J35：こうやりたい　とかいうのが　しっかりしてる　者が多かった
29　　　りとかして(.)あの　意見のすりあわせというよりは　意
30　　　見のぶつけ合いみたいな@@話なん[ですよ] 自己開示
31 J43：[あー]
32 J34：[@@]
33 J35：わりと　だから僕はこれがいいと思うんだ　で　私はこれがい
34　　　いと思う
35 J34：うん
36 J35：じゃあ　お互いのいいところをピックアップして　なんか新し
37　　　いもん作ろうよ　に　いくことが　多くなかったりとかして=

38 J34： ＝おー＝
39 J43： ＝［あー1］
40 J35：［じゃあ1］どっちがいいか決めようぜ　みたいな@@　 自己開示
41 J43：［あー2］
42 J34：[@@2]
43 J35：そんな感じなったりとかして　 自己開示
44 J43：そういうのってやっぱあれですか　お前のはここがダメだから
45 　　　あり得ない　みたいな感じに［なるん］ですか↑
46 J35：［うん］そうですよ　だから　そういう感じなりますね　だか
47 　　　ら僕は　だからこれについてこういうのありなんだけどどう↑
48 　　　って言ったら　相手の悪いとこのけなし合いなんか始まって
　　　　　＝ 自己開示
49 J43・J34： ＝@@
50 J35：いやーでもそれやったら　こういう人のこと考えてないと思う
51 　　　みたいな　やでもお前がやってるのだってこういう人のこと考
52 　　　えてなくないって水掛け論みたいの始まっちゃって　 自己開示

9．分析結果―どの程度自己開示するのか―

　これまでの分析で、英語会話においても日本語会話においても、初対面会話の冒頭の自己紹介のところ、自己紹介以外のトピックで体験談を語るところ、意見を述べるところ、意見をサポートする体験談を語るところで自己開示が行われていることがわかった。それでは、初対面会話において、自己開示はどれくらい大きく開示されているのだろうか。

　まず英語会話では、初対面会話でも自己開示が大きい傾向がある。聞き手に質問されての自己開示もあるが、話し手が自ら始める自己開示が多い。一方、日本語会話では、初対面会話において自己開示が小さい傾向がある。また話し手自らが始める自己開示が少ない。英語会話においても日本語会話においても初対面会話では同じようなトピックが選択されている。しかし、英

語会話の参加者はよりオープンに、より深く自己開示を行っている傾向がある。

　英語会話と日本語会話の自己開示の大きさの違いは、トピックの掘り下げ方の違いから来るようである。初対面会話において英語会話と日本語会話で選択されるトピックには自己紹介（自分の専門・職業・出身地）など共通するものも多く見られる。しかし、英語会話と日本語会話では、同じトピックであっても1つのトピックの掘り下げ方が違うように思われる。そしてその違いは、冒頭の自己紹介から始まっている。英語会話では冒頭の自己紹介をそれぞれの参加者が大変詳しく行う。参加者はよりオープンに、より深く自己開示を行い、自分のことを述べる。またその結果、自己紹介から次の話題に発展していく。たとえば、英語会話UK54では、参加者の1人が中学の数学教師であるという自己紹介をしたことから、現在のイギリスの学校教育の現状へと話が発展している。同じ会話のもう1人の参加者は、公務員で亡命者を扱うセクションで働いているという自己紹介の後で、現在のイギリスの亡命者対策について、どういう人たちが主な亡命者なのか、どの場所で引き受けるのか、本人たちが住みたい場所と割り当てられる場所とは時には違うなどと、かなり詳しく語っている。

　英語会話においてはそれぞれの参加者の自己紹介がかなり詳しいこと、そこから発展する話題もかなり掘り下げて話し合われ、時には意見交換が活発に行われることなどの結果、1つのトピックについて長く深く話をする傾向にある。大谷が第8章で指摘しているように、英語会話は1つのトピックについて深く話すので、30分の会話においてトピックの数が日本語会話より少ない傾向がある。

　しかし1つのトピックについて英語会話と同じくらい長く語っている日本語会話もある。ただその場合の自己開示の大きさが日英語で異なるのである。その違いはどこから来ているのだろうか。英語会話と同じように長く話しているのに、日本語会話でなぜ自己開示が大きくならないのだろうか。以下では、英語会話と日本語会話の両方に見られるトピックである自己紹介の部分を詳しく見ることにより、英語会話と日本語会話のトピックの掘り下げ方の違い、それに関連した自己開示の大きさの違いを検証する。

英語会話と日本語会話いずれにおいても、参加者のうちの1人の大学院生の専門に関することがトピックである。英語会話では専門と関連して将来の職業にも触れられているが、日本語会話は専門と学部時代の専門などがトピックである。トピックの内容が全く同じではないが、大体同じ数のターンの会話における日英語の違いを見る。

　自分の専門や将来の職業というトピックについて話している英語会話 UK57 と日本語会話 JP72 を比較し、会話におけるターンの数とその内訳を調べてみると表2の結果になった。この表からわかるように、英語会話 UK57 においては、話し手 B21 の専門や将来の職業について全部で 104 ターンを使って話をしている。聞き手 B22 と B23 が 53 ターンを使って、あいづちだけではなく、質問を 17 回して相手から話を聞き出そうとしている。B21 は自己紹介において積極的に自己開示をしているが、同時に聞き手 B22 は、質問をし、あいづちを打ち、発話内容を先取りするコメントを述べている。発言量が少ない B23 もトピックに関連した story を話している。下記の会話で詳しく見るが、B21 の大きな自己開示は、自らの積極性とともに聞き手 B22 の話を聞き出そうとする、すなわち自己開示を促そうとする言語行動によっても可能となっている。これに対し、日本語会話 JP72 では 114 ターンと英語会話よりもターン数が多い。参加者それぞれの簡単な自己紹介の後、J43 が自分の専門について開示しているところである。聞き手は 64 ターンを使っているが、そのうち 53 ターンがあいづちで質問は 11 ターンである。コメントや関連 story は全く見られない。以下、英語会話 UK57 と日本語会話 JP72 をそれぞれ詳しく分析し、自己紹介という同じトピックの掘り下げ方の日・英語会話における違いを分析する。

　英語会話 UK57 においては、B21 は、自己紹介として自分がロンドン大学で Ph.D. student として教育心理学を学んでいることを自分から開示している。それに対し、聞き手 B22 は、B21 の話にあいづちを打ち、コメントを述べると共に、将来どんな仕事につくのか、どこで働くのか、その仕事はどのように呼ばれるのかなどと合計 16 の質問をしている。これらの質問に対し、B21 は積極的に答えていき自己開示している。またもう1人の聞き手である B23 も途中で関連した story を話し、トピックの発展に寄与している。B21

表2 自分の専門や将来の職業というトピックについての会話における話し手と聞き手のターン数と内容(UK57 と JP72 の比較)

		UK57	JP72
ターンの総数		104	114
話し手のターン数		51 (B21) (自己開示 39, 情報 3, あいづち 9)	50 (J43) (自己開示 35, 情報 15)
聞き手のターン数		53 (B22: 48, B23: 5)	64 (J38: 21, J33: 43)
内訳	あいづち	25 (B22 のみ)	53 (J38: 20, J33: 33)
	質問	17 (B22: 16, B23: 1)	11 (J38: 1, J33: 10)
	コメント	5 (B22 のみ)	0
	関連ストーリー	4 (B23 のみ)	0

の大きな自己開示は、自ら自分のことを積極的に語ることによってなされているが、同時に聞き手 B22 の相手の話を聞き出そうとする、すなわち自己開示を促そうとする言語行動によっても可能になっていると言える。以下が 104 ターンに及ぶ会話の冒頭部分である。

(17) [UK57]
01 B22: So, are you heading towards a particular uh job? 質問
02 B21: Yeah.
03 B22: Is it a vocational... [unclear]? 質問
04 B21: Yeah, it is a vocational course. Yeah, so it's like a Ph.D.
05   but it's funded and like 2 days a week. I am in Lambeth
06   educational psychology service there 自己開示
07 B22: Uhm. あいづち
08 B21: and then the other 3 days, I'm like in [unclear]
09   kind of study, if you know what I mean. 自己開示
10 B22: And which university is that? 質問
11 B21: Institute of Education, which is like part of University of

12   London. 自己開示
13 B22: Right. あいづち
14 B21: So, just around like Holborn area, you know. 自己開示
15 B22: OK. あいづち
16 B21: But you get half terms which is quite nice so. 自己開示
17 B22: So where will you end up working ultimately? 質問
18 B21: That's a good question actually because it's been a funny
19   time because, because of the funding being up in the air
20   and things. 自己開示
21 B22: Uh-huh.（中略）
22 B22: And what will you be called? Will you be an educational
23   psychologist? 質問
24 B21: Yeah, yeah, yeah. 自己開示
25 B22: Right. あいづち
26 B23: You will work for an LEA. 質問
27 B21: Yeah, you do, although… 自己開示
28 B22: And so you are working with children, is that… 質問
29 B21: Yes, mainly, so quite, it's a funny one because no one really
30   knows what they do.（B22, 23 @）It is really no, it's a real truth.
　　　　　　　　　　　　　　　　　　　　　　　　　　　　　　　　自己開示

　以下の日本語会話(18)は、JP72の中でJ43が自分の専門について語っている114ターンの中の冒頭の部分である。この一連の会話の中で、J43は自分の専門は情報系であること、自分の研究室はバイオインフォマティクスという分野であるが、自分自身はバイオインフォマティクスの研究はしていないことを述べ、バイオインフォマティクスの説明をし、学部時代の専門についても話している。聞き手のJ33とJ38は53回のあいづちを打ちながらJ43の話を聞き、114ターンの中で質問を11回行っている。

(18) [JP72]
01 J38：ご専門は 質問
02 J43：僕はえーと 情報系で 自己開示
03 J38：情報系 確認
04 J43：あのー なんすかねえ えーと 一応研究室は バイオインフ
05 　　　ォマティクスという分野をやってるんで［すが1］ 自己開示
06 J38：［バイ1］オ［インフォ2］マティクス 確認のための質問
07 J33：［うん2］ あいづち
08 J43：あの 情報 学の 情報科学の そういう 技術の 応用する
09 　　　ターゲットが 生物の分野 っていう 情報提供
10 J38：うん あいづち
11 J43：領域なんですけども(.)そうですね えーと なんか 分
12 　　　かりやすいとこで言うと あー と ヒトゲノム解析とか
　　　　　　　　　　　　　　　　　　　　　　　　　　　　　情報提供
13 J33：［へー↑1］ あいづち
14 J43：［ああいう1］類のことをやる分野です 僕 直接そういうこ
15 　　　とはやってな いないんですが 自己開示
16 J33：うんうん あいづち
17 J43：そういうことやる 自己開示
18 J38：うん あいづち
19 J43：ところです 自己開示
20 J38：え どういうものを扱ってられんですか バイオインフォマティ
21 　　　ィクスでさっき あの 別の方からお話はちょっと［あったん
22 　　　です1］けども 質問
23 J43：［あー1］ あいづち
24 J38：その［対象は2］ 質問
25 J43：［えーと2］やつは ［えー3］ 情報提供
26 J38：［@@3］や ［やつは4］ 質問
27 J43：［え やつは4］たぶん 自己開示
28 J38：分かるんですね ［その人5］ 質問

29 J43：[あのー 5] はい　あの　あいつたぶんタンパクの　えっと
30　　　　 MDみたいな話だったと思う　僕もやっぱ一応タンパク質　が
31　　　　 ターゲットで　えーと　タンパク質は　あの　人間の体を作っ
32　　　　 てる　 自己開示

　英語会話UK57と日本語会話JP72を見ると、2人の話し手B21とJ43について得られる情報量は、圧倒的に英語会話のほうが多い。この差はどこから来るのだろうか。第一の違いは、聞き手の発する質問の種類(質)が日・英語で違うからだと思われる。2つの会話で聞き手が尋ねた質問数はUK57が17回、JP72が11回で回数も異なるがその内容がかなり違う。

　UK57の104ターンの会話の中で聞き手B22が尋ねた質問の主なものを挙げると以下のとおりである。Yes/Noで答えられる質問もあるが、下線を引いた質問は、かなり内容に踏み込んだ質問である。これらの質問は、話し手B21に対し、さらに詳しい情報を要求するものである。

　　・So, are you heading towards a particular uh job?
　　・Is it a vocational… [unclear]?
　　・And which university is that?
　　・So where will you end up working ultimately?
　　・And what will you be called? Will you be an educational psychologist?
　　・And so you are working with children, is that…
　　・Uhm. So you are working with the teachers?
　　・Sure, but what is it that you are trying to improve?
　　・Is it the relationship between the children and the teachers?
　　・What would they, what would they be, the other professionals?
　　・Okay, so you are ultimately trying to improve things for the child?

　一方、日本語会話JP72の114ターンの会話の中で聞き手J33, 38が話し手J43に聞いた主な質問は、以下のとおりである。

　　・ご専門は。

・バイオインフォマティクス。
・え、どういうものを扱ってられるんですか。
・その対象は。
・分かるんですね、その人。
・それ関心を持ったのはいつ頃なんですか。
・大学に入るー、のは、まあ、この大学ですよね。
・この大学選択する、のはちなみにどういう経緯で。
・じゃあでも高校の頃から、プログラミング［unclear］ですか。
・大学の4年間もそれに関することやってたんですか。
・バイオインフォマティクスというかまあ情報系に。

　英語会話と比べると、かなり表面的な内容を聞いている質問であり、それほど詳しい内容を要求しているものではない。JP72の聞き手たちは、上記のような表面的な内容を問う質問以外はひたすらあいづちを打ちながら聞き手として話を聞いていたことになる。このような聞き手の言語行動は、話し手の自己開示を促すという機能は果たしていないと言えよう。英語会話UK57と日本語会話JP72において聞き手たちが発した質問の内容、すなわち情報要求の程度がかなり違い、それが自己開示の大きさの違いに繋がっていると言える。
　第二の違いは、UK57では聞き手B22が話し手B21の発話内容を先取りするコメントを6回言っており、そのコメントが、話し手B21の自己開示をさらに促していることである。
　次の会話(19)ではB21が教育心理学の博士号を取得した後、学校でどういう仕事をするのかということが話題になっている。B22は01、03行目で「何を良くしようとするのか」「教師と子供たちとの関係を良くしようとするのか」とB21の将来の仕事内容についてかなり踏み込んだ質問をしている。B21が04–06行、08–09行で「関係性が鍵なので、異なる専門家たちの間の情報の流れを良くすることが大事だ。皆がそれぞれ状況や問題点について異なる考え方を持っているから」と述べると、B22は「専門家というのは、教師と」とB21の発話内容の先取りともいえるコメントを10行目で行ってい

る。このコメントが11行目のB21の「他の(教師以外の)専門家だ」という発言を引き出している。その後、B22は「他の(教師以外の)専門家ね」とB21の発言を繰り返し、その繰り返しがB21の「子供もね」という補足に繋がっている。B21の発話内容の先取りともいえるB22のコメントが、B21の自己開示を促していると言えるだろう。

(19) [UK57]

```
01  B22:  Sure, but what is it that you are trying to improve?  質問
02  B21:  Uh
03  B22:  Is it the relationship between the children and the teachers?  質問
04  B21:  Relationship is always the key one, but just really like there isn't,
05         I think one of the main ones is flow of information
06         happening between different professionals involved.
07  B22:  Right.  あいづち
08  B21:  because everybody has a different idea of the situation or the
09         problem. =
10  B22:  = So between the teacher and...  コメント
11  B21:  And, and like other professionals
12  B22:  other professionals, right.  コメント
13  B21:  and the child.
```

次の会話は同じくUK57から取ったものだが、B21が学校で問題行動を起こす子供たちは家庭で問題を抱えているのだと述べている。それに対し、B22が04–05行目で「子供たちのために状況を改善しようとするのか」と質問をしている。そうだと答えたB21に対し、B22は07行目で「真ん中に子供がいるんだね」とB21の仕事内容に踏み込んだコメントをしている。この発言が08–09行目のB21の「いつも意識の中心にいるのは患者(子供たち)だよ」という発言を引き出している。B22のコメントがB21のさらなる自己開示を促しているといえよう。続いて11行目からそれまであまり発言をしなかったB23が、仕事内容に関連すると思われるstoryを語っている。「先

日、自閉症を抱えた娘を持つ母親に会ったことと、その娘は学校で話そうとしないそうだ」と述べている。その後も、「娘は家では話をするが、学校では何年も一言も話そうとしない、特別学校に行っているらしいが、とにかく大変な状況らしい」と補足している。この story の後で B21 は 21–23 行で「自分のやろうとしている仕事は、この例のように問題を抱えた子供たちが相手なのだ、うまくやれている子供たちではない」と述べている。またその後も「どんな理由であれ、苦しんでいる子供たちを相手にするのだ」と付け足している。ここでは、B23 の関連 story が B21 のさらなる自己開示を引き出していると言えるだろう。

(20) [UK57]
01 B21: You know, it might be that they have got lots of issues going on
02   at home sort of thing and if they those teachers then know
03   the reason behind that. =
04 B22: = Okay, so you are ultimately trying to improve things for the
05   child? 質問
06 B21: Yeah, definitely.
07 B22: So the child is the center of the [(unclear)] コメント
08 B21: [Yeah], that's how you kind of, yeah, always have that in your
09   mind is like that's your client.
10 B22: OK.
11 B23: I met a mother the other day whose daughter, she's got quite
12   a lot of serious problems she's autistic and so on, at school
13   she's selectively mute. 関連 story
14 B21: All right, OK.
15 B23: So, she talks fine at home, but at school she won't say a word
                                                           関連 story
16 B22: Uhm.
17 B23: and hasn't done for 関連 story
18 B21: Wow.

19　B23:　years. I mean she is in special school obviously but they think
20　　　　that's quite hard.　関連 story
21　B21:　That is, yeah, (B23 @) so you tend to get like the children, you
22　　　　know you don't see the ones that are doing really, really
23　　　　well,
24　B22:　Uhm.
25　B21:　and it is usually the ones that are struggling for whatever
26　　　　reason.

　上記のような英語会話 UK57 とは異なり、日本語会話 JP72 では、聞き手は全くコメントや関連する story を発していない。質問以外の聞き手の発話はすべてあいづちであり、聞き手が話し手 J43 の話について自分のコメント（意見）を発することなく、聞くことに徹していたことがわかる。聞き手が話し手の自己開示を促していないと言える。

10. 考察―なぜ自己開示するのか（自己開示の機能）―

　初対面会話において自己開示はどのような機能をもつのだろうか。

10.1　距離を縮める機能

　自己開示をすることによって自分の個人的情報を開示することは、いわば自分の素を見せることである。率直さや正直さにつながり、好感をもたれることになる。また自分を見せることで相手も心を開き、自分を見せることにつながり、結果として相手との距離を縮めることにつながる。

10.2　アイデンティティの構築としての機能

　第8節第2項で述べたように、英語会話(6)の例では、U2 は大学を出た後、今は大学院に進もうとは思っていないこと、大学院に進む経済的余裕がないこと、奨学金に頼るつもりはないことなどを語っている。続いて、U2 は、自分ができる仕事を探したこと、現在は友人のつてで libertarians の政治的

活動グループのための選挙用 website を作っていること、このグループの政治的信条は自分の信条とは全く異なることなどを語っている。聞き手 U1 の給料のために妥協したのかと揶揄ともとれる発言に対し、U2 は、自分を売っているのではない、この政治的活動グループのメッセージがすべての人に届けばよいと思っていると応戦している。たとえ自分の信条とは全く異なることであっても、情報として皆に発信する手伝いをしている自分の仕事には価値があるのだと明言しているのである。大学院に行く経済的余裕がない自分ではなく、経済的に自立した自分、自分の職業に誇りをもち社会的貢献をしている自分を提示しているのである。

　日本語会話においても同様の例が見られる。次の日本語会話(21)は大学院生3人の会話であるが、その中で J38 は自分の専門であるコミュニケーション研究、特に病気とコミュニケーションについて詳しく語ることで、自分の研究の意義を聞き手に理解してもらい、結果として研究者としてのアイデンティティを構築することに成功している。以下に少し長いが引用する。

(21)［JP72］
01 J38：あの　病気とか医療っていうと　よく　その　診察室でどうや
02 　　　るか［みたいな　想像］されるんですけれども
03 J43：［ああ　はいはい　はいはい］
04 J38：ま　それはそれで価値があるともちろん　思うんですけど　僕
05 　　　の場合はそのどうやったら効率良くいくかとか仲良く　いくか
06 　　　ってこ　ことではなくて　自己開示
07 J33：うん
08 J38：あのー　病気が　その社会で　どういうふうな意味を持ってる
09 　　　のか［っていうことに1］関心があってですね　自己開示
10 J33：［うーん　うん1］
11 J38：えー　例えばね　僕がやってんのはガンについて［やってるん
12 　　　ですけど2］自己開示
13 J43：［はいはい　はい2］
14 J38：ま　ガンは死の病だみたいなことがかつて言われていて　で

15　　　　それこそ今　え　ゲノムプロジェクトが終了［したこと］に
16　　　　よって
17　J43：［はい］
18　J38：分子標的薬だとかですね　いろいろなものが開発されることに
19　　　　なっ　た結果　ま　必ずしも死に直結するというわけではな［く
20　　　　て］
21　J43：［はい］
22　J38：え　勝率　まあまあだいたい4割ぐらいはあるわけです　今ガ
23　　　　ンは　タイプによってはですけど=
24　J33：=うん
25　J38：えー　なんで　そのー　ガンはもはや死の病ではないと［いう
26　　　　ふうに］
27　J43：［はい］
28　J38：言われているんですね　なんですけど　実際そのコミュニケー
29　　　　ションの中で　ガンについての話が出てくる　ガンが例として
30　　　　上がる　あるいは　ガンの人が　実際に自分のことを語る　と
31　　　　いうような文脈を見てみると　え　例えばー　え　そんなこと
32　　　　やってるとお前ガンになるよと　いうような　言い方をします
33　　　　よね= 自己開示
34　J43：=ふん［ふんふん　ああ　はいはい　はいはいはい1］
35　J38：［日常の中で　そのときに1］そのガンというのが　そこでガ
36　　　　ンという　病気を配置する　ことに［よって2］ 自己開示
37　J33：［うーん2］
38　J38：そのガンというのはやはり　天罰だ［とか3］ 自己開示
39　J43：［ああ　はい3］はい=
40　J33：=あー　［あーあー1］
41　J38：［絶望だとか　そういう1］意味合いを持っているから相手に
42　　　　警告　として了解［されるわけ2］ですよね 自己開示
43　J43：［はいはいはいはい2］
44　J38：だからそれはつまり　一般的には　生物学的には

45 J33：［うん　うん1］
46 J38：［死に直結1］［しないと言われている2］
47 J43：［はい　はいはい2］
48 J38：だから　もう今死の病ではないと　で　人々の認識が変わって
49 　　　ると　アンケート取っても　死の病ではないと［いうふうに］
50 　　　なってると
51 J33：［うん］
52 J38：言うけれども　実際人が　ガンについて語ってる　状況では
53 　　　ガンが持ってる意味というのはあまり変ってない　自己開示
54 J43：［あー　なるほど］
55 J33：［ううーん］
56 J38：結局否定的な意味に＝　自己開示
57 J43：＝はいはい［はい］
58 J38：［ほぼ］イコール死というような＝　自己開示
59 J43：＝はい＝
60 J38：＝イメージで　自己開示
61 J33：［確かに1］
62 J38：［使われて1］いる＝　自己開示
63 J33：＝［うん2］
64 J38：［実際には2］コミュニケーションの［中には3］
65 J33：［うん　うん3］うん
66 J38：イメージを聞いたら　変ってる
67 J43：はい＝
68 J33：＝うん
69 J38：だけど　実際の　われわれの日常では＝　自己開示
70 J33：＝うん＝
71 J38：＝変ってない＝　自己開示
72 J33：＝［うん］
73 J43：［はいはい］
74 J38：そういうことを明らかにす　したいと僕は思うんですよ　自己開示

(中略)

75 J38：自分の研究によ　それを経験的にと　実証的に示すことに
76 　　　 よって　データに基づいて　いろんなコミュニケーションの
77 　　　 データで　どのように病気が語られているか　そしてそれが
78 　　　 なぜガンでなければいけないのか　自己開示

(中略)

79 J38：やっぱり　例えば私が　今ここで　いや実は私 HIV なんです
80 　　　 とか言ったら＝　自己開示
81 J33：＝うん
82 J38：また違う効果を生み＝　自己開示
83 J33：＝そう［ですね 1］
84 J43：［ああ 1］［はいはい 2］
85 J38：［だけど 2］インフルエンザなんですって言ったら　また違う
86 　　　 ［効果を　生むわけです 3］　自己開示
87 J43：［はいはいはいはいはい 3］
88 J38：ちょっとイヤでしょうけど　［インフルエンザですって言った
89 　　　 ら 1］　自己開示
90 J43・J33：［@@1］
91 J38：イヤでしょうけど＝　自己開示
92 J33：う＝［ん 1］
93 J38：［やは 1］り　そのー　［HIV であったりとか 2］　自己開示
94 J33：［反応変りますね 2］
95 J38：ガンであったりすると　違うわけですよね＝　自己開示
96 J33：＝［うん 1］
97 J43：［うん 1］
98 J38：［それこそ 1］さっきの　効果ですよ　自己開示
99 J33：はい

第4章　日・英語初対面会話における自己開示の機能　85

100 J38：効果は違う　で　その効果が違うことによって　少なくとも
101　　　この社会　あるいはこのコミュニティ　文化の中で　どのよ
102　　　うにその病気が　あのー　まあ　そのように　理解されるか
103　　　［っていう1］のは　自己開示
104 J33：［うん1］
105 J38：一種の文化記述という　［ふうに考える2］わけですよ　自己開示
106 J43：［へ2］［えー3］
107 J33：[うーん3]
108 J38：まあ私はそういうふうに考えてますね　自己開示
109 J43：おもしろいですね　［ああ　ああ］
110 J33：[なるほど]

　理工系院生のJ43は、上記の日本語会話(21)の直前に、自分のまわりに文系で大学院まで進んだ人がいなく、文系の学部生は遊んでいるというイメージがあったと告白している。そして、J38が語る病気とコミュニケーションの研究について聞いた上記会話の直後、J38の研究は自分たちの基礎研究に近いのかなという感想を漏らしている。J38の研究にかける熱意が、分野が違う理系のJ43の気持ちに届いたと言えるだろう。

10.3　話し手へのラポールを示す機能（聞き手の自己開示）

　すでに分析したように、初対面会話における聞き手の役割は、あいづちやコメント、質問にとどまらない。話し手の自己開示に合わせて、聞き手も話し手となり、話し手のfirst storyに関連した自分の経験をsecond (follow-up) storyとして語り、自己開示している。聞き手がsecond storyを語ることで、話し手のfirst storyを理解したことを示し、first storyの内容への適切な評価を表わす。また話し手のstoryが次のsecond storyを生み出す力があるstoryであったことも示す。これらのことにより、話し手のfirst storyは語る価値があったことを聞き手のsecond storyが示すことになる。話し手のfirst storyへのプラスの評価を示すことになり、聞き手から話し手への共感を示し、結果としてラポールを築くことに貢献すると言える(Schegloff 1972: 203)。

10.4 会話を発展させる機能

　話し手の自己開示に触発されて聞き手も自己開示することは、会話の発展に貢献する。話し手の自己開示、すなわち first story の後に、それまで聞き手だった参加者が話し手になり、first story に関連した second story を語り、自己開示することにより、トピックが膨らんでいき、会話が発展する。聞き手が次の話し手になることで、話し手が交替し、トピックが発展していくのである。この場合は、1つのトピックもしくは関連したトピックで話が続くので、比較的1つのトピックが長い。大谷(第8章)が提唱するインタラクティブ・スタイルの会話の展開である。

　一方、聞き手があいづちを中心にいわゆる聞き手として、話し手の話を聞く場合は、会話は話し手の話に終始し、話し手の会話が途切れたところで会話はいったん終わり、沈黙の後、誰かが次のトピックを提供することで新しい会話が始まる。このような話し手と聞き手の役割がはっきりし、話し手の話を聞き手が聞く場合の会話は、大谷(第8章)が提唱するモノローグ・スタイルとなる。

11. 日・英語の初対面会話で期待される自己開示における相違点

11.1 自己開示は初対面会話で期待されているのか

　英語会話ではなぜ話し手も聞き手も自己開示するのだろうか。自己開示は自分を相手に見せることで、率直さや正直さを表し、高く評価されるという文化的背景があると思われる。また英語会話の特徴の1つは、参加者は常に共通項(commonalities)を探しているということである。言い換えれば、自己開示し、自分についての情報を提供しながら参加者は常に相手と自分との共通項を探している。そして共通項を探すことができたら、互いに共有しようとする。

　一方、日本語会話では初対面において必ずしも自己開示が期待されてはいないようである。日本語会話全データを見ても、自己開示が比較的なされている会話と自己開示がほとんどなく表面的な話に終始している会話とに明白

に分かれている。

11.2　自己開示の内容

　自分に関する情報は、自分にとってプラスの情報もあれば、マイナスの情報もある。英語会話では、これまでの分析で明らかになったように、プラスの情報もマイナスの情報も開示する傾向がある。それに対して、日本語会話では、マイナスの情報はほとんど開示されない。初対面でマイナスの情報を開示することにはためらいがあるようである。

　自分に関する情報には、意見の表明もある。英語会話では、これまでの分析で明らかになったように、何かトピックに関する意見の表明がなされることが多い。その際に体験談を開示し、自分の意見のサポートとすることもある。これに対して、日本語会話では、意見の表明はほとんどされない。日本語会話における自己開示は、自分に関するプラスの情報もしくは体験談が主である。

11.3　自己開示の程度

　第9節で分析したように英語会話における自己開示は日本語会話と比べると比較的大きいと言える。会話データを見ると、多くの話し手が積極的に自分について語っている。また聞き手は、話し手の語りをただ聞くだけでなく、話し手の語る内容についてコメントをして相手への関心を示し、さらなる情報提供を要求する質問をすることで、話し手の自己開示を促している。英語会話の自己開示の大きさは、話し手と聞き手の協同作業から生まれたものである。

　一方、日本語会話では、話し手は初対面会話という制約からか自分について当たり障りのない範囲での自己開示にとどまる傾向がある。また聞き手も話し手の自己開示をさらに促すような質問はあまりせず、表面的な内容を問う質問しかしないことが多い。話し手が語る内容についてコメントを言うことも少ない。日本語会話においても、話し手と聞き手は協力し合って自己開示という協同作業を行っているが、自己開示そのものの程度は、英語会話に比べると小さい傾向がある。日本語会話では英語会話と違い、聞き手が話し

手の自己開示を促すような質問やコメントをすることはあまりないので、会話における自己開示の程度はひとえに話し手にかかっている。自分についての情報を開示しようと思っている話し手は自分を語り自己開示の程度は大きくなる。一方、自己を語ることに消極的な話し手は、表面的な会話に終始し、その結果、自己開示の程度は小さい。

11.4 聞き手の役割

前項で述べた聞き手の役割以外に、英語会話においては、話し手の語るstory (first story)に触発されて、聞き手が second story を語ることがしばしば見られた。これに対し、日本語会話では、聞き手はあいづちを打ちながら聞き手に徹することが多く、自ら second story を語ることはあまり見られない。

12. おわりに―英語教育への示唆―

本章で見てきたように、英語会話では話し手も聞き手も積極的に自己開示し、その結果、初対面会話であっても自己開示が大きくなる傾向にある。これに対して日本語会話の初対面会話では、話し手の自己開示はかなり限られたものであり、聞き手も話し手の自己開示を促すような積極的な働きかけはしないし、聞き手自らの自己開示も少ない。その結果自己開示が比較的小さいことがわかった。

日本人が英語会話に参加するとき、日本語会話での自己開示の仕方をそのまま持ち込むと、英語母語話者に比べて自己開示が少なく、聞き手としてあいづちを打ち相手の話を聞くことに終始してしまいがちになる可能性がある。その結果、相手は、日本人は自分を出さない、自分の感情や意見を言わないので何を考えているかわからないなどと思うかもしれない。自己開示を肯定的に捉える英語母語話者から見ると、聞き手に終始しがちで自分のことをあまり話さない日本人の態度は受け身的で会話に積極的に参加しない、話し相手として面白くないなどのネガティブな評価を受ける可能性もある。

英語会話では自己開示は「正直さ」「率直さ」を表すものとして肯定的に捉えられている (Carbaugh, 1990; Katriel & Philipsen, 1990)。それに対し、日

本語会話で自己開示をあまりすると「自分をひけらかしている」「自己主張が強い」などと思われてしまうかもしれない。自己開示を奨励するのも文化価値であり、奨励しないのも文化価値なのである。文化価値がかかわっているだけに、日本人英語学習者に初対面であっても積極的に自己開示するようにと心得を教えるだけでは心理的抵抗が大きいだろう。しかし、英語教育に携わる者は、日本人英語学習者が英語会話に参加するとき、日本語会話と同じようにあまり自己開示をしないでいたら、自分を正直にだしていないと思われる恐れがあること、従って英語会話の話し手として求められていることは、積極的に自分を出し自己開示していくことであることを教える必要があるだろう。

また英語会話と日本語会話では、会話に対する意識の違いがあり、話し手に求められている言語行動も違うようである。英語会話では、話し手も聞き手も参加者全員が共同で作り上げるものである。従って参加者全員が積極的に自己を開示し、互いが会話に参加できる共通項を探すことが大切なのである。また1人の参加者が自己開示したら、他の参加者も同じように自己開示することが暗黙の了解事項なのである。

英語会話と日本語会話では聞き手に求められている言語行動も違うようである。英語会話における良い聞き手とは、あいづちを打ち聞き手としてふるまうだけでは不十分で、話し手の語りに対し、コメントや質問で関心を示し、さらなる情報提供を求める質問をして自己開示を促すことが求められている。

これに対し、日本語会話では、1人の参加者が自己開示しながら語り、他の参加者たちはうなずき、あいづちを打ち、聞き手としてふるまうことも許される。熱心な聞き手としてふるまっていれば、聞き手が自己開示することは求められてはいない。もちろん聞き手が自己開示してもよいが、しなくてもよいのである。

英語教育に携わる者は、英語会話では、聞き手になったときは、ただあいづちを打つだけでは相手の話に興味を持っていないと見なされる恐れがあること、相手の情報を引き出すような質問をし、コメントをし、自らも関連したstoryを語り自己開示を行うことが必要であることを日本人英語学習者に

教えるべきだろう。

　英語教育において、日本人英語学習者に英語会話と日本語会話では、話し手としても聞き手としても期待されていることが違うことを教え、意識改革を促し、その上で、英語会話で話し手として、聞き手として必要な英語表現を教えていく必要があるだろう。その際に教えるべき表現としては、第一に自分のことを深く自己開示しながら自己紹介するために必要な表現を教える必要がある。単なる出身地や所属する会社や大学の名前だけでなく、自分の専攻や仕事の内容を詳しく、時には苦労や悩みも含めて語ることのできる表現力が必要なのである。第二に、自分が開示した後に、今度は相手に質問し開示を促すために必要な表現を教える必要がある。たとえば、"What about you?" などの表現である。第三に、相手が開示しながら話している内容について興味をもっていることを示すためにコメントや興味を示す質問を返したり、さらなる情報開示を要求する質問をするために必要な表現を教える必要がある。最初は "Cool" "Wonderful" などの語彙的あいづちや短いコメントを返すことから始め、相手の言ったことをそのまま繰り返す質問から、次第に内容について聞く質問へと徐々に表現とタイミングを教えていく必要があるだろう。英語教育については最終章で詳しく扱う。

注

1　会話例の中で使用する記号は第2章に示したものに従う。しかし、本章ではそれに加え、以下のように表記を行った。

　　　_____　（下線）注目箇所
　　[unclear]　　聞き取り不可能な箇所
　　[multiple speakers]　複数の参加者が同時に話していて聞き取り不可能な箇所

参考文献

Barnlund, D.C.(1975). *Public and private self in Japan and the United States.* Tokyo: Simul.

Carbaugh, D.(1990). Communication rules in *Donahue* discourse. In D. Carbaugh(Ed.), *Cultural communication and intercultural contact.*(pp.119–149). New York: Psychology

Press.

Cozby, P.G.(1973). Self-disclosure: A literature review. *Psychological Bulletin, 79*, 73–91.

Duranti, A.(1986). The audience as co-author: An introduction. special issue of *Text, 6*(3), 239–247.

榎本博明(2009)『自己開示の心理学的研究』北大路書房

市川宙・徳永健伸(2007)「情報探索雑談における自然なトピック遷移の実現」『言語処理学会第13年次大会予稿集』(pp.151–154)

Jourard, S.M.(1971a). *Self-disclosure: An experimental analysis of the transparent self.* New York: Wiley Interscience.

Jourard, S.M.(1971b). *The transparent self.* New York: D. Van Nostrand.

Katriel, T. & Philipsen, G.(1990). "What we need is communication": "Communication" as a cultural category in some American speech. In D. Carbaugh(Ed.), *Cultural communication and intercultural contact.*(pp.77–93). New York: Psychology Press.

三牧陽子(1999)「初対面インターアクションにみる情報交換の対称性と非対称性―異学年大学生間の会話の分析―」『日本語の地平線』(pp.363–376)くろしお出版

西田司(1989)「人間関係における自己開示」西田司、西田ひろ子、津田幸男、水田園子『国際人間関係論』(pp.27–45)聖文社

Sacks, H.(1974). An analysis of the course of a joke's telling in conversation. In R. Bauman & J. Sherzer(Eds.), *Explorations in the ethnography of speaking.*(pp.337–353). Cambridge: Cambridge Univesity Press.

Shegloff, E.A.(1972). In another context. In A. Duranti & C. Goodwin(Eds.), *Rethinking context.*(pp.191–227). Cambridge: Cambridge University Press.

Tannen, D.(1989). *Talking voices: Repetition, dialogue, and imagery in conversational discourse.* Cambridge: Cambridge University Press.

第5章
日・英語の男性初対面母語会話に見られる応答要求発話
―応答の連鎖―

重光由加

1. はじめに

　本章では、日本語母語話者にとって英語を用いた異文化間コミュニケーションの障害の原因が、日本語と英語の会話のスタイルの違いにある可能性を探るため、会話の中の応答要求発話の機能をもつ発話とそれに対応する応答の連鎖を語用指標とし、日本語と英語の会話を比較する。

　日本人は実用的な英語が苦手であるとする風潮は根強く、一種の社会問題にもなっている。たとえば、寺内・小池・高田 (2008: 465) による「企業が求める英語力調査」では、「日本人ビジネスパーソンの職業上の英語コミュニケーション能力は読む力はなんとかなるが、その他の能力は目標に届かず、とくに内容が複雑、高度になると、読む、聞く力が低すぎる。書く、話す力はさらに低い人が多い」ことが指摘されている。また「英語コミュニケーション能力の不足とコミュニケーション技術、戦術の力量不足、訓練不足」(2008: 470) が原因と述べられている。さらに、寺内他 (2013) では、ビジネスマンに英語コミュニケーションに関するアンケートを実施した結果、微妙なニュアンスを聞き取ることに困難を感じるが、その確認ができないばかりか、質疑の回答をどのようにしたらよいかに難しさを感じていると報告されている。本章で注目する応答要求発話―応答の方法が、英語コミュニケーションの困難さを軽減する鍵の1つとなっているとも言えよう。

　本書の各論文は、英語コミュニケーションの能力の不足は、技術・力量・

訓練不足というよりは、日本語の会話のスタイルと英語の会話のスタイルが異なることへの知識不足のために起こるのではないかという考えを共通の基盤としている。会話のスタイルとは、話者の文化・社会の背景に影響を受けているが、現実に文化・社会ごとに異なった会話のスタイルがあることは、自文化しか知らない人にはほとんど認識されていない。そのため、異文化間コミュニケーションにおいて会話が思うように運ばない場合、人間関係にまで悪い影響を及ぼすことにもなると言われている(FitzGerald 2003: 111)。本章では、応答要求発話とそれに対する応答の連鎖がどのように会話を促進しているか、英語と日本語での連鎖の異なりを明らかにする。

2. 日本人が英語を話すときに見られる問題点

　重光(2005)と Shigemitsu(2013)は、異文化接触場面で男性の英語母語話者と日本語母語話者の初対面会話を比較した。両研究の日本語母語話者たちは、日本国内で英語の教育を受けた大学院出身者であり、中には英検1級保持者、TOEIC などの資格試験の高得点保持者もいる。また、日常業務の中に英語文書の読み書きが含まれており、語学力にはあまり不便を感じていない者たちである。

　重光(2005)[1]では、英語母語話者と英語での初対面実験会話を行ったあとのフォローアップ・インタビューで、日本語母語話者被験者は聞き取れないことがあっても「質問せず、聞いているだけだった」(重光 2005: 229)と回答したことが報告されている。特に、日本語母語話者が「聞きかえすことは失礼である」と考えていたり、「敢えて失礼なことをするのは面倒」と相手に配慮して質問しなかった様子も示されている(重光 2005: 229)。この会話に参加した日本語母語話者たちにはこの実験会話の印象は良好であったが、英語母語話者たちは楽しいと思わず、現実の会話ならば、この日本語母語話者たちとは親しくなろうとは思わないという厳しいコメントをしていたのである。日本語母語話者が意図的に質問しないでいるという配慮が、まったく異なって失礼な行為と受け取られた例である。

　表1は Shigemitsu(2013)[2]で英語母語話者と日本語母語話者間の1対1の

英語による実験会話を行った際に、参加者ごとの30分間の「質問文」の数である。参加者はいずれも男性である。表で示されている質問数に明らかな差があり、英語力の問題を差し引いても、これらの会話では英語母語話者からの一方的な質問によって会話が進められ、会話の連鎖はなんとか成り立つものの、情報授受が不均衡である。さらにICE23の会話では英語母語話者が苛立つ様子が観察された。両研究からは、英語母語話者は会話では積極的に質問をするスタイルをとるが、日本人はそうではない可能性が示唆されている。

表1　Shigemitsu(2013)より30分の初対面会話で見られた質問数

	ICE22	ICE23	ICE24
英語母語話者	36回	107回	43回
日本語母語話者	2回	5回	1回

　この2つの異文化接触場面の会話は、母語の配慮の仕方に基づいた言語行動の干渉が見られた可能性もある。日本語母語話者にとっては、会話を促進するためには質問することは必要な言語行為ではない可能性がある。相手に踏み込まないという配慮を行うためには、質問はむしろ避けるべきものと受け取れる。一方、英語母語話者は質問を会話促進の方法として活用するだけでなく、質問することで相手への興味を示しながら、親しみを表すという配慮を行っているとも考えられる。

3. 会話の中の応答要求発話―応答連鎖について―

　本章では形態的特徴をもつ疑問文だけでなく、ほかの参加者に働きかけて応答を求める発話をすべて分析対象にする。また、なんらかの応答を求める発話を応答要求発話と呼ぶことにする。便宜上、質問文や質問という表現を使うこともある。応答要求発話に対する発話を応答と呼ぶ。また、応答要求発話を発するものを質問者、応答するものを被質問者と呼ぶ。分析にあたっ

ては、応答要求発話―応答の連鎖にある、以下の4つの応答要求発話の側面に注目したい。
(1) 会話の連鎖を作り上げる側面
　「応答要求発話―応答」の連鎖は隣接応答ペアを構成し、応答要求発話により他の参加者に強制的に発言権を与えることができる。この連鎖は、会話を持続させる効果をもたらし、「会話」というジャンルを作り上げる。
(2) 新情報を引き出す側面
　応答要求発話のプロトタイプの働きとして、会話の参加者間の認識的非対称性 (epistemic asymmetry) を解消するための側面である。質問者にとって未知な情報や、真偽が不明なところの判断を被質問者に求める。
(3) 確認や同意を求める側面
　応答要求発話は質問者が想定していることを確認したり、同意を求めたりするときにも用いられる (Tsui 1992)。
(4) 対人関係構築・維持の側面
　応答要求発話のもつ「対人関係構築・維持」の側面には、質問内容、質問のタイミング、質問に用いる表現に対する適切さなどがある。また、応答に関しては、否定する場合、答えられない場合、答えたくない場合にはどのような配慮が求められるかがこの側面の範疇に入る。配慮は、話者の文化・社会背景に基づき抑制されたり、表出されたりする。
　以上にあげた4つの側面が、応答要求発話―応答という行為にどのような影響を与えるかにも注目する。

4. 分析方法

4.1 分析データ

　第2章で詳細に述べられているデータ45本の初対面男性会話データの中から、イギリス、アメリカ、オーストラリアで収集した英語母語話者同士の英語会話のうち各5本、日本で収集した日本語母語話者同士の日本語会話5本を選び分析対象とする。使用したデータとその参加者のコードを表2に示す。個人の話し方のスタイルがデータ全体に影響を与えることを避けるた

め、1人の参加者の参加回数が2回までとなるようにデータを選択した。これにより、イギリス人13人、アメリカ人10人、オーストラリア人12人、日本人12人のデータを得たことになる。英語を3つの異なるInner Circleのデータで見るのは、英語のスタイルの共通項目(common core)と日本語のスタイルを比較するためである。

表2　分析対象会話データリスト

言　語	収録場所	会話コード	参加者コード
日本語	東京	JP17	J24, J25, J26
	東京	JP68	J37, J42, J43
	東京	JP71	J36, J37, J39
	東京	JP72	J33, J38, J43
	東京	JP73	J33, J35, J39
アメリカ英語	テキサス	US31	U1, U2, U3
	テキサス	US33	U3, U4, U6
	テキサス	US36	U7, U8, U10
	テキサス	US39	U8, U11, U12
	テキサス	US40	U7, U9, U11
イギリス英語	オックスフォード	UK27	B2, B4, B5
	オックスフォード	UK29	B6, B8, B9
	マンチェスター	UK30	B3, B8, B10
	マンチェスター	UK53	B15, B16, B17
	ロンドン	UK57	B21, B22, B23
オーストラリア英語	シドニー	AU41	Au1, Au2, Au3
	シドニー	AU42	Au3, Au4, Au5
	シドニー	AU43	Au4, Au6, Au7
	シドニー	AU47	Au5, Au12, Au13
	シドニー	AU50	Au15, Au16, Au17

4.2 分析の方法と分析の枠組み

　表2に示した会話データを書き起こした後、以下の1)–5)に示す基準に従い応答発話を抽出した。また、それぞれの応答要求発話文に対応する応答部分を組み合わせて、それを分析対象とした。英語と日本語には異なる言語的特徴があるため、応答要求発話文の抽出の判断と分類には、英語のデータはQuirk et al.(1985)、Stivers & Enfield(2010)、Stivers(2010)、Leech & Svartvik(2002)の分類を、日本語のデータはHayashi(2010)、安達(1999)、日本語記述文法研究会(2003)を参考にした。

　分析対象とする応答を要求する発話は以下のものと定める
1) 疑問文の形態的特徴、音調的特徴をもつもの。
2) 形態的に疑問文の特徴をもたなくても、質問者自身がもつ情報知識が曖昧なため、また情報内容に関して他の参加者からも同意を得るため、他の会話参加者に働きかけて情報の確認や同意を得ようとするもの。
3) 応答を求める言いさし発話。
4) 他の参加者に何らかの情報や判断に関する応答を求めるもの。
5) 形態的に疑問文であっても、次の(a)–(g)は分析対象から排除した。
    a) 依頼文。
    b) 引用の中に含まれる疑問文。
    c) フィラーとして用いられる疑問文、たとえば"What should I say?"「えっと、なんですかねえ」など、質問者本人が考える時間をとるための発話。
    d) 質問の形態をもつあいさつ文。
    e) 他の参加者の理解を確認する発話。"Do you know what I mean?"「言っていることわかりますか」など。
    f) 応答のない下降イントネーションの付加疑問文。
    g) 応答のないニュースマークス。

　以上の基準に従って抽出された英語データの応答要求発話は775件あった。このようにして得られた日本語の応答要求発話は456件である。

4.3 応答要求発話の種類と機能

4.2 の基準に従いデータから抽出した応答要求発話の分類方法の枠組みを示す。抽出した応答要求発話は形態的特徴をもとに 7 種類に分類した。それらの形態は、真偽疑問文、補充疑問文、選択疑問文、付加疑問文または同等の働きをもつ疑問文、順番配布を主眼とした疑問文、ニュースマークス、ほのめかし応答要求発話である。

4.3.1 真偽疑問文

真偽疑問文は情報の真偽の判断を被質問者から引き出す。また、質問者は自身で判断できないために質問する場合と、ある程度正しい情報を想定しながら質問する場合がある。英語では平叙文から有標に区別される通常の真偽疑問文のほかに、否定疑問文、上昇イントネーションを伴う肯定文と否定文、下降イントネーションの B イベント[3]を問う肯定文と否定文(Labov & Franshell 1977: 100)、間接真偽疑問文、上昇イントネーションを伴う語句または文の断片を含む。質問者が認識的非対称性の度合いによって、どの形態を使用するかが異なる。

日本語では疑問文を表す文末表現により、平叙文と区別することができる。ここでは、Hayashi(2010)に倣って、真偽疑問文の主な文末表現の「か」「の」「のか」に注目した。疑問詞をもつ補充疑問文も同じ文末表現を使うが、疑問詞をもつものは補充疑問文に分類する。「音声信号処理とコンピュータプログラムと関係するんですか↑」[4]「でも、あそこ骨伝導やってんの↑」が典型的な例である。終助詞「か」をつけない場合は、日本語では丁寧度をあげることもでき「フーリエ変換とかします↑」は真偽疑問文である。

真偽疑問文は、質問者が何も知識をもち合わせない場合と、答えを想定している場合がある。何も知識がない場合でも、質問者は真偽質問文を構成する命題を作ることが可能であるため、補充疑問文とは性格が異なる。下位分類としては、肯定文・否定文に上昇イントネーションを用いて真偽を問う疑問文は確認を求める時に使われることが多い。否定疑問文は情報が偽であることを確認すると同時にその命題に対して驚きを感じるときに使われ、下降イントネーションで話される平叙文では、質問者は被質問者の B イベント

に関して質問者が想定したことに対して、確認を要求していると認知される。しかし、対象数が多いため本章では、形態的特徴から分類を行い真偽疑問文の下位機能は詳しく見ない。

　語句や文の断片を上昇イントネーションで言う応答要求発話のうち、被質問者から真偽判断の応答があるものを真偽疑問文に含める。この表現では、真偽の確認だけではなく、驚きや興味を示す場合もあるため、応答があるものだけを抽出した。言い差し表現も含む。「修士1年生↑」"To expand?" などがその例である。

　間接疑問文の形をとり真偽を問う発話は、応答要求発話内容が明示されているため、後に示す、ほのめかし応答要求発話ではなく、真偽疑問文に含めた。

4.3.2　補充疑問文

　補充疑問文は、英語では疑問詞を伴うもの、日本語では英語の疑問詞に相当する語が含まれているものを優先した。この疑問文は被質問者に新情報を求めるものである。"What was the score?"「え、研究科はどこなんですか↑」が典型的な例である。"Well, I guess, the obvious question is what you're doing your Ph.D. in? ↑ That's what I am interested in." は間接補充疑問文の例である。疑問詞を含む断片発話(言い差し表現も含む)もあり、たとえば "Where in California?" である。

4.3.3　選択疑問文

　選択疑問文は、提示した複数の選択肢の中からあてはまる回答を選択させる疑問文である。典型的な例は 'A or B' のように2つ以上の選択肢から回答を選ばせる。これを閉じた選択疑問文と呼ぶことにする。実際には、Mira (2013) も示すように、選択肢の一方だけを述べて、回答を誘導するタイプも目立つ。'A or ?' のように、選択肢が1つだけしか示されていないものは、開いた選択疑問文と呼ぶことにする。新情報を求める応答要求発話に近い。"Is it audio material or what is it?" や "Have you done that sort of teaching mentoring or that sort of thing?" は開いた選択疑問文に分類した。

日本語では選択疑問文は、英語のように文型として定まっていないので、被質問者へ回答の選択肢が提示されているかどうかを基準に選んだ。実際に出現回数は非常に少なかった。また、複数提示するのではなく、英語の例と同様に開いた選択疑問文が使われていた。「波動関数って　量子の波動関数ですか　ではなくて」「あ　今　携帯がiPhoneかなんか↑」を選択疑問文に分類した。

4.3.4　付加疑問文または同等の働きをもつ文
　付加疑問文は、質問者がその命題について知識をもち合わせていたり、確信していたりする場合に用いられるので、被質問者に求めているものは確認や同意である。疑問文ではなく陳述文として質問者の考えを強く述べる時にも用いられるが、形式的に応答を求めているので、応答があった場合は分析対象に含めた。また、上昇イントネーションを伴う"right"のような語句を付加するものも付加疑問文とした。"So between the teachers and other professionals, right?"がその例である。文の断片に付加疑問をつけているものもこの分類に含めた。
　Hayashi(2010)によれば、日本語では「〜じゃない」「でしょ」「よね」とその変異形が、付加疑問文と類似の機能がある文末表現である。「〜じゃない」「でしょ」は確認をしたり、同意したりするときに用いられ、「よね」は質問者の判断や認識を、確認するときに使われる。また、「じゃないですか」は安達(1999: 32)によると、同時に被質問者に判定要求をしながら質問者が意見を述べている文末表現となるが、応答を求めているので、付加疑問文の分類に含めた。
　"Isn't it?"のように付加されるべき部分だけの断片は、ニュースマークスに分類した。

4.3.5　順番配布を主眼とした疑問文
　会話の順番配布を主眼とした疑問文は、"What about you?"などの質問文を用いながら質問者がそれまでの会話の内容を受け、被質問者からも同様の情報を求める際に用いられる。日本語では「あなたはどうですか」という表

現などを想定したが、実際、分析対象の日本語会話には用いられていなかった。

4.3.6　ニュースマークス

　ニュースマークスは、初めて聞いた情報に対して驚きや興味を示す短い表現であるが、上昇イントネーションでの発話は形態的・音韻的に被質問者に応答を求める場合もあるので、応答を求める文としてとりあげる。英語では"Really?" "Is it?"に相当する (Stivers & Enfield 2010: 2)。日本語では、上昇イントネーションを伴う「そうですか↑」「本当ですか↑」などがある。ただし、話者が実際どのような意図で言っているのか判断がつかないものもあるため、応答があったものだけを抽出した。被質問者が応答を要求するものと受け止められたと考えられるからである。

4.3.7　ほのめかし応答要求発話

　会話参加者間に認識論的非対称性がある場合、他の参加者に明示的に情報を求めて質問するのではなく、質問者自身にその知識が欠けていることだけを述べることがある。このような発話をほのめかし応答要求発話と呼ぶことにする。独話的な用法であるため、ほかの参加者は無視することもできるし、受け止めて情報を与えることも可能である。被質問者の判断によって受け取られ方が異なるので、応答があったものを抽出した。ほのめかし応答要求発話の例としては"I have no idea."などがある。日本語ではHayashi (2010)に従い「かな」「け」の終助詞とその変異形を用いたものをこの分類とする。「ああ　そうか　文系でもいいんでしたっけ↑」がこの用法にあたる。「け」は、下降イントネーションを伴う場合も対象とする。

　また、日本語では、疑問を感じたことを「え↑」「あれ↑」「へ↑」などの感嘆詞で伝えることがある。ニュースマークスと区別しにくいが、聞き返しのときにもよく見られる表現なので、応答があった場合はほのめかし応答要求発話とした。

4.4 応答の分析について

応答は一定の形態的特徴をもたないため、それぞれの応答要求発話(質問文)に対して、直接回答の有無とその出現位置、回答以外の追加情報や詳細情報の有無を中心に質的な分析を試みた。

5. 分析結果

データの中から抽出した応答要求発話に対して、形態的特徴と機能的特徴をもとに、真偽疑問文、付加疑問文、選択疑問文、補充疑問文、ニュースマークス、順番配布、ほのめかし応答要求発話の7種類に分類した。この分類では、明示的に新情報を求める性質があるものは補充疑問文、選択疑問文、順番配布であり、非明示的に新情報を求める性質のあるものは、ほのめかし応答要求発話である。付加疑問文は同意や確認を求める時に使われるものを付加疑問文とした。真偽疑問文は、形式だけでは話者間の認識的非対称性により、全く新しい判断を求めているのか、同意や確認を求めているか異なる。本章では真偽疑問文の下位分類は細かく論じないが、真偽疑問文を独立させて考察する。

5.1 応答要求発話数

グラフ1は各グループの応答要求発話数であり、グループごとに使用回数のばらつきがあることがわかる。重光(2005)やShigemitsu(2013)の異文化接触会話では、日本語母語話者は極端に応答要求発話数が英語母語話者に比べ少なかった。しかし、グラフ1からは、日本語会話では英語の会話よりむしろ多いグループもあることがわかる[5]。また、日本語会話では多いグループと少ないグループの差が大きいのも特徴である。平均値はグラフ2のようになる。

応答要求発話数の多いJP17と、JP71の2つのグループにおいては重複する参加者はいない。また、J37は応答要求発話数の多いJP71とJP68に参加、J39はJP71とJP73に参加している。J37はJP68では62回、JP71の会話では67回応答要求発話を用いている。また、J39はJP71では33回、JP73で

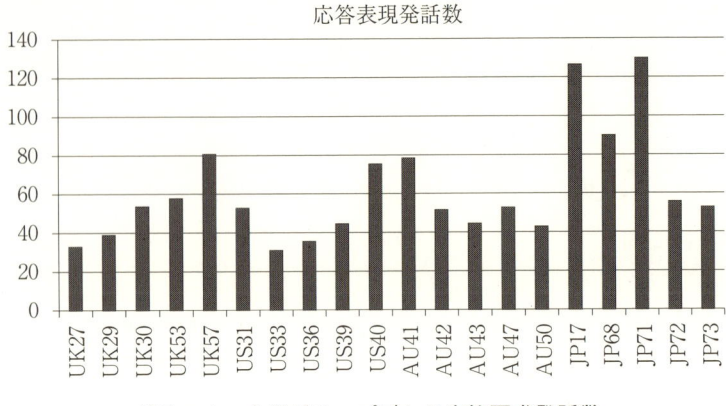

グラフ1　会話グループごとの応答要求発話数

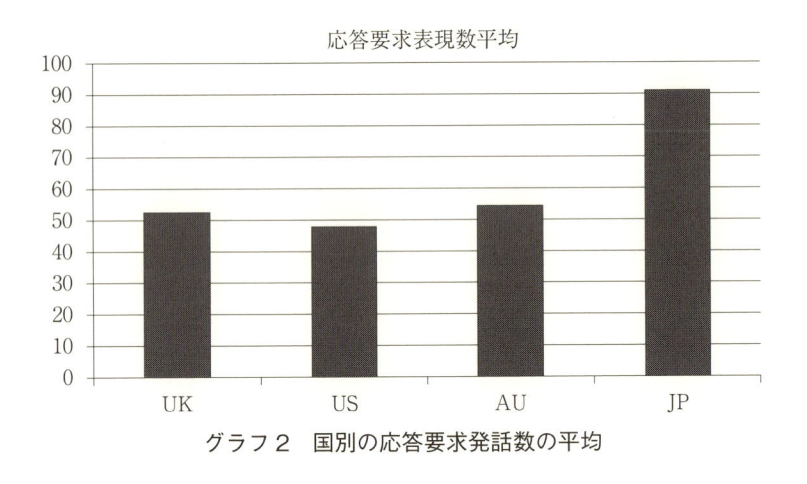

グラフ2　国別の応答要求発話数の平均

は 35 回応答要求発話を用いている。2 人ともグループが異なっても回数がさほど変わらなかった。そのため、個人の話し方の特徴であり、コンテクストで影響を受けているとは言い難い。

5.2　応答要求発話の種類

　グラフ3は、各国別の応答要求発話の真偽疑問文、補充疑問文、選択疑問文、付加疑問文、順番配布を主眼とした疑問文、ニュースマークス、ほのめ

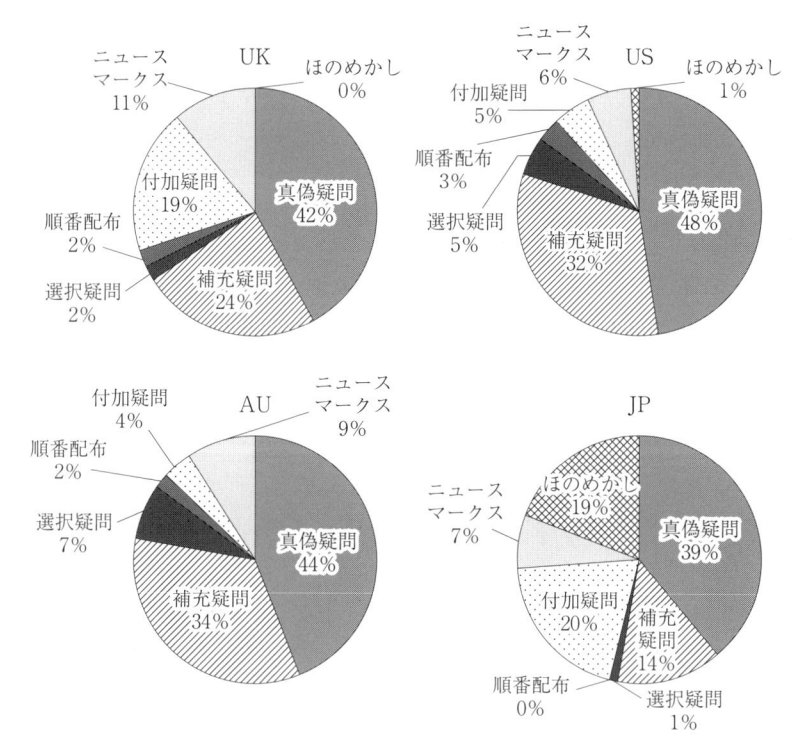

第5章　日・英語の男性初対面母語会話に見られる応答要求発話　105

UK
ニュースマークス 11%
ほのめかし 0%
付加疑問 19%
順番配布 2%
選択疑問 2%
補充疑問 24%
真偽疑問 42%

US
ニュースマークス 6%
ほのめかし 1%
付加疑問 5%
順番配布 3%
選択疑問 5%
補充疑問 32%
真偽疑問 48%

AU
付加疑問 4%
ニュースマークス 9%
順番配布 2%
選択疑問 7%
補充疑問 34%
真偽疑問 44%

JP
ニュースマークス 7%
ほのめかし 19%
付加疑問 20%
順番配布 0%
選択疑問 1%
補充疑問 14%
真偽疑問 39%

グラフ3　応答要求発話の種類別×国別円グラフ

かし応答要求発話の分類別の割合を示したものである。

　イギリス英語、アメリカ英語、オーストラリア英語、日本語のデータを比較すると、いずれも真偽疑問文を使うことが多いことがわかる。しかし、日本語では英語母語話者の英語会話に比べ、補充疑問文の出現が少ない(日本語14％、英語圏24-34％)。また、付加疑問文に相当する文の使用がイギリス英語と日本語に多い。また、情報を求める性質をもつ応答要求発話を、補充疑問文、選択疑問文、順番配布を主眼とした疑問文とすると、英語圏ではイギリス英語28％、アメリカ英語40％、オーストラリア英語43％が新情報を求める応答要求を行っているが、日本語の会話では15％と少ない。従って、新しい情報を明示的に求める発話は英語では多く、日本語では少ないと言えよう。

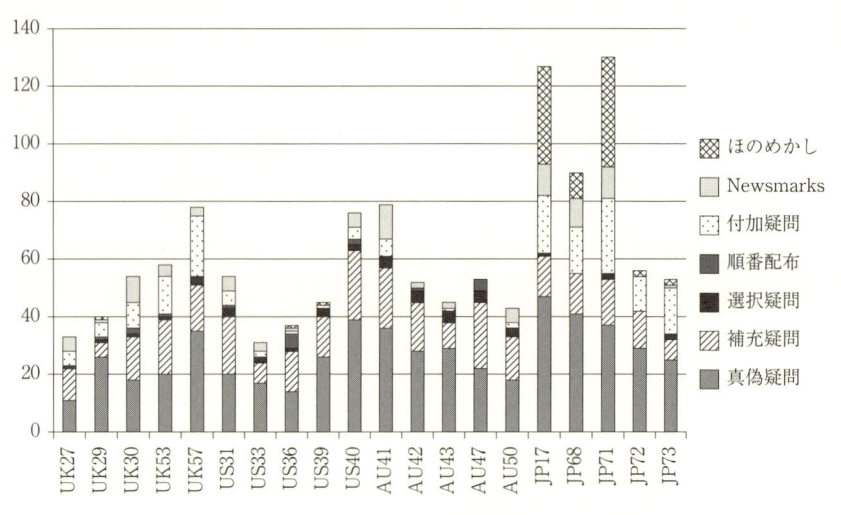

グラフ4　グループ別の応答要求発話の種類

　会話グループごとをグラフ4で見ると、日本語会話で応答要求発話数が多いグループはニュースマークスとほのめかし応答要求発話が多用されていることがわかる。ほのめかし応答要求文は、情報を求める性質をもつが明示的には行われない。従って、日本語会話では質問があっても明示的に情報を求める行為が抑制されているとも考えられる。被質問者に興味を示す働きのあるニュースマークスと、被質問者に踏み込まない、ほのめかし応答要求文が目立つことから、新しい情報や判断を求めようというよりは、質問をしているように感じさせない表現を用い、対人関係構築・維持にかかわる配慮が日本語会話では優先されているという見方ができるだろう。

　選択疑問文の出現回数は、全体的に少ない。イギリスのデータでは7回、アメリカのデータでは11回、オーストラリアのデータでは19回、日本語データでは4回である。また、表3が示すように選択肢が1つしか与えられていない閉じた選択疑問文も使用されている。これは情報授受の側面から見ると補充疑問文のような機能ともとれるし、真偽疑問文を緩和した表現にもとれる。

　表4が示す順番配布を主眼とした疑問文は今までの話題などを受けて他の

表3

	UK	US	AU	JP
閉じた選択疑問文	2	6	8	1
開いた選択疑問文	4	5	10	3

表4

	UK	US	AU	JP
順番配布総数	4	8	5	0

参加者に会話の順番を与えると同時に情報を引き出すための発話である。どのグループも出現は少なかった。英語母語話者へのフォローアップ・インタビューからは、英語の会話は全員が同じように参加することがよいと考えられているという回答があったので、順番に偏りがあったと判断された場合に、特に用いられたということも考えられる。一方、日本語のデータでは順番配布に相当する表現が抽出できなかった。日本語会話のフォローアップ・インタビューでは、会話の参加度に対する言及がなく、また、話す人とそうでない人に分かれる傾向にあることが言及されていたため、会話の参加度を平等にしようという意識が少ないからと考えられる。

　ほのめかし応答要求発話は英語にはほとんどなく、日本語にはどのグループにも必ず見られたものである。これは日本語には、「かな」「け」など疑問があることをあらわす文末表現が存在することからも考えられる。英語は"I want to know..." "I can't tell..." "I don't know" という明示的な言い方がなされている。しかし、英語では15グループの中、3例しか見られなかったので、応答要求発話がある場合は明示的にいうことが標準であることが考えられる。日本語では疑問に思うことがあった場合は、明示的に質問するのではなく、ほのめかして言うことで被質問者への働きかけの負担を減らす方法をとると言えるだろう。情報の興味より配慮が優先されていると言える。表5は、ほのめかし応答要求発話の各グループの使用回数である。ほのめかし応答要求発話がまったくないグループもある。一見、質問数が多いグループ

でも、ほのめかし応答要求発話を多く使っていることで、被質問者に負担をかけない配慮がなされていると考えられる。

表5 ほのめかし応答要求発話の使用数

グループ		グループ		グループ		グループ	
UK27	0	US31	0	AU41	0	JP17	34
UK29	1	US33	0	AU42	0	JP68	9
UK30	0	US36	1	AU43	0	JP71	37
UK53	0	US39	1	AU47	0	JP72	2
UK57	0	US40	0	AU50	0	JP73	2

以上が、情報を求める疑問文の使用である。次に同意や確認を求める表現を見る。それらは付加疑問文、ニュースマークスである。

付加疑問は質問者の既知情報の確認や、同意を求める役割がある。アメリカ、オーストラリアはイギリス、日本に比べ付加疑問はあまり使っていないことが示されている。イギリスと日本は、付加疑問文を使って、同意してもらいながら意見を摺合せして、相手との仲間意識や理解を共通のものにしていくという効果が優先されていると考えられる。しかし、イギリス英語のデータではグループによってばらつきがあるが、日本語母語話者はほぼ一定の割合で、付加疑問文に相当する表現が用いられていることがグラフ4からわかる。

ニュースマークスについては、出現の頻度に関しては、個別のグループで、ばらつきはあるものの、英語と日本語の会話での使われ方がまったく異なると結論付けるほどの差はまったく見られない。変種別で比較するとアメリカ英語やオーストラリア英語より、イギリス英語と日本語の会話でやや多く見られたということになる(グラフ5参照)。また日本語は、出現総数は多いが、使うグループと使わないグループの差がはっきりとしている(グラフ6参照)。

真偽疑問文については、今後は下位分類も見ていく必要があるだろう。グ

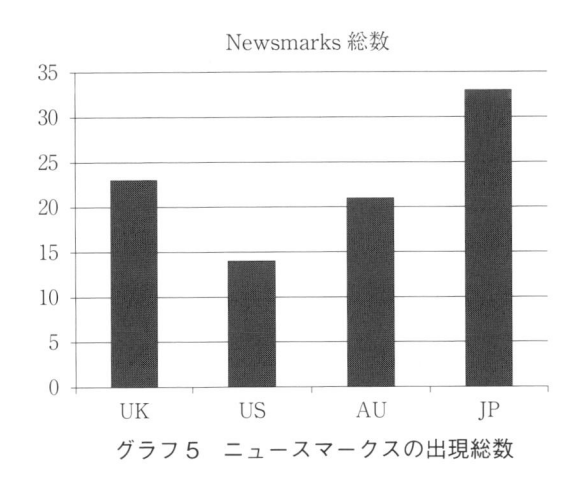

グラフ5　ニュースマークスの出現総数

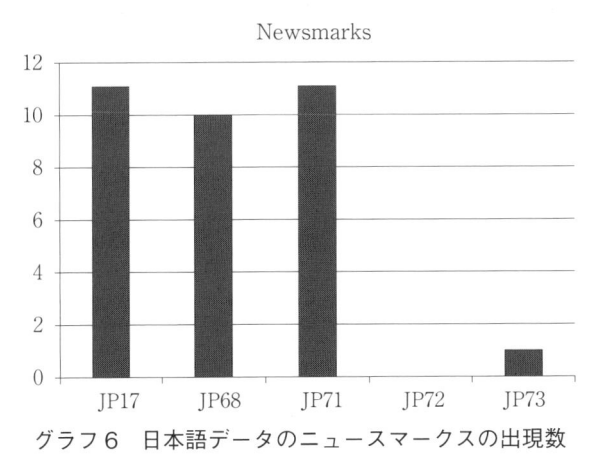

グラフ6　日本語データのニュースマークスの出現数

ラフ7とグラフ8は、各英語変種と日本語会話から3つずつのグループで比較した機能の側面の違いである。日本語では、同意・確認を求める目的で用いられる応答要求発話が圧倒的に多く、アメリカ英語とオーストラリア英語では同意を求めるための真偽疑問文が日本語に比べてほとんど用いられていないことがわかる。なお、イギリス英語は同意を求める真偽疑問文が多いことがわかる。

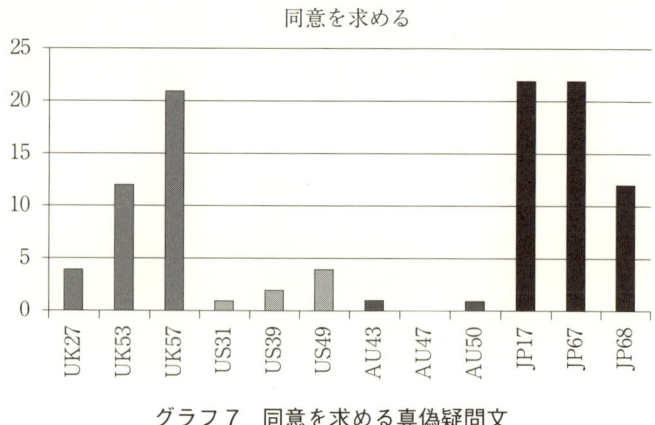

グラフ7　同意を求める真偽疑問文

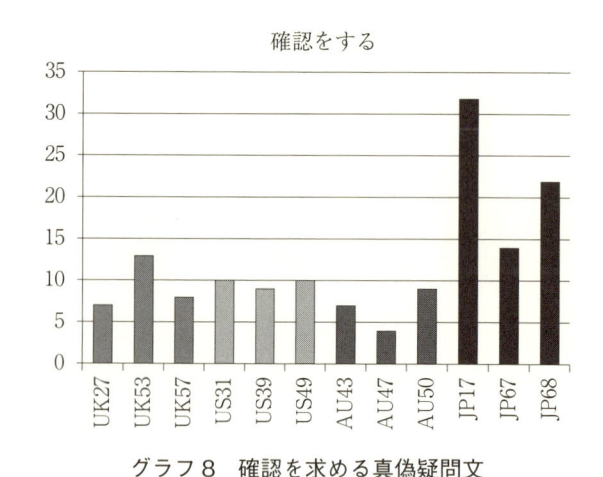

グラフ8　確認を求める真偽疑問文

5.3 応答について

　応答要求発話方法には文法構造の制限があるが、回答方法にはなく、被質問者の裁量で回答がなされる。直接回答の有無とその出現位置、直接回答以外の追加情報や詳細情報の追加の有無に注目しながら、質的な分析を試みる。

5.3.1 補充疑問文への応答

　補充疑問文に対しては、英語の場合は直接的な回答はあるが、日本語の場合は前置き表現が多く、直接的応答はすぐには行われないことが多い。また、回答がない場合もある。(1)は、イギリス英語の例であるがB4が01行目でB5に対して行った質問 "What did you do your masters in?" は、02行目でB5により "I did it in, well, the East India Company." と直接回答されている。また、B4が03行目で承認(acknowledgement)を行ったあと、詳細な説明を続けている。

(1) [UK27]
01　B4:　What did you do your masters in?
02　B5:　I did it in, well, the East India Company.
03　B4:　[ah OK]
04　B5:　[Well,] specifically, Warren Hastings, well, he's still a
05　　　　hero man, a very pragmatic leader in a time when
06　　　　pragmatism wasn't…

　(2)の例では、オーストラリア英語のデータであるが、状況説明として "Um uh well I've worked with Koreans for a bit before," と話し始めているが、03行目にあるように "the main reason is" という前置き表現により直接回答が明示されている。

(2) [AU43]
01 Au4:　Why did you choose Korean?
02 Au6:　Um uh well I've worked with Koreans for a bit before,
03　　　　but I guess the main reason is I'm now married to a
04　　　　Korean.

　日本語の会話データでは、直後の直接的な答えよりも、直接的な答えが示されない場合や、質問者のあいづちに促されるように直接的な答えにまつわ

る長い背景説明が提示されることが目立つ。従って、長い説明の中から読み取らなければならない回答がある。

(3)は日本語の会話であるが、J25 が 01 行目で J24 に対して計算方法を「扁定値を正定値に使う正定値はどうやるんですか↑」という補充疑問文で尋ねている。しかし、J24 は J25 がある程度知識があると思ったため、正定値の強い・弱いという特徴だけで回答をほのめかしている。それに対する直接回答がない。そのため確実に情報を得たいと考えている J25 は 03 行目で再度、「強すぎる↑もっと弱くていいんですか↑」と、確認をする必要が出てきている。結局、質問の直接回答はないが、正定値を使うには条件の書き下しが必要ということで、応答を暗に伝えている。

(3) [JP17]
01　J25:　扁定値を正定値に使う正定値はどうやるんですか↑
　　　　　(0.7)
02　J24:　正定値だけでは要はあの強すぎるんですよ
03　J25:　強すぎる↑もっと弱くていいんですか↑
04　J24:　もっと弱くて大丈夫(1.1)で　だからその条件を
05　　　　書き下すのに
06　J26:　[ええっ 1]
07　J24:　[本このくらい 2](しぐさ：指で 5 センチくらいの幅を示す)

(4)の例では、すでに経済学の学士を持っている J35 に対して、J33 が美術大学に進学しようと思ったきかっけを尋ねている。01 行目に J33 からその分野に対して「どこで目覚めてしまったのか」という補充疑問文が発せられる。03 行目から J35 の回答ではじまる。しかし、直接回答はなく、「写真がもともと好きである(05 行目)」「広告の仕事に興味がある(09 行目)」「広告を自分で作りたい(21 行目)」「勉強して知りたい(45 行目)」「そうすれば仕事ができる(54 行目)」と少しずつ与えられる情報を、質問者自身がつなげて組み立てて自身の発した応答要求の回答を理解しなければならない。回答が出るまで、質問者はあいづちを打って、求めた情報の応答が出てくるの

を待っているとも言えよう。

(4)［JP73］
01 J33：へえー↑え　どこでみ　め目覚めてしまったんですか↑
02 　　　その
03 J35：ものづくりっていうっていう なんか撮ったりとか＝
04 J33：＝うん
05 J35：写真とかっていうの元々好きだったんですけどー＝
06 J33：＝［うーん1］
07 J39：［あー1］
08 J33：だ その けっこうデザイン とかそういうのって言って
09 　　　もあのイベントというか元々広告系とかそういうような
10 　　　仕事とか［興味あって1］
11 J33：［うんうん1］＝
12 J39：うん＝
13 J35：＝その総合職的な仕事って＝
14 J39：＝うん
15 J35：そのコンセプトデザインとかそういうの考えたりとか
16 　　　する感じじゃない ビジネスモデル的な
17 J33：［うん1］
18 J39：［うんう1］
19 J35：［ところを1］やったりとかして あ おもしろいなあと
20 　　　かってやってたんですけど ま　実際そういうような感じ
21 　　　のことをやりたいなあと思いつつ ものを作ったりとい
22 　　　うか イベント組んだりとか ＝
23 J33：［うーん1］
24 J35：［してたりする1］と実際仕事するのが　結局そうい
25 　　　うとこにくると ［ビジュアルまで落とし込まなきゃいけな
26 　　　くなってきて、1］
27 J33：［うんうんうんうん1［うんうん2］］

28 J39：［うんうんうん2］うん
29 J35：で　コンセプトはこういう感じだからこんな感じのイメ
30 　　　ージで作ってって言っても全然違うのがぽーんと［出て
31 　　　来たりとかして1］
32 J33：［ああー　ありそうですね1］
33 J39：［@@ ありそう1］
34 J35：で や でも
35 J39：［@@1］
36 J35：［俺これ1］言えないし＝
37 J33：［@@2］
38 J35：［これ分かんないし2］みたいな　この世界は みたいに
39 　　　思ってると＝
40 J39：やっぱり自分で作らないとっていう＝
41 J33：＝［うん1］
42 J35：［そうです1］ね　だからその　どっちにいくか分かんないし
43 J33：うん
44 J35：どうなるか分かんないですけど まあ 少なくともちょっ
45 　　　と勉強なり 知ってたりすると　や　これこんな感じでさー
46 　　　っていって
47 J33：［うん1］
48 J35：［ラフ1］とか まあ 大まかなやつだけ［ちょっとあれ2］
49 　　　したら
50 J33：［うん2］
51 J35：あ こいつ ちょっと 分かってるかもしんないみたいな
52 　　　@@
53 J33：うーん
54 J35：ぐらいで 理解はして　もうちょっとスムーズに仕事がで
55 　　　きるかなあとか思って
56 J33：へ［えー1］
57 J39：［すごい1］ですね　が学士号を2つもつということ

58   に［なるんだ 経済　経済学 2］

5.3.2　選択疑問文への応答

　選択疑問文は総数は少ないが、英語の場合は、問われていることに対して具体的な説明が回答されていた。英語ではほかの種類の情報要求文と同様に追加の説明が続くことがよく見られた。(5)では、"…group or?"の開いた選択疑問文が真偽疑問文としてとらえられていると考えられる。直後にU11からの"yeah"という直接応答があることから、それと判断できる。

(5)［US39］
01　U8:　So it's a non-profit theatre group or …
02　U11: Yeah they, like they're not-for-profit theatre. They um
03　　　　they've been around for like 10 years, something like
04　　　　that, and they just, they make new theatre.

　(6)ではB4はB5の質問に対して「わからない」という回答をしているが、それだけで終わらず、なぜわからないかという理由が付け加えられている。

(6)［UK27］
01　B5:　Is there any reason you were pushing towards–
　　　　　[Unclear] or
02　　　　was it a personal to you or was it something that was
03　　　　recommended to you.
04　B4:　I don't know know – I find – well, everyone that does
05　　　　research is a bit like this so far as you don't really
06　　　　know why you ended up doing things you do. You
07　　　　read one book, then you're reading another bout the –

　日本語でも、選択疑問文の場合は真偽疑問文と同じようにとらえられる場合がある。(7)の例では、J39の01行目の質問の発話の最後の「それとも」

の直後に、J37が答えかけている。ここに間があったからである。02行目の「えっとね」のあとに、どのような談話が組み立てられようとしていたのかはわからないが、J39の03行目により、どちらかを選択して答えることが求められていることに気がついたとも言え、(7)のような閉じた選択疑問文の場合は日本語では、直後に直接回答があたえられる。

(7) [JP71]
01 J39：やっぱ字字の方がい(.)いいんですか↑それとも
          (.)
02 J37：えっとね
03 J39：絵絵とかの方がいいんですか↑
04 J37：そうですね絵を描いてる子が結構思いだします
05   かなり高く
06 J36：うんうん

(8)では、「iPhoneかなんか↑」を開いた選択疑問文とみなす。閉じた選択疑問文は与えられたものから選んで答えるが、開いた選択疑問文の場合は、回答方法に制約がない。J39は、携帯電話の機種をJ35に尋ねているが、質問文の帰結部分にあるiPhoneにひきずられ、04行目からiPadの話に変わっている。

(8) [JP73]
01 J39：あ今携帯がiPhoneかなんか↑
02 J35：いや僕はiPhone使ってないですけどー
03 J39：はい
04 J35：iPadをちょっと使ったりしてー
(以下iPadの話にかわる)

答え方はさまざまであるので、精査が必要であるが、英語では直接回答のあとに情報が付加されることが多く、日本語では閉じた選択疑問文では選択し

たものを答えるが、そうでない場合は、応答に与える制約がゆるく、直接回答がないだけでなく、問われたものと異なった答えが出てくることもあることが示唆されている。

5.3.3　順番配布への応答

　順番配布の応答要求発話は、英語では自己紹介部分で多く見られた。ある特定の話題ではなく、全員が同じように情報を開示しなければならないという了解が暗黙裡にあるからであろう。

　(9)では、U11が自分の出身大学を話したあと、06行目でU7がU9に対して出身大学を尋ねている。07行目ですぐU9は答えたあと、今度はU9に対して同じことを質問しているのである。

(9)［US40］
01　U11:　And I still dislike it, so. But uh so I went uh to
02　　　　undergraduate at Detroit, in Detroit at a place called
03　　　　Wayne State University.
04　U9:　Oh yeah. Really. I've heard of Wayne State.
05　U11:　Yeah.
(中略)
06　U7:　Where did you go?
07　U9:　Trinity. How about you? Where'd you go?
08　U7:　I went to Barrington, in South, Alabama.
09　U9:　Oh cool.

　また、応答要求発話を受けた参加者が答えないで、他の参加者に対して発話の順番を渡すという操作でも使われている。(10)の会話例では、この抜粋以前にU8の出身地や最近テキサスに引っ越してきた経緯などが話題とされている。そのあとの会話である。01行目のU8からU9への応答要求発話のあと、U9自身は答えないで、同じ質問をU2に質問している。U2は先に答えるが、18行目でU8に同じ質問を返している。

(10) [US36]

01　U8:　So, where do you guys live around here?
02　U9:　Uh, what about you?
03　U2:　I just live over across the highway actually around the
04　　　　East side.
05　U8:　Yeah. I'm over there, too, a little far there.
06　U2:　Yeah, yeah, I know. I live – I live in the immediate
07　　　　Cherrywood area. Actually biked over from uh I was
08　　　　speaking with the neighborhoods called, it's over past
09　　　　Webberville, it's called like the hog, the hog something,
10　　　　the hog run. It's, it's pretty, pretty awesome.
11　U9:　Certainly.
12　U8:　I was just trying to get an idea of where people are in
13　　　　the city.
14　U2:　Oh, yeah.
15　U9:　So, still putting together in mental map.
16　U2:　Spread out quite a bit.
17　U9:　Right.
18　U2:　What about you?
19　U9:　I'm south, kind of Manchaca & Slaughter area.

　自己紹介の部分では日本語では質問者と被質問者が固定される様子も見られた。そのために、全員に発言権を平等に配布するという意識がないともとらえられる。(11)の会話例では、J39が質問者となり、出身地や出身校をほかの2人の参加者に聞いているが、J39がほかの2人の参加者から聞き返されることはなかったため、このあと自身から話し始めることになる。日本語の例では全員が同じ内容を自己開示する、またはさせるという意識がないようにも考えられる。本章の分析対象にはないが、名前を言い合わない会話もあった。

(11) [JP73]
01 J39：ご出身は皆さん東［京1］
02 J33：［僕1］は東京　生まれで東京育ちですね。
03 J35：僕は神奈川の［ほうなんですよ2］
04 J39：［ああ ああ2］=
05 J33：［うん3］
06 J35：［わりと3］近いですね=
07 J33：うん ここは
08 J39：学校は　し 私立 ですか↑ こう　高校1］
09 J33：［私立1］でした=
10 J39：=ああ
11 J39：中高
12 J33：中高 はい
13 J35：僕は高校から私立ですね
14 J33：う［ーん1］
15 J35：［中学1］が　地元の　普通の公立の高校行って あ 違う
16 　　　か［高校じゃなくて中学2］
17 J39：［あ ええ @@2］
18 J33：［ああ @@2］
19 J35：行って　で　それで高校は　私立ですね。
（中略　ひとしきり2人の中学高校時代の話し）
20 J39：［え ああ1］(.) ぼぼくちゅ 僕も公立中学だったん
21 　　　ですけどそこまでじゃ［なかったんですけど1］まあ、
22 J35：［はい1］
23 J39：荒れたりは全然しなかったんですけど=
24 J35：=はい

5.3.4　ほのめかし応答要求発話への応答

　ほのめかし応答要求発話は日本語の会話に多く見られた。日本語の場合は、ほのめかし応答要求発話に対しては「あああ」など、被質問者も同じ

ように疑問に思うという返答がなされることが多い。(12)では、J43の疑問に対して、J38は答えておらず、自身も同じ疑問を持っていることだけを伝え答えられないことをほのめかしている。

(12)[JP72]
01 J43：それは どこ どこに応用するんだろうみたいな
02 J38：うん
03 J43：まけっこう気になる［んですけど1］
04 J38：［そうですね1］それ大事だと思うんですよ その問いっ
05 　　　　て で［それは2］

(13)の例ではJ24が「線形代数は簡単だ」と言ったことに対して、J25が「え↑」とだけ言っている。この「え↑」で、J24の述べたことに疑問を感じていることがほのめかされている。その後、1秒ほどの間があき、J24が線形代数が簡単だという理由を述べている。これはJ25の「え↑」から、J24の説明が理解されていないことにJ24自身が気づき、04行目で簡単である理由を述べている。05行目でJ25が納得したような「へえ」という発話を言っているが、J24はさらに念を押した説明を加えているが、詳細な説明ではない。

(13)[JP17]
01 J25：たぶん(.)量子情報の方が数学が
02 J24：いやあ　簡単ですけど(.)線形代数ですから
03 J25：え↑
　　　　　(1)
04 J24：閉じてますからね　線形代数
　　　　　(1)
05 J25：へえ
06 J24：みんな線形代数です(.)@@

(14)の例は文末表現「け」が用いられている例である。同じ大学に所属していることがわかった3人だが、大学院の修了要件に必要な科目についてJ26が「文系でもいいんでしたっけ」と尋ねている。「け」は、自身もその知識をもち得ているはずで思い出しながら確認することを伝える文末表現である(Hayashi 2010)。この発話は、J26は文系科目を履修してもいいことは自身で理解しているものの、口に出して確認していることが示されている。J24から「え　なんか6(6というのは「英語6」という科目名のこと)」と02行目で発せられたので、J26は03行目で「6」と「他専攻科目」ということを確信して言っている。

(14)［JP17］
01　J26：文系でもいいんでしたっけ↑
　　　　(1)
02　J24：え　　［なんか6］
03　J26：［とかー6］　他専攻とかで
04　J25：ああ
　　　　(.)
05　J24：　で(.)で(0.2)その4単位(.)ていう
　　　　(.)
06　J25：むしろ自専攻で何単位の方が就職に関係してくる
07　J26：そう僕もそうなんですよ
　　　　(.)

　以上の日本語の例では、ほのめかし応答要求発話に対して、回答する側も何に対して答えるべきが推察しながらのやりとりが行われていると言える。
　(15)はアメリカ英語の会話の例である。02行目で、U8が"I want to know about Detroit."と言っているが、これによりU11に対して情報を求めていることが伝わっている。U11から03行目で具体的に何について知りたいかを逆に質問され、04行目でU8が改めて質問をしているところである。ほのめかし応答要求表現に対しても、確実に質問内容を得ようとしている。

(15)［US39］

01　U11:　=I'm from Detroit. I am not used to ［this］
02　U8:　　［Wait.］ So you're from – <u>I want to know about Detroit.</u>
03　U11:　<u>What do you want to know?</u>
04　U8:　　<u>What what is happening to Detroit?</u>
05　U11:　It's going crazy.
06　U8:　　@
07　U11:　Now basically there is, I mean industry has kind of
08　　　　bottomed out.
09　U8:　　mm
10　U11:　The auto – auto business got like, they got bailed out,
11　　　　but they're just going to have the same problems in 10
12　　　　years

（以下省略）

5.3.5　真偽疑問文への応答

　真偽質問文に関しては、英語も日本語も肯定する場合は直後に回答が明示される。日本語の場合は、応答要求発話文を肯定文にしてくりかえす回答方法が目立つ。
　(16)では B2 が 2 人に同時に尋ねていて、2 人ともが答えている例であるが、yes がはっきりと述べられている。

(16)［UK27］

01　B2:　Do you think travel is terribly expensive?
02　B4:　<u>Oh yeah.</u>
03　B5:　I think by comparison, <u>yeah</u>. It's not subsidized correctly,
04　　　　personally
05　B2:　［really］
06　B5:　［and it doesn't have the competitive element to it that well
07　　　　a truly competitive industry would have. It's…

日本語の場合の答え方としては、(17)のように「はい」「いいえ」で答える例と、(18)のように応答要求発話の一部を繰り返す例がある。

(17)［JP71］
01 J37: あ じゃあ 無言でいらっしゃったんですか↑ずっと
02 J39: はい

(18)［JP71］
01 J39: あー じゃあ変わってきてるんですか↑
02 J36: そう 変わってきてるんです

否定する場合は、(19)のように英語ではNoに相当する語が来るが、日本語では(20)のように説明から入る場合が多かった。会話データには、「いいえ」と否定する語が入る場合が見られなかった。

(19)［US39］
01 U11: Are you a student here?
02 U8: No, I just moved to Texas 2 months ago from Connecticut.
03   I went to college up there at Wesleyan and studied
04   music.

(20)［UK27］
01 B4: So did you learn the local language in India as well?
02 B5: No.
03 B4: ahh
04 B5: unfortunately there was – I suppose. I never really
05   thought about it. I traveled too wide across India to get
06   into Punjab and whatever the language was.

次の(21)の例では、開いた選択疑問文として、携帯電話がアンドロイドか

どうか尋ねられているのだが、真偽疑問文である「アンドロイドですか」という解釈に基づいて応答されていると考えられるだろう。アンドロイドでなかったため、「いいえ」という回答ではなく、iPhone を弟から譲り受けたという話をすることで、アンドロイドであるという命題を否定している。

(21) [JP73]
01 J39：やっぱりけーたいはアンドロイドとかなんか［ですか↑1］
02 J33：［俺1］ちょうどーなんか弟が
03 J39：［はい2］
04 J33：［iPhone2］新しくして 前にちょっとこれ使いなよみた
05 　　　 いな感じで
06 J39：@@
07 J33：渡して@@ もらったところではい今ちょっといじり始めたと
08 　　　 ころなんですけど
09 J39：であと けっこういろんな人に　スマートホンとか使って
10 　　　 使われてんの聞かれるんですけど

5.3.6　付加疑問文への応答

　付加疑問文への応答は、英語の場合は yes, no を答えてから被質問者自身の考えをサポートする情報、また、同意できない場合はその理由や反論を述べることがみられる。日本語では、応答表現のみにとどまっていることが多く、また、付加疑問文相当の応答要求発話に対する回答は「はい」ではなく「はいはい」「うん」などだけた応答表現も際立つ。
(22)は英語の例である。

(22) [UK27]
01　B5：　It'd be hard to push – I agree in principle, these things are
02　　　　very precious, aren't they [too?]
03　B4：　[Well], yeah, I mean defense is one thing that's been
04　　　　completely [Unclear] ring fenced which to me seems

```
05         insane when you are [cutting the school's]
06   B2:   [They're still cutting] defense staff
07   B4:   Well, are they?
08   B2:   To a degree, yeah.
```

日本語でも、短い応答が見られた。応答を求められた人も同意する場合は、(23)の例のように「そう」という応答や「うん」「はい」という応答が用いられる。また、応答を求められた人にとって新情報であるのに同意を求められた場合は、(24)のように、「ふうん」「そうなんだ」という応答が入り、情報がどの程度共有されているかが確認される。

(23)〔JP67〕
```
01  J36：いや 流ちょうっていうのがどういう［意味なのか］
02  J42：［そう］
03  J36：っていうのにもよりますよね
04  J42：まあ簡単に言うと問題は解けます
```

(24)〔JP67〕
```
01  J40：＝田都はやばいです 本当に　きゅ　あ　でも意外と
02        大井町線も混んだりするんです［よね↑］
03  J36：［ふうん］
04  J42：あ　そうなんだ
05  J40：田都は　えーと　遅れ出すとどうしようもなくなる線で＝
```

5.3.7　ニュースマークスへの応答

　ニュースマークスの応答には、英語では(25)の例のように肯定の"Yeah"など肯定の回答が続く。を使って、今話された内容が事実かどうか改めて確認してする。また、被質問者は応答だけする場合と、関連した追加情報をつける場合がある。また、応答の場合、ほかの真偽質問文と異なり"Yeah, yeah"などくりかえしもみられた。

(25)[US36]
01 U7:   I'm a grad student here.
02 U11: All right. What area?
03 U7:   Economics.
04 U9:   Really?
05 U7:   Yeah.
06 U9:   I need your help now in my homework.

　　日本語の場合も、肯定表現で応答することが多い。(28)では、J37 が J36 の発話に対して、ニュースマークスを使用している。J36 からは肯定の応答が返ってきている。

(26)[JP71]
01 J36：英文科もあります［ね↑1］
02 J37：［どう1］ですかね　あれ　ああ　そうなんですか↑
03 J39：［あー2］
04 J36：［はい2］

　　また(27)のように、ニュースマークスが追加情報を要求をしている発話とうけとられる場合もある。

(27)[JP71]
01 J36：この　このあいだデーター取って、ちょっと簡単に分析した
02 　　　ら@(.)それは@@あんまり出なかった@@んですよ
03 J39：あーじゃあ変わってきてるんですか↑
04 J36：そう変わってきてるんです
05 J37：へえーそうなんですか↑
06 J36：だから(.)でも(.)俺はどっちかっていうと　ま(.)
07 　　　個人主義的な方向に近づいてるから(.)まあその(.)
08 　　　もしかしたら(.)

09 J39：うーん
10 J36：その (.) 両端を (.) 好んだりとか、その

5.4　くりかえし見られた応答要求発話―応答のパターン―

　英語と日本語では異なる応答要求発話―応答の構造が観察された。英語の場合は直接的な答えを述べ、そのあとに追加情報を続けることが典型的なパターンとして存在する。直接的な回答と、追加情報の間に応答要求発話者から先に進む促し (continuer) としてのあいづちがはいる。既出の例文(1)(16)(19)に相当する。

(28) ［AU50］
01 Au16:　What you like to read?
02 Au15:　Trash Sci-Fi.
03 Au16:　mm↑
04 Au15:　I don't read – well, given that I did so much academic
05　　　　reading professionally when I read for relaxation, I
06　　　　read crap. I read something I could turn my brain off,
07　　　　so trash Sci-Fi although admittedly, I would have to
08　　　　say [Unclear] Diskweller, Douglas Adams, all of the
09　　　　satirical Sci-Fi, satirical fantasy,
09 Au16:　Yeah
10 Au15:　that's really kind of my thing.

　一方、日本語では、直接的な情報がないものが多く、情報があっても周辺情報、前置き情報など直接的答えに応答要求発話と結びつかないものもある。会話例の(29)では、認知言語学者のトマセロの名前を会話の中で初めて聞いたJ43が、トマセロについて応答要求発話しているが、トマセロが物なのか人なのかよくわからない説明が続く。言語学を専門としていないJ43にとっては直接的な回答がなく、よく理解できていない様子がJ43の「はあ」「ふーん」というあいづちから察せられる。この一連の説明の次にJ43が応

答要求発話するのは、このやりとりの中で紹介されている内容である。

(29) [JP68]
01 J43: トマセロって何ですか↑
02 J42: トマセロっていうのはー
03 J37: うん
04 J42: ま　わりとその　言語発達に興味がある
05 J37: うん
06 J42: ので　で　霊長類と人間を比較して
07 J37: うん＝
08 J43: ＝はい
09 J42: 霊長類で要するに霊長類にはできないんだけど　人間の幼
10 　　　児は始めはできないんだけど獲得できるものとかはまあ
11 　　　いわゆる人間の特性として考えていいだろうかと
12 J37: うん
13 J43: はあ
14 J42: [ていうような]
15 J37: [生得的に] 持ってるってことですね＝
16 J42: うん
17 J37: うん
18 J42: ていうようなことをやっている人で　ま　文化とか　えーと
19 　　　の言語とか まあ 人間に　こ　固有のものだと思われて
20 　　　るものによって(.)まあ　その明らかにしていこうって
21 　　　いう人で
22 J37: [うんうんうん]
23 J43: [ふーん]
24 J42: ま　わりと人間とは何か違い
25 J37: [うん]
26 J42: [認知] 認知科学の人なの
　　　　(.)

27 J37：［そうですねえ］
28 J43：［なんか頭が］いいからみたいなもんぐらいのことで片付け
29 　　　そうな話な気がするんですけどそういうことでもなくてっ
30 　　　てことなんですか↑
31 J37：え　人間と動物ですか↑
32 J43：そう［そう1］
33 J37：［あー1］［頭いいか2］

　日本語母語話者に応答要求発話が多い理由は、直接的な答えが応答要求発話の直後にないことと、回答する方も応答要求発話形式で応答要求発話者に問いかけるような返答をしているからだとも考えられる。(30)の会話では、05行目の使い心地に関する応答要求発話に対して、J33は何を答えてよいかわからず06行目で笑っている。J39がタッチパネルについて07行目で言及するので、タッチパネルについて答えればよいかをJ35は08行目で確認をしている。J35が15行目で「使いやすいイメージがあるかなあ」とあいまいに回答しながら、結局これからに期待するということで、使いにくさをほのめかしている。このように、明確な答えを出さず、ほかの参加者に同意や確認を求め、いっしょに考えながら結論を出そうとしている様子が見てとれる。

(30)［JP73］
01 J39：いろいろそういうのやってるんですけど　iPadとかなんか
02 　　　スマートホンて使われてますか↑
03 J35：あ　［使ってます1］
04 J33：［ああ一応1］［スマートホン2］とか
05 J39：［ああ2］どうですか↑使ってみて
06 J33：［@@3］
07 J39：［あの　た　ぱ3］タッチパネルというか
08 J35：あ　パネルですか↑
09 J39：はい

```
10 J35：インターフェース［や↑］
11 J39：［使い↑］やすいですか↑あれ
12 J35：でも　いろんなインターフェースでああいう　タ　タッチパ
13 　　　ネル形式のやつ出てる中では
14 J39：はい
15 J35：アップルはわりと使いやすいイメージが［あるかなあ↑］
16 J39：［ああ　ああ　ああ↑］
17 J35：中ではっていうので でもどうなんだろ　もっと変わんのか
18 　　　なあと　期待［してる＠＠↑］
19 J39：［うんうん＠＠↑］
20 J35：ところがあるかもしれないです
21 J33：うーん
```

6. 総合的考察とまとめ

　本章では、日本語母語話者の男性初対面会話と英語母語話者の男性初対面会話の応答要求発話形式をもつ発話を抽出し、応答要求発話が会話の中でどのように使われ、会話の連鎖にどのように貢献し、応答要求発話という行為はどのような配慮のもとで用いられるかを分析した。英語と日本語の会話での応答要求発話と応答連鎖では次のような違いが見られた。

　英語の会話では情報授受のための情報要求と応答の連鎖が見られ、補充疑問文が日本語に比べ多く使われている。そこでは新情報のやりとりが行われているということである。また、回答でも質問者―被質問者間の知識の均衡のため、追加情報や説明が加えられる。このことはフォローアップ・インタビューで見られた、会話では新しい知識を求めようという意識で参加しているという価値観と一致する（第3章）。また、答え方としては、英語は応答要求されたことに対しての直接回答や判断は明示的に直後に言われる。また、質問に対する答え方のやりとりには、イギリス、アメリカ、オーストラリアの英語のいずれでも、共通のパターンが見られた。

　日本語では、新しい情報を引き出そうというのは英語に比べて少なく、同

意を求めたり、相手の話を自分が理解できているかを確認することを重視したやりとりが行われていたと言えよう。とくに、話し手が聞き手の話の中から想定したことを確認するためのやりとりが行われており、その範疇外の新たな質問は少ない。同意を求める応答要求発話が多いが、これは会話の連鎖のための文末表現としても同時に機能していると思われる。また、日本語に特徴的なのは、被質問者に直接質問するわけではなく、「自分は知識がない、情報についての自信がない」ことをほのめかして応答を求める態度を示すことが多い。質問をすることは失礼であるという日本の文化・社会的基盤にある考え方は、ほのめかし応答要求文を使うことにより解消されている。それは聞き手によって判断が異なる可能性もあるが、聞き手の情報のテリトリーに入らないという配慮が見られる。これも、第3章で紹介されているように、日本語母語話者がほかの参加者に合わせながら会話をすることが大切であると考えていたり、質問される会話が苦手である、またはよくない会話であると考えていることに関連がある。

　質問と同じく応答の仕方にきまったパターンはないが、質問されたことには直接答えないことが多い。回答では帰納的に結論が出てくるわけでもなく、周辺情報を理解してその中から回答を判断してもらうという談話の組み立てもみられる。

　異文化接触会話で日本語母語話者が英語ではほとんど質問をしなかったのに、母語では応答要求発話が多い理由として考ええられることとして、回答量がある。1つの応答要求発話に対して、回答量が多ければ応答要求発話者は何度も応答要求することは必要ではない。英語では応答要求発話者の興味を充足する回答が提示されていたが、日本語では明確な回答がすぐに与えられないため、必要に応じて質問が必要であること、また、文末のモダリティ表現で相手にはたらきかけ、結果的に応答を要求する言語行為をしていることも考えられる。

　3節で示した応答表現にまつわる4つの側面、すなわち会話の連鎖を作り上げる側面、新情報を引き出す側面、確認や同意を求める側面、対人関係維持・構築の側面においては、英語では本来の情報を引き出す側面が重視され、日本語では対人関係に配慮する側面が重視されていると思われる。英語

では、知識の均衡のため追加情報も豊富に付け加えられていたが、フォローアップ・インタビューで見られた、会話では新しい知識を求めようという意識で参加しているという価値観と一致する。

ポライトネスの観点から見ると、日本語ではラポールを作るために、同意を求めながら会話が進む。また、フォローアップ・インタビューで見られた、応答要求発話をすることは失礼であるという考え方は、ほのめかし情報要求発話を使うことにより解消されている。ほのめかし応答要求発話の使用は、対人関係構築・維持にかかわるポライトネスの観点から見る必要があり、今後の課題となるであろう。英語での応答要求発話—応答の連鎖は、まず、応答要求発話をすることによって他の参加者への興味を示すことができ、被応答要求発話者のポジティブ・フェイス(Brown & Levinson, 1978)を充足することができる。一方、応答要求の行為は、被応答要求者しか知り得ない情報の領域を侵すものであり、被応答要求者の他者から踏み込まれたくないという欲求であるネガティブ・フェイスに配慮しなければならない。

異文化間コミュニケーションでは、日本語母語話者が英語で応答要求発話をほとんど使用しなかった理由は、日本語母語話者同士では情報の授受の観点の応答要求が少ないことがあげられる。また応答要求をほのめかして言うこともあるので、そもそも英語母語話者がやるような情報を求める応答要求発話を発することに慣れていないのではないかと考えられる。また、英語では直接回答のあとに追加情報をつけ加えるパターンがあることになじみがないため、英語母語話者から追加情報を求める発話を矢継ぎ早に言われてしまう。日本語母語話者が英語話者から応答要求発話攻めにあうのは、回答の情報量が英語母語話者から見て不足しているため英語母語話者が回答を引き出そうとしていると考えらえる。これは英語教育での課題となろう。

英語教育への示唆としては、以下のようなことが考えられる。日本語の質問—応答連鎖では、情報の授受の観点が意識されていないこと、また質問があってもほのめかしたりすることが多いため、明確に質問してよいことを知る必要がある。また、もともと質問することに慣れていないため、質問が思いつかない学習者も多いので、質問を作るという練習も必要だろう。また、回答方法に関しては、質問—応答の２つのターンで終わるのではなく英語に

はさらに情報をつけ加えるパターンがあることを意識し、直接回答に追加情報(理由づけ、事実背景)などを付け加える練習が必要であろう。

7. おわりに

本章では、英語と日本語の会話の応答要求発話―応答の連鎖を比較した。英語と日本語で使われる応答要求発話形式の種類が異なること、また、回答方法が英語と日本語で異なることも浮き彫りとなったと言える。また、本研究ではあまり触れられなかったが、イギリス英語、オーストラリア英語、アメリカ英語も質的に異なる部分があるため、今後の課題としたい。また、日本語の文末表現のモダリティが示す連鎖はさらに精査が必要であり、今後の課題となる。

注

1 重光(2005)では、異文化会話のJP3とJP4を使用。
2 Shigemitsu(2013)では、異文化会話のJP22, 23, 24を使用。
3 Bイベントとは Labov & Fanshel(1977)の用語で、質問された人しか知りえない情報をさす。
4 日本語に↑をつけるのは、日本語では「?」の記号を使わないことと、イントネーションが下降か上昇かで機能が変わってくるからである。英語では疑問符を残し、↑をつけた。
5 応答としてのあいづちを求める終助詞の使用によると考えられる。

参考文献

安達太郎(1999)『日本語疑問文における判断の諸相』くろしお出版
Brown, P. & Levinson, S. (1978). *Politeness.* Cambridge: Cambridge University Press.
FitzGerald, H. (2003). *How different are we? Spoken discourses in intercultural communication.* Bristol: Multilingual Matters.［村田泰美(監訳)重光由加・大谷麻美・大塚容子(訳)(2010)『文化と会話スタイル―多文化社会・オーストラリアに見る異文化間コミュニケーション―』ひつじ書房］

Labov, W., & Fanshel, D. (1977). *Therapeutic discourse: Psychotherapy as conversation.* New York: Academic Press.

Lee, S. (2013). Response Design in Conversation. In *The Handbook of Conversation Analysis.* Wiley-Blackwell pp. 415–432.

Leech, G. and Svartvik, J. (2002). *A communicative Grammar of English.* 2nd Edition. Essex: Pearson Education Limited.

Hayano, K., (2013). Question Design in Conversation. In J. Sidnell & J. Stivers, J (Eds.), *The Handbook of Conversation Analysis.* pp. 395–414. N. J: Wiley-Blackwell.

Hayashi, M., (2010). An overview of the question-response system in Japanese. *Journal of Pragmatics, 42*(10), 2658–2702.

Mira, A., 'Or': Myths and realities. Plenary lecture at 13th International Pragmatics Conference (New Delhi, India).

日本語記述文法研究会(編)(2003)『現代日本語文法4』くろしお出版

重光由加(2005)「何を心地よいと感じるか―会話のスタイルと異文化間コミュニケーション―」井出祥子・平賀正子(編)『講座社会言語科学1 異文化とコミュニケーション』(pp. 216–237)ひつじ書房

Shigemitsu, Y. (2013). Question-Answer Sequences in English Conversation and Japanese Conversation: Suggestion for English Teaching. Tokyo Polytechnic University: *Academic Report, 35*(2), 1–15.

Stivers, T. (2010). An overview of the question response system in American English, *Journal of Pragmatics, 42*(10), 2772–2781.

Stivers, T. and Enfield N. J., & Levinson, S. C. (Eds.). (2010). Question-Response Sequences in Conversation Across Ten Languages. [Special issue]. *Journal of Pragmatics 42*(10)

寺内一・小池生夫・高田智子(2008)「企業が求める英語力調査」『平成16年度～平成19年度科学研究費補助金(基盤研究(A))第二言語習得研究を基盤とする小、中、高、大の連携をはかる英語教育の先導的基盤研究(研究課題番号 162021010)研究成果報告書』pp.447–476.

寺内一他(2013)「ビジネスミーティングにおける英語の使用実態アンケートとインタビューによる調査:調査の背景と集計結果」JACET 52th International Convention 発表(京都)

Tsui, Amy (1992). A functional description of questions. In Coulthard, M (Ed.) *Advances in Spoken Discourse Analysis.* pp. 89–110. NY: Routledge.

第6章
日・英語の他者修復
―母語話者間会話と異文化間会話の比較―

津田早苗

1. はじめに

　会話において話し手の言い間違えや聞き手の聞き損ないなどにより理解が妨げられると、メッセージ伝達の不具合の修復(repair)が行われる(Schegloff, Jefferson, & Sacks 1977)。修復は会話の理解にかんするトラブルがその後の会話理解に影響を及ぼさないようにするインフラストラクチャーである(Schegloff 1992, Hayashi, Raymond & Sidnell 2013: 1–2)。修復には話し手自身が自分の言い間違いや説明不足について説明や訂正を行う自己修復(Self-initiated repair)と、問題となる発話の聞き手が話者に質問や確認を行う他者修復(Other-initiated repair)とがあり、一般的には自己修復が他者修復よりも優先されるとされている(Schegloff, Jefferson, & Sacks 1977)。
　母語が異なる話者同士の異文化間会話では、非母語話者は母語話者の発話中の語彙や速度についていけない場合が多くあり、しばしば母語話者に対して他者修復をする必要がある。わからないことを相手に質問することは理解を促進する反面、自分の外国語に関する知識や能力の不足を相手に知らせることにもなり自己のフェイスへの脅威となる。また、母語話者は非母語話者の非標準的な発音・語彙・文法などが理解できない場合に、他者修復を行う必要があり、これは相手の言語能力の不足を指摘する点で相手のフェイスを損なう危険を犯す(Ozaki 1989)。理解の促進のために他者修復を行うか、フェイスリスクを犯すことを避けるかは、各言語の社会的・文化的な規範の影響をうけるため、異文化間の誤解の原因となる可能性があると考えられ

る。

　本章では日・英語の他者修復を比較し、日本語母語話者と英語母語話者間の他者修復の用法の相違の有無を検証する。はじめに日本語と英語それぞれの母語話者間会話における他者修復の用法を分析し、両言語の他者修復の方法に相違があるかを検討する。次に日・英語の母語話者間の日本語および英語の異文化間会話における他者修復を分析する。異文化間英語会話は日本語母語話者にとって、外国語によるコミュニケーションであり、母語の語用転移が予想される。異文化間日本語会話における英語母語話者についても同様なことが考えられので、異文化間会話において日・英語の母語話者間の語用上の転移による違和感や誤解が生じたか、あるいは、他者修復が相互の理解を促進するのに役立ったかを検証する。

2. 他者修復の先行研究と分類

　他者修復は第二言語習得の分野では聞き返し(Clarification)として研究され、学習者が自分のわからない表現について教員や会話の相手に質問をすることにより理解できるインプットが増え、学習者の習得が促進されると言われている(Pica et al. 1987)。1. で述べたように、母語でない言語の会話では会話内容が理解できない可能性が高く、他者修復により自分がメッセージを理解できなかったこと、つまり外国語能力の不足を相手に知らせることにもなる。非母語話者と母語で会話をしている話者は相手に聞き返すと相手の言語能力の不足を指摘することにもなる。他者修復のこのような側面について他者修復はフェイスへの脅威が関係すると指摘されている(Ozaki 1989)。

　本章では言語習得や応用言語学における聞き返しを会話分析における修復の1つと考え、他者修復の分類についても英語と日本語の他者修復に関する研究(Drew 1997, Hayashi & Hayano 2013) を参照する。Hayashi & Hayano (2013)は、聞き手が相手の発言を全く聞き取れない場合、部分的に聞き取れない場合、聞き手が自分の理解を確認する場合に、聞き手の理解の強さと弱さの段階に従って他者修復の形式を次の5段階に分類している。

Weaker ←――――――――――――→ Stronger

Open-class / Q-word / Repeat + Q-word / Repeat / Understanding check

(Hayshi & Hayano 2013, p.296)

Open-class:
聞き手が相手の発言をまったく聞き取れないか理解できない場合に用いられる"Pardon?""Sorry?""Huh?"などを指す。発話の一部を指定して聞き返すのではなく、先行する発話全体について他者修復を行うためOpen-class repair initiatorと呼ぶ(Drew 1997)。(Open-classと省略)

Q-word:
相手の発言の部分的に不明な点について、"Who did you see?""Where?"など特定の疑問詞を含む疑問文あるいは疑問詞のみを用いて情報を求める。

Repeat + Q-word:
聞き取れた部分に一部聞き取り不明な部分がある場合に"They're what?""Met whom?"などと話し手の発言の部分的繰り返しと疑問詞を使用し、理解できなかった部分の情報を得る。

Repeat:
聞き取れた際も自分の内容理解や聞き取りに不確かな点がある場合、不明点を明らかにするために"Twelve minutes?"などのように話し手の発話を部分的または全体を繰り返したり、聞き取れない部分を繰り返しにより聞き返す。

Understanding check:
聞き手が相手の発言内容をある程度理解している場合に"That's your daughter"などと相手の発言を自分の表現を用いて確認をする。(以下の表などではCheckと省略)

上記のように、Open-class は聞き手の確信が最も弱く、understanding check は聞き手の確信がより確かな場合に用いられ、これらの中間に他の3つの他者修復が聞き手の理解の度合いに応じて用いられる。本章では会話データ中の他者修復を上記の Hayashi and Hayano (2013) により分類し、日・英語の母語話者間会話と日・英語の異文化間会話の他者修復の用法について日・英語各言語の母語話者の共通点と相違点を探る。

3. 他者修復と他の分析項目との関連

他者修復の考察は、本書全体で目指す日英語の会話の語用指標の比較のために設定された「自己開示」、「応答要求表現と応答の連鎖」、「あいづち」、「ターンと発話量」、「話題の展開」とどう関連するのであろうか。会話のスタイルのどの側面を見るかにより、会話の内容面に注目する分析と言語形式を重視する分析があるが、他者修復が特に関係するのは5章の「応答要求表現と応答の連鎖」である。聞き返しや確認のための他者修復の多くは疑問文の形式を取ることから、他者修復の多くは「応答要求表現と応答の連鎖」の一部であると考えられる。

(1) [UK53]
01 B16: Where do you teach?
02 B17: Where do I teach?
03 B16: Hmm
04 B15: Do you know Rochdale?
05 B16: Well, I know it. No, I wouldn't know any schools there to be
06   honest, no
07 B15: I teach in Rochdale.

(1) の 01 行目の B16 "Where do you teach?" という質問に対し、02 行目の B17 は "Where do I teach?" と聞き返している。下線部は Q-word を使用した他者修復であると同時に、質問の形式であるため「応答要求表現と応答の連

鎖」の一部でもある。本章では、このような用い方も修復に焦点をあてて「応答要求表現と応答の連鎖」の一部を分析対象とする。

　他者修復の5つの分類に示したように、他者修復は確認あるいは質問のために相手の発話の一部を繰り返す場合がある。この点において、他者修復は7章のあいづちとも形式的に共通する部分がある。

(2)［AU47］
01 Au12:　I (.) I have actually got a job lined up for next year. I um,
02　　　　I am working part time at this company that does RFID research
03　　　　um, research in [Unclear]
04 Au13:　RFID
05 Au12:　Sorry, sorry.
06 Au13:　I have no idea.
07 Au12:　Radio-frequency identity tags. Effectively,
08 Au5:　Oh.
09 Au12:　they are just like bar-codes, but you can scan them from a
10　　　　distance and read them through walls and things like that.

　(2)の02–03行目におけるAu12のRFIDに関する発言の後に、04行目でAu13は"RFID"とAu12の発言の一部を繰り返している。形式からはこの繰り返しが他者修復であるのか、相手に対するあいづち的な応答であるのかを判断することはできないが、繰り返しの後07行目にAu12による専門用語RFIDに関する説明が入ることからこの繰り返しは修復であるとみなす。

　他者修復は会話の理解・聞き取りに関する問題点の解決をはかり、会話の理解を確かにし、話題展開やお互いの理解を促進する機能をもつ。また、他者修復は他の種類の質問と同様にターン交代を促し、話者交代・発話量と関係する。このように他者修復は本研究で分析されている他の語用指標と相互に関連しながら、話者の会話スタイルを特徴づけているといえる。

4. 分析

上に述べた分類を用い、他者修復の形式や機能に日・英語会話で違いがあるのか、あるとすれば異文化間会話にどのような影響があるのかを明らかにするために、会話データを以下の手順で分析する。

1) 日・英語の母語話者間会話における他者修復の用法を記述・比較する。
2) 異文化間の日・英語会話における他者修復を分析し、母語の会話には見られなかった問題が生じているかを検討する。

4.1 分析データ

母語話者間会話はアメリカ、オーストラリア、イギリスの英語会話と日本語会話からそれぞれ6会話、合計24の会話を分析した。できるだけ異なる話者が参加しているデータを選び、同一話者が参加している会話データは最大3会話までとした。またイギリス英語会話については、収録した3地域の会話データが含まれる会話を選択した。母語による会話データは次のとおりである。

表1 日・英語母語話者間会話データ

言語	会話コード	収録場所	参加者コード
アメリカ英語	US31	テキサス	U1, U2, U3
	US34	テキサス	U2, U6, U7
	US36	テキサス	U2, U8, U9
	US37	テキサス	U7, U8, U10
	US39	テキサス	U8, U11, U12
	US40	テキサス	U7, U9, U11
オーストラリア英語	AU41	シドニー	Au1, Au2, Au3
	AU42	シドニー	Au3, Au4, Au5
	AU43	シドニー	Au4, Au6, Au7
	AU45	シドニー	Au9, Au10, Au11
	AU47	シドニー	Au5, Au12, Au13
	AU50	シドニー	Au15, Au 16, Au 17

イギリス英語	UK27	オックスフォード	B2, B4, B5
	UK28	オックスフォード	B5, B6, B7
	UK30	オックスフォード	B3, B8, B10
	UK51	マンチェスター	B11, B12, B13
	UK53	マンチェスター	B15, B16, B17
	UK57	ロンドン	B21, B22, B23
日本語	JP65	東京	J39, J41, J42
	JP66	東京	J38, J40, J41
	JP68	東京	J37, J42, J43
	JP69	東京	J34, J35, J43
	JP70	東京	J35, J37, J40
	JP71	東京	J36, J37, J39

　異文化間会話は表2の英語による6会話と日本語による2会話を分析した。異文化間英語会話については、母語による日・英語会話と同数の会話データを比較することが可能である。異文化間日本語会話はこれまでに収録した2会話をデータとする。同一話者が参加している会話は、異文化間英語会話においては2会話まであり、異文化間日本語会話では会話参加者はすべて1つの会話のみの参加である。詳細は表2のとおりである。

表2　異文化間会話データ

言語	会話コード	収録場所	参加者コード
英語	ICE74	名古屋	J44, J45, Ca5, U13
	ICE75	名古屋	J44, J45, Ca6, U14
	ICE76	名古屋	J46, J47, Ca6, U15
	ICE77	名古屋	J48, J49, U16, Ca5
	ICE78	名古屋	J46, J47, U16, Ca5
	ICE79	名古屋	J48, J49, Ca6, U15
日本語	ICJ8	トロント	J9, J10, Ca1, Ca2
	ICJ9	トロント	J11, J12, Ca3, Ca4

これらの会話データについて、他者修復の形式・機能を質的・量的に分析した。

4.2 他者修復の分類

2で取り上げた Hayashi & Hayano (2013) により、英語の他者修復の形式を次の5種類に分類する。

1) Open-class: huh? Sorry? Pardon? などの Open-class repair initiator の使用
2) Q-word: who, where, when などの疑問詞による疑問文あるいは疑問詞のみの使用（但し、Open-class として用いられた "What?" や "What did you say?" などは除く）
3) Repeat + Q-word: 問題となる発話の一部繰り返しと疑問詞の使用
4) Repeat: 問題となる発話の全部または一部の繰り返し
5) Understanding check: 確認の表現、一般疑問文、選択疑問文など

日本語の他者修復の形式については、英語に相当する形式を考え、次の5種類に分類する。

1) 聞き返し表現：「ん↑」「何↑」「えっ↑」に類した表現
2) 疑問表現：「どこで」、「なぜ」、「いつ」などで始まり、「～か」の形式をとる疑問文
3) 繰り返しと疑問表現：「～というのは」など発話の一部を繰り返す質問
4) 繰り返し：問題となる発話の一部の繰り返し
5) 確認：「それは～ですか」などの確認の表現

4.3 分析方法

30分の日・英語による母語話者間会話24件計720分（12時間）の会話データにおける他者修復を5つの種類別にその頻度を量的に比較・分析する。次に30分の日・英語の異文化間会話8件240分（4時間）を同様に分析し、母語話者間会話の分析と比較する。他者修復の出現数は少ないため、質的分析を合わせて行い他者修復の全体像の把握に努める。

5. 分析結果

5.1 量的分析

表3は英語の3変種および日本語の母語話者間会話データについて5種類の修復の頻度を示している。

表3 母語話者間会話（US, AU, UK, JP）の他者修復の分類と頻度

	Open-class	Q-word	Repeat+Q	Repeat	Check	計
US	1	0	1	2	1	5
AU	2	0	0	4	1	7
UK	1	2	1	2	4	10
JP	3	1	6	10	1	21
計	7	3	8	18	7	43

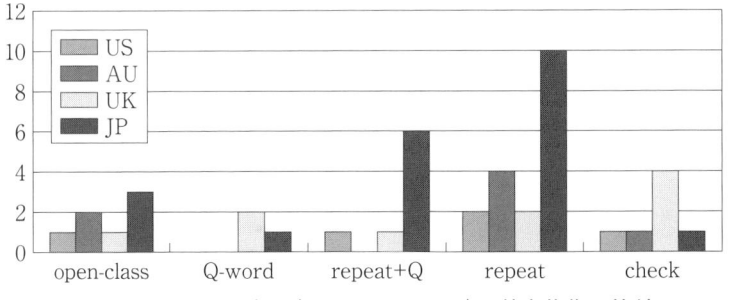

図1 母語話者間会話（US, AU, UK, JP）の他者修復の比較

母語の会話においても相手の発話が聞き取れない場合はあるとはいえ、相手の発話が理解できない場合は異文化間会話に比べ多くないことが予想される。表3の示すとおり、母語話者間の24会話の他者修復の合計は43例である。それぞれについて多い順に日本語21例、イギリス英語10例、オーストラリア英語7例、アメリカ英語5例である。英語の3変種の他者修復を合計しても22例で、日本語母語話者間会話は他者修復が多いことがわかる。他者修復の種類については、図1の示すとおり日本語会話ではrepeat+Qと

Repeatを多く使用していることがわかる。アメリカ英語およびオーストラリア英語においてはRepeatを多く用いているのに対し、イギリス英語ではComprehension checkが一番多く用いられている点で、アメリカ英語やオーストラリア英語とは異なっている。

英語母語話者(以下英語話者と省略)と日本語母語話者(以下日本語話者と省略)間の異文化間英語会話においては、母語ではない言語で会話をする日本語話者による他者修復が多いことが予想される。表4に示すように、表3の母語話者間会話データを合計した24会話の他者修復が43例であったのに対し、異文化間会話6会話のみにおいて59例もの他者修復例が見られることがわかる。

表4　異文化会話(英語)における日・英語話者の他者修復の回数

	Open-class		Q-word		Repeat+Q		Repeat		check		計		
	J	E	J	E	J	E	J	E	J	E	J	E	JE
ICE74	3	0	0	0	0	0	11	0	1	0	15	0	15
ICE75	2	1	0	0	0	0	4	0	1	0	7	1	8
ICE76	3	2	0	0	0	0	8	2	0	0	11	4	15
ICE77	1	0	0	0	0	0	11	1	0	2	12	3	15
ICE78	0	0	0	0	0	0	0	0	0	0	0	0	0
ICE79	1	2	0	0	0	0	2	0	0	1	3	3	6
小計	10	5	0	0	0	0	36	3	2	3	48	11	59
計	15		0		0		39		5		59		

英語話者と日本語話者を比較すると、表4の示すとおり日本語話者の他者修復は日・英語話者の合計59例中48例であり、予測どおり母語話者でない日本語話者の他者修復が多いことがわかる。他者修復の種類については、日本語話者の繰り返しは36例、Open-classは10例であり、図2のグラフの示すとおり日本語話者による繰り返しの多さが特に目立つ。これに対し英語話者の他者修復は59例中11例であり、日本語話者の4分の1にも満たない。母語話者間会話では見られたQ-wordとRepeat + Qは異文化間会話では日・

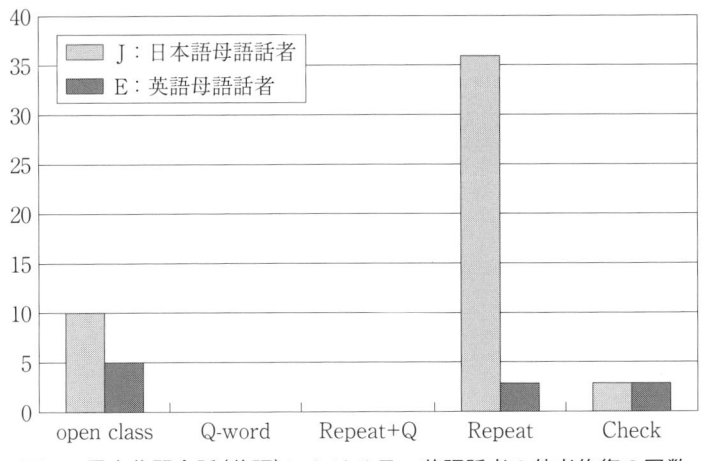

図2　異文化間会話（英語）における日・英語話者の他者修復の回数

英語話者どちらにも見られない。

表5は日・英語話者間の日本語会話の他者修復の数の比較である。

表5　異文化間会話（日本語）における日・英語話者の他者修復の回数

	Open-class		Q-word		Repeat+Q		Repeat		Check		計		
	J	E	J	E	J	E	J	E	J	E	J	E	JE
ICJ8	0	7	0	0	0	0	3	7	3	1	6	15	21
ICJ9	0	0	0	0	0	0	0	0	0	0	0	0	0
計	0	7	0	0	0	0	3	7	3	1	6	15	21

表5の示すようにICJ8においては母語ではない言語で会話をする英語話者による他者修復の方が日本語話者より多く、両言語の話者の合計は21例で、異文化間英語会話のいずれよりも多くの修復が行われている。これに対し、ICJ9では他者修復は一回も行われていない。ICJ9において他者修復が見られない理由は以下のICJ9のJ11、J12へのフォローアップ・インタビューから推測できる。

　J11：たまにわからないところもあるが相手が一生懸命話しているの

で理解しようとした。わからないところを質問すると話の流れを壊すと思い、それは嫌だった。
　J12：たまに聞きづらいこともあったが推測可能。

(ICJ9 フォローアップ・インタビュー 2005 より抜粋)

J11 と J12 は相手の発話の内容や意図が理解できない時に、会話の流れを止めて聞き返すよりも、前後の状況から内容を推測しようとし、他者修復を避けた結果、ICJ9 の会話では相手の発話が理解できないままに会話が進行し、30 分の会話が終わるまえに話題がつきてしまい会話がうまくいかなくなる一因となった。

　表3、表4、表5の量的分析からわかることは、母語話者同士の会話よりも一般的に異文化間会話に他者修復が多く用いられることである。異文化間英語会話では他者修復の約 8 割は母語話者ではない日本語話者によってなされ、異文化間日本語会話 ICJ8 では母語話者ではない英語話者が日本語話者の 2 倍以上の他者修復を行った。表3の示すように日本語話者が繰り返しを 36 例使用しているのに対し、英語話者は 3 例であり、日本語話者の繰り返しの多用が顕著であることがわかった。日・英語話者のどちらにも母語会話で使用した Q-word と Repeat + Q による他者修復は 1 例もみられなかった。日本語話者にとって外国語である英語会話では、複雑な形式よりも簡単な繰り返しが多用されている様子がうかがえ、母語話者である英語話者も非母語話者と会話をする際には、相手のスタイルに合わせて会話をしている様子がうかがえる。

5.2　質的分析

　量的分析から日本語話者は一般的には英語話者より母語話者間会話・異文化間会話のどちらにおいても他者修復を多く用い、特に繰り返しを多く用いることがわかった。一方で異文化間日本語会話の 1 つにおいては、先行研究の指摘にもあるように日本語話者が他者修復を避ける傾向も見られた。
　会話データ全体において他者修復の数は限られており、量的分析だけではその実態を把握することは難しい。以下に他者修復の 5 分類の実例とその機能に関し日・英語母語話者間会話と異文化間会話の例から示し、他者修復の

5つの形式がどのような機能をもっているかを考察する。最初に母語話者間会話における5つの形式の典型的な用例を示し、それぞれの機能を明らかにする。同様に異文化間会話におけるこれらの用例をあげ、母語話者間会話と異文化間会話を比較する。その上で典型的な用例にあてはまらない他者修復の用例をとりあげ、その機能を分析する。

5.2.1 他者修復の典型的用例
母語話者間会話
Open-class による質問

　母語の会話にも相手の発言を聞き取れないことがある。(3)はオーストラリアの会話の例である。

(3) [AU41]

01 Au2: Yeah. So tell us about your wedding. I'm always interested
02 　　　to hear how people proposed and
03 Au1: Ah, well, we proposed up in, on a beach in North
04 　　　Queensland.
05 Au2: Yeah.
06 Au1: It was very romantic @
07 Au2: Was it?
08 Au1: Ah, it was okay, you know. [and then we,]
09 Au2: [Did you get down on one knee?]
10 Au1: <u>Sorry?</u>
11 Au2: Did you get down on one knee?
12 Au1: Ah, no, it wasn't actually very traditional.

(3)では、Au2 が Au1 にどんな風にプロポーズをしたかを聞いている。Au1 の答が終わらないうちに 09 行目で Au2 は "Did you get down on one knee?" と質問する。Au1 は自分の発言中で聞き取れず、10 行目で "Sorry?" と聞き返している。これは、初対面の会話の相手にプロポーズをした時にひざまず

いたかどうかを聞かれたことが、Au1 の予想に反していたとも考えられよう。英語会話の4例の内3例は聞き手の予想に反した発言を聞き取れず、Open-class を使い聞き直している。

(4)は日本語会話の例である。

(4) [JP66]
01　J38：基本科学者なんですか↑
02　J40：ん↑
03　J38：基本は科学者なんですか↑
04　J40：えーと　ここが]
05　J38：[それは終了した人たちは↑]
05　J40：[終わって] いろいろですね　やっぱ開発研究に行く人が一番
06　　　　多いと思いますけど　大体修士2年で民間企業に入って研究職、開
07　　　　発職につくっていうパターンはまあ一番多いと思います

(4)は異なる大学の分野の異なる大学院生同士の会話で、専門分野と卒業後の進路について話している。02行目でJ40はJ38の質問が聞き取れずOpen-class を使い「ん↑」と質問する。J38は01行目の自分の発話「基本科学者なんですか↑」で省略した係助詞「は」を補い03行目では「基本は科学者なんですか↑」と言っている。英語の母語話者間会話の例と同じで、(4)のように単に相手の発言を聞き取れなかったり、理解できなかった場合に用いられている他者修復である。

Q-word ではじまる疑問文

　Q-word を用いた他者修復は Open-class とは異なり、修復に先行する発話のどの部分を明らかにして欲しいかを特定して他者修復を行う。(5)は英語会話の例である。

(5) [UK29]
01　B9:　And then, just imagine walking in a room for half an hour all

02　　　day, each gallery and – but that was – the mount-making job
03　　　was fantastic
04　B8:　［What］what　So, what were you making?　Mounts?
05　B9:　Yeah. So you can imagine you got the Roman Gallery you've
06　　　got the swords, helmets and all that, and we had to find a way
07　　　to attach that object to to the wall, so you can actually
08　　　show it
09　B8:　Yeah

(5)では美術館や博物館の展示の仕事についての01–03行目のB9の説明がわかりにくく、06行目でB8はB9が制作していたものは何かを"So, what were you making? Mounts?"とQ-wordを用いた疑問文を用いて聞いている。B8の質問により、B9は更に具体的に彼が展示品を壁にどのように接着するかを工夫する有様を説明している。

　(6)は日本語会話の例である。

(6)［JP70］
01　J35：［という］ことでいるんですけど　あのー　インタラクション
02　　　　デザインていう　双方向の　デザインだったり　コミュニケーシ
03　　　　ョンデザイン＝
04　J37：うん＝
05　J35：について一応勉強しています　はい
06　J37：デザインていうと
07　J35：はい
08　J37：どういうデザインなんですか↑それは
09　J35：あ　わかんないですよね＝
10　J37：はい

(6)においても、J35の01–03行目のデザインの仕事の説明がJ37にとっては理解しにくかったために、「どういうデザインなんですか↑」とわからな

い部分を特定した質問をして、更に説明を促している。

Repeat + Q

　(7)は英語話者の会話における相手の発言の繰り返しと疑問詞の組み合わせを使った他者修復の例である。

(7)［US34］
```
01  U2:  …The –when I was an undergrad, it was- there was no ceiling
02       to the deductible. If you required some level of intense care or
03       surgery, then they would start negotiating, and there would be
04       some kind of thing. But as far as general care, even if it came to
05       like an intervention, like in in within an appointment, there was
06       no ceiling.
07  U7:  No ceiling like what – there]
08  U2:  [like you know, there was no ceiling to what UT would pay
09  U7:  Oh, ok [yeah]
```

　(7)では 01–06 行目で U2 が大学が払う保険金についての制限について説明している。07 行目で U7 は保険金の何に制限がないのかについて "No ceiling like what" と Repeat + Q の形式で他者修復をし、08 行目で U2 はそれに答えている。この形式は Open-class より質問が限定されていることがわかる。

　(8)は日本語話者間の会話の例である。

(8)［JP68］
```
01  J37：ああ　楽しいですか　あー@@
02  J43：@@
03  J42：だんだん　忘れてこう　危ない方向に　トピックが行かない
04       ように自分を制御した話題で
05  J37：@@危ない方向っていうのは↑@@
```

06 J42: だから　うわーってじゃべってて　こう段々歯止めかかって
07   だんだん自分がおもしろいと思う方向にぐわーって流れてって@
08   @

(8)の 05 行目の発話は疑問詞までは言わずに途中で止めているが、省略された部分は疑問詞を含む「どういうことですか↑」「何のことですか↑」のような表現であると考えられるので、Repeat+Q であるとみなす。

Repeat による修復

(9)は英語母語話者間会話データ中の繰り返しによる他者修復の例である。

(9) [US37]
01 U8: You know, of sauce, and it tastes really good because man,
02   they've figured out how to make sauces. But the barbecue here
03   doesn't come with any sauce
04 U7: Yeah
05 U8: So, this is a new thing for me, but it's also delicious. It's
06   really great.
07 U10: No sauce?
08 U8: Dry rubs are the thing here apparently.

01–03 行目と 05–06 行目で U8 はテキサスのバーベキューについてソースを使わない説明する。U10 はソースを使わないバーベキューがどんなものかわからないので、07 行で"No sauce?"と聞き返し、08 行目で U8 はそれについて説明している。

5.1 の量的分析に述べたとおり日本語話者間会話では繰り返しによる他者修復が多く用いられているが、(10)はその 1 例である。

(10) [JP72]
01 J43：ぼくはえーと　情報系で
02 J38：情報系
03 J43：あの　なんすかねー　えーと　一応研究室は　バイオインフ
04 　　　ォマティックスという分野をやっているんですが1]
05 J38：[バイ1]　オ　[インフォマティックス2]
06 J33：[うん2]
07 J43：あの　情報学の　情報科学の　そういう　技術の　応用する
08 　　　ターゲットが　生物の分野　っていう
09 J38：うん
10 J43：領域なんですけども(.)すですね　えーと　なんか　分
11 　　　かりやすいとこで言うと　あー　ヒトゲノム解析とか

01行目と03–04行目でJ43が自分の専門はバイオインフォマティックスだと説明するが、J38には理解できず05行目で「バイオインフォマティックス」という発話を繰り返すことによって、さらに詳しい説明を要求し、J43による07–08行、10–11行の専門分野についての具体的な説明を得ている。

Understanding Checkによる修復

　確認による他者修復は聞き手が発話に確信をある程度持っている場合に用いられる。(11)は英語会話の例である。

(11) [UK53]
01 B17:　…So, when Hannah came back, she just couldn't speak
02 　　　English for the first, sort of, 3 days and that was just because
03 　　　she had been immersed in the Japanese languages.
04 B16:　That's your [daughter.]
05 B17:　[My daughter] yeah.

(11)の01–03行目においてB17は自分の子どもが日本の祖母の家に滞在し

てイギリスに帰ってから3日くらいは英語が話せなくなっていたと言う。Hannahという名前を初めて耳にしたB16は04行目で"That's your daughter"と念のために確認をし、B17はそうだと答えている。

(12)は日本語会話の例である。

(12) [JP68]
01 J37：なのでま　対象は　あの　年少さんから　小学校1年生まで
02 　　　を対象にして　それぞれ　そうですね　どういうふうに　文字を獲
03 　　　得している　いく　くのかっていうのを見てるって感じですね
04 J42：トマセロとか↑
05 J37：トマセロ　あー　トマセロそうですね　トマセロ(1)あー
06 　　　その辺がまあ共通領域になるんですね　ちょうど@@
07 J42：ぎ [りぎりのラインです 1]
08 J37：[そうでもないです 1] か　ぎりぎりですか　ああ

01–03行目のJ37の専門についての説明に対してJ42が04行目で「トマセロとか↑」と確認している。しかし、J37は05–06行目でトマセロと自分の研究対象との関係について肯定はしない。J42は07行目で「ぎりぎりのラインです」と彼の意見をのべ、J37は08行目でJ42の発話をに対して「ぎりぎりですか。ああ」と一応理解を示している。確認は他者修復と単純な質問との境界にあるような質問であり、(12)もそれに含まれよう。

　以上が母語話者間の会話おける5種類の他者修復の実例である。他者修復を実行した話者がどの程度発話を理解したかにより他者修復を使い分けていることがわかる。日・英語の母語話者間の他者修復は量的分析の項では他者修復の頻度と他者修復の種類に相違が見られたが、日・英語母語話者間会話のいずれにも5種類の他者修復の用法が使われている。

異文化間会話

　異文化間会話における日・英語話者は5種類の他者修復をどのように使っ

ているかを以下で考察する。

Open-class による質問
　異文化間英語会話の Open-class の多くは日本語話者によるものであり、ほとんどは(13)のように英語話者の発言が聞き取れなかった場合の他者修復である。

(13)[ICE76]
01　U15：　Did you spend a year there?
02　J12：　Huh?
03　U15：　Did you spend a year there?
04　J12：　One year.

異文化間日本語会話における例はすべてが英語話者によるものである。(14)はその1例である。

(14)[ICJ8]
01　J10：お母さんはどこの出身なんですか↑
02　　J9：お母さん
03　Ca1：あん　すいません
04　　J9：お母さんはどこの国の人ですか↑
05　J10：あっ　日本
06　　Ca：あーあーあー　でもお母さんはカナダで生まれました

Ca1 は日系なので、01 行目で J10 が彼の母親の出身地を聞いているが、彼は質問が理解できず 03 行目で「すいません」ともう一度質問を繰り返してくれるよう依頼している。

Q-word ではじまる疑問文
　異文化間英語会話には典型的な疑問詞で始まる他者修復は見られない。外

国語の会話において疑問詞を使って不明な点をとっさに質問をする言語形式上の難しさが他者修復の方法にも見られると思われる。日本語話者は母語による日本語会話においては頻度の差はあるが5種類すべての他者修復形式を使用しているが、異文化間英語会話では相手の発話が理解できない場合にはOpen-class、特定の箇所について疑問がある場合には繰り返しを使用している。これは母語ではない言語による会話能力上の制約から、様々な他者修復の方法を選択するには至らなかったためであろう。

Repeat + Q

異文化間会話にはRepeat + Qは見られない。

Repeatによる修復

量的分析で見たように異文化間英語会話においては母語話者間会話よりも他者修復が多く用いられ、その内の約8割は非母語話者である日本語話者によるものである。特に日本語話者は母語における会話と同様に繰り返しを多用している。Open-classも見られたが、上で見たようにQ-wordやRepeat + Qによる他者修復は用いられていない。日本語話者は発言が聞き取れない場合や語彙の意味を理解できない場合、相手の発言の一部(多くは語彙)を繰り返すことにより会話を進めている。(15)はその1例である。

(15) [ICE75]
01　J40:　So what you are majoring in?
02　Ca6:　Well, last year, I was doing the same thing as him. I was
03　　　　becoming a civil engineer, but I 2years of calculus.
04　J41:　Calculus.
05　Ca6:　Calculus, like hard math…
06　U14:　Okay. I am civil engineer. Do you- do you know?
07　J40:　Engineer.
08　J41:　I just can't imagine an engineer. It is a – it's a computer
09　　　　thing or?

10　J14:　No, building bridges.
11　J40:　Build a building, oh
12　U14:　Civil build bridges, roads..
13　J40:　Civil, civil –c-i-v-i-l
14　U14:　Yeah
15　Ca6:　Yeah

(15)では04行目でJ43はcalculus（微積分学）と繰り返し05行目のCa6の"Calculus, like hard math…"という説明を得ている。civil engineering（土木工学）については、07行目J40は繰り返しを用いて他者修復を行い、J41は確認の質問をすることによって、civil engineeringが橋を作ったりする土木工学であることを理解している。異文化間英語会話のOpen-classにおいては"Huh?"などの1語の表現が多く用いられているのと同様に、繰り返しのほとんどは1語による繰り返しである。しかし、単純な形式であってもトラブルをその場で解決しているので、会話全体としての流れは滞らない。

　量的分析で明らかになったように、異文化間日本語会話における他者修復は、非母語話者である英語話者によるものが多い。(16)は英語話者による繰り返しの例である。

(16)
01　J9：な　なんで　日本で　あの英語教えようと思ったんですか↑
02　Ca2：ん　なぜ↑
03　J9：なぜ
04　Ca2：あー　なぜ(@)えー　大学で日本語を勉強したから

01行目のJ9の質問がわからなかったCa2は02行目で「なぜ↑」と聞き返し、03行目のJ9の「なぜ」の後で、01行目のJ9の質問に答えている。英語話者による繰り返しは、(16)のように一部が聞き取れない場合、聞き取れても意味がわからない場合に用いられているのが特徴である。これは日本語話者が英語の異文化間会話においてRepeatをQ-wordやRepeat+Qのかわりに使

用しているのと同様の用法である。

Understanding Check による修復
　異文化間英語会話における確認は(15)に見られるがその一部を(17)としてここにあげる。

(17) = (15)の一部 ［ICE75］
01　U14:　Okay. I am civil engineer. Do you- do you know?
02　J40:　Engineer.
03　J41:　I just can't imagine an engineer. <u>It is a – it's a computer</u>
04　　　　<u>thing or?</u>
05　J14:　No, building bridges.
06　J40:　Build a building, oh
07　U14:　Civil build bridges, roads..
08　J40:　Civil, civil –c-i-v-i-l
09　U14:　Yeah
10　Ca6:　Yeah

　Civil engineering が土木工学であることを知らない J41 が工学と聞いて 03-04 行目でコンピュータに関係するかと確認をしているのである。

(18)は英語話者による異文化間英語会話の中の確認の例である。

(18)［ICE77］
01　J45:　Yeah. So, I am now a postgraduate student.
02　Ca5:　[Oh]
03　U16:　[Oh] okay.
04　J45:　Yeah.
05　Ca5:　Are you doing grad school?
06　J45:　Yeah.

07　Ca5：　Graduate school.
08　J45：　Graduate.
09　Ca5：　So you – you are still taking school, right?
10　J45：　Yeah.
11　Ca5：　Okay

　Ca5 は J45 が 01 行目で postgraduate student であると言っていたので、09 行目で"So you – you are still taking school, right?"と確認をしている。
　(19)は異文化間日本語会話の日本語話者による確認の例である。

(19)[ICJ8]
01　　J9：あれは子ども　子どもの頃のもの(.)子どもの子も　子どもの子
02　　　　なんていうか　子どもも乗るんですか↑
03　Ca2：子どもの↑
04　　　　子どもも乗るんですか↑身長　身長が
05　Ca2：うん
06　　J9：低かったら
07　Ca2：はい
08　　J9：乗れないとか
09　Ca2：乗れない　はい
10　　J9：あ　乗れない
11　Ca2：はい
12　　J9：ふーん
13　Ca2：多分この辺くらい　[@@@]
14　J10：[@@@]
15　　J9：[この辺くらい@@@]

　(19)において 01～02 行目で J9 はカナダの観覧車には子どもも乗れるかと質問し、9 行目で Ca2 は「乗れない、はい」と答える。その答えを J9 は 10 行目で「あ、乗れない」と確認をし、13 行目で Ca2 は身振りで子どもの身

長を示し、J9 に答えている。

　異文化間英語会話においては、それぞれの母語による会話よりも多く他者修復が行われ、自分の母語ではない日本語話者が多く他者修復を行っている。修復の方法は母語の会話よりも種類が限られ、理解が低い場合は Open-class を用い、部分的に不明な点に関する他者修復には繰り返しを使用している。
　これまでに見てきたとおり、他者修復は理解の度合いに応じた形式を用いて不明な部分を明らかにする手立てである。5 つの修復の形式をとりながら情報の欠けた部分の解明に加え、会話の内容に興味をもっていることを伝えたり、相手の発言に驚いたりする機能をもつ修復が会話データ中に見られた。また、異文化間会話においては他者修復の形式が簡素化され、Open-class あるいは Repeat を使用する傾向が見られた。

5.2.2　驚き、興味などをあらわす他者修復

　前項では、5 種類の他者修復の典型的な会話例を見た。ここでは、他者修復本来の目的であるトラブル解決に加えて、聞き手の驚き、興味などをあらわす用例をとりあげる。

Open-class を用いた例
　(20)は日本語会話の例である。

(20)［JP65］
01 J41：へえ　そうだな　なんか　うちの大学はアイドルいますもん
02 　　　そういえば
03 J42：<u>えっ↑</u>
04 J41：うちの大学のサークルで　サークルっていうか　もう本当のア
05 　　　イドルなんですよ　なんか恋愛処女っていうアイドルが学生内で映
06 　　　像科の人たちが中心になって　そのマネージメントから全部して
07 　　　［ちゃんと］

08　J39：［おー］

(20)では大学にアイドルがいるという J41 の発言に驚き、J42 は「えっ↑」と言っている。これに対し、J42 はアイドルについて詳しく説明をしている。日本語会話の Open-class を用いた典型例であげた(4)では「ん↑」と聞き返しているのに対して、ここでは「えっ↑」と言い相手から説明を引き出すと同時に驚きや興味を表している。

(21)は異文化間会話における例である。

(21)［ICE75］
01　U14：So, do you have a job? Do you work here?
02　J41：Yes.
03　U14：What kind of work do you do?
04　J41：Te – te – I am the – I am te – teacher – not teacher.
05　U14：Yeah.
06　J41：@
07　Ca6：<u>Well, what, what, what?</u>
08　U14：You are a teacher
09　J40：You're teacher.
10　U14：but not teaching.
11　J40：Not teaching.
12　J41：Well, how can I say? Not school, but some children go to –
13　　　　go to there after – afterschool.
14　Ca6：Cram school.

J41 は英語教師を目指して勉強をしながら塾の講師をしているので、自分の職業を聞かれ何と説明してよいかわからず 04 行目 "Te – te – I am the – I am te – teacher – not teacher." と言う。Ca6 はどのように理解してよいかわからず、07 行目で "Well, what, what, what?" と聞き返す。その後のやりとりで、

J41 が言いたかったのは学校では教えていないが、塾で教えているということであったことがわかる。

　(20)で用いられている「えっ↑」や(21)の"what?"を本章では Open-class と分析し、相手の発言が聞き取れない場合の他者修復の機能に驚きや興味を示す機能が加わったと考えた。このような機能をもつ「えっ↑」や"What!"を他者修復としてではなく、"Really?"や"Is it?"などと同様にニュースマークスとみなす分析もあり、本書の「応答要求表現と応答」においてはこれらをニュースマークスと分類している。本章では、(20)の「えっ↑」も(21)の"Well, what, what, what?"もその後に説明を含む応答があるため、これらも他者修復の一種であるとみなす。

Repeat を用いた例

　(22)は繰り返しによる他者修復をしながら驚きや興味を示している例である。

(22)[US39]
01 U11:　But outside there was this bear, like this like bear in this
02　　　　eh area, where this guy him wear like a little vest and a little
03　　　　hat, he just constantly fed him pineapple all day
04 U12:　The bear?
05 U11:　Yeah, like there was this big brown bear.
06 U8:　 Whoa.
07 U11:　[Yeah, it was so sad.]
08 U12:　[They love pineapple.]
09 U8:　 I don' know.
10 U11:　They're bear. They love it.

01–03 行目において U11 はロシアの街角で熊使いが熊にえさをやっている光景を見たと話す。U12 は 04 行目で"The bear?"と繰り返すことによって町中にいたのは熊であることを確認すると同時に、その意外性に興味を示し、

U11 の説明を促している。U11 は 05 行目で "Yeah, like there was this big brown bear." と答えて彼のロシアの経験の話を続ける。

(23)も同様に繰り返しにより、話題に対する興味を示している例である。

(23)[AU50]
01 Au15: I started Sydney Uni 2001. I have been involved in
02   every single engineering review since then in one capacity or
03   another. I've also helped out with one women's review and one
04   science review,
05 Au16: Fair enough
06 Au15: so 13 reviews.
07 Au16: <u>Women's review?</u>
08 A15: Uuh
09 A16: You don't fit the normal bill.
10 Au15: Yeah, I did stage materials. I did have my limbs shaved
11   at the cast part.（ALL: @@@）

この会話では 01–04 行目で Au15 が学内の工学系の学術レビューに関わり、女性学のレビューも行ったと言い、更に 06 行目で合計 13 のレビューに関わったと言う。これに対し Au16 が 07 行目で "Women's review?" と繰り返し、09 行目で君のタイプじゃないとコメントする。すると Au15 も学術レビュー（review）を演劇のレビュー（revue）と解釈し、10–11 行目で舞台に上がったときはすねの毛を剃ったと冗談で答えている。

(24)は日本語会話で繰り返しにより相手の発話に興味を示している例である。

(24)[JP66]
01 J40：僕の大学には「ツバメ」がいる　いるので

02　J41：「ツバメ」が［いる↑1］
03　J38：［「ツバメ」1］
04　J40：［スパコン2］　スパコンの名前ですね
05　J38：［へえ2］
06　J40：［「ツバメ2.0」3］っていうのがあって　今世界5位のス
07　J38：［へえ＠＠3］
08　　　　ピードになって
09　J41：すごっ

01行目のJ40の「僕の大学には「ツバメ」がいる、いるので。」という発言が理解できなかった02行目でJ41は「ツバメ」が［いる↑］」と聞き返し、それがスーパーコンピュータの名前であることがわかり、感心し、納得している会話である。

異文化間会話の繰り返しにも同様の会話例が見られる。

(25)［ICE76］
01　Ca6:　And stuff［like that］．
02　U15:　［You have］chocolate tofu?
03　J43:　Chocolate tofu?　＠＠
04　Ca6:　Yeah．Do you – you like?
05　U15:　See, that sounds so weird．
06　Ca6:　［No, no, no］it's not like actual chocolate within it but it's
07　J42:　Chocolate［＠＠＠］
08　　　　flavored with chocolate extract．
09　J43:　［It sounds bizarre to me．］
10　J42:　［＠＠＠］
11　U15:　All right, it sounds really
12　J43:　Chocolate tofu?
13　U15:　really strange．

14 Ca6: Yeah, bizarre.
15 U15: It's probably good though.
16 J43: Yeah.

(25)ではチョコレート味の豆腐について4人が会話をしている。J43が03行と12行において"Chocolate tofu?"と繰り返し、他者修復の形式をとりながらチョコレート味の豆腐に対する彼の驚きを表現している。

　上に上げたように、Open-classや繰り返しによる他者修復をしながら、単に情報を求めるだけでなく、それに加えて驚きや興味などの強い反応を示すこともできることがわかる。

6. おわりに

　英・米・豪・日の母語による会話それぞれ6件、合計24件、異文化間英語会話6件、日本語会話2件を分析・比較して次のような結果を得た。

　6件ずつ分析した母語による会話の他者修復の数は、多い順に日本語会話21例、イギリス英語会話10例、オーストラリア英語会話7例、アメリカ英語会話5例であった。日本語会話6件の他者修復の合計が18件の英語会話の他者修復の合計とほぼ同数であることから、日本語会話における他者修復は英語会話の約3倍多いことがわかる。各会話データ別に他者修復を5つの形式に分類し、それぞれの英語変種および日本語を比較した。母語話者間会話においては、アメリカ英語およびオーストラリア英語においては半数またはそれ以上が問題となる部分の繰り返しを用いているのに対し、イギリス英語では疑問詞による疑問文、繰り返し、確認がそれぞれ同数程度あった。日本語話者は繰り返しと質問、または、繰り返しを多用していることがわかった。

　異文化間英語会話では56例の他者修復の内48例は日本語話者によるものであり、非母語話者による他者修復が多いことが確認された。5種類の形式については、日本語話者の合計48例の他者修復の内、繰り返しが36例あり、繰り返しを多用していることがわかった。そのほかの他者修復はOpen-class

によるもの10例、確認2例であり、Q-wordや繰り返しと疑問詞による他者修復の使用例は無かった。

　日本語話者が母語話者間会話においても他者修復を英語話者よりも多くするのは会話の話題の展開方法の違いと関係するのかもしれない。相手の発言を確認し話題の展開を相手に任せる方が新しい質問をして自分が話題の展開により積極的に関与するよりも負担が少なく、日本語話者の話題の展開のスタイルに沿うものであると考えられる。英語話者は会話により情報を得、相手の意見を求める傾向を、日本語話者は相手の発言を確認しながら会話をすすめようとする会話のスタイルが他者修復にも現れているといえよう。英語話者は日本語話者に比べて他者修復をあまり多く用いない。本来の修復機能に加え、英語話者は他者修復を興味や驚き、ジョークなどのために使っている例が日本語話者よりも多いのも特徴である。

　異文化間英語会話において他者修復を多く使い、会話の内容を正確に理解することは非母語話者として重要なストラテジーである。本章の異文化間英語会話の分析では、日本語話者にとって他者修復はフェイスに負担がかかるので、他者修復をするより状況から相手の意図を読み取ろうとするという先行研究(Ozaki 1989, Tsuda 2006, 津田 2014)とは異なる結果を得た。これは今回の異文化間英語会話の日本語話者が英語圏文化における対人関係維持の方法について大学での専門の勉強や異文化体験から得た知識をある程度もっていたためかも知れない。英語話者とのコミュニケーションでは、対人関係への配慮から他者修復による質問を避け、不明な点について状況から察しようとすることよりも、他者修復を活用する方が円滑にいくという知識をもっていたと思われる。

　これに対し異文化間日本語会話においては、日本語話者は他者修復をして会話を中断するより状況から相手の発話の趣旨を理解しようとし、2つの会話のいずれにおいても日本語話者の他者修復は少なかった。ICJ8では英語話者が非母語話者として日本語話者よりも多く他者修復を行い、相互理解をはかったが、ICJ9では、英語母語話者も他者修復をせず、最後に話題がつきてしまい、お互いの理解も促進されない結果となった。これは日・英語話者が両方共、相手のフェイスに配慮したネガティブ・ポライトネスを優先す

る会話スタイルをとったため、かえって形だけのコミュニケーションに終始してしまったといえる。

　日本語話者が他者修復の5つの形式の中で繰り返しを多く用いることに関しては、特にフォローアップ・インタビューにおいて英語話者から否定的に評価されることはなかった。異文化間英語会話において他者修復が必要な時には、繰り返しを Q-word や Repeat + Q のかわりに使うこともやむをえないといえる。しかし、繰り返しによる会話維持だけでなく、ターンを取り、自分の意見を言い、話題を変えるためにこれらの他者修復を必要に応じて使えば、更に会話への参加度を高めることができると思われる。

参考文献

Drew, P. (1997). 'Open' class Repair Initiators in Response to Sequential Sources of Troubles in Conversation, *Journal of Pragmatics*, *28*, 69–101. Reprinted in P. Drew & J. Heritage (Eds.), *Conversation analysis: Volume I. Turn-taking and repair* (pp. 293–319) London: Sage.

Enfield, N. J., Dingemanse, M., Baranova, J., Blythe, J. Brown, P., Dirksmeyer, t., Drew, P., Floyd, S., Gipper., S., Gisladottir., R. S., Hoymann, G., Kendrick, K. H., Levinson, S. C, Mayari, L., Manrique, E., Roque, L. S., & Torreira., F. (2013). Huh? What? —a first survey in twenty— one languages. In M. Hayashi, G. Raymond, & J. Sidnell (Eds.), *Conversational repair and human understanding* (pp. 343–380). Cambridge: Cambridge University Press.

Hayashi, M., & K. Hayano (2013). Proffering insertable elements: A study of other-initiated repair in Japanese. In M. Hayashi, G. Raymond, & J. Sidnell (Eds.), *Conversational repair and human understanding* (pp. 293–321). Cambridge: Cambridge University Press.

Hayashi, M, Raymond, G & Sidnell, J. (2013). Conversational Repair and Human Understanding: An introduction. In M. Hayashi, G. Raymond, & J. Sidnell (Eds.), *Conversational repair and human understanding* (pp. 1–40). Cambridge: Cambridge University Press.

Ozaki, A. (1989). *Requests for clarification in conversation between Japanese and non-Japanese. Pacific Linguistics. Series B-102*. Department of Linguistics, Research School of Pacific Studies, Canberra: Australian National University.

Pica, T, R. Young, and C. Doughty. (1987). The Impact of Interaction on Comprehension, *TESOL*

Quarterly, 21, 737–758.

Schegloff, E. A., (1992). Repair after next turn: The last structurally provided defense of intersubjectivity in conversation, *American Journal of Sociology, 5*, 1295–1345. Reprinted in Drew P. & Heritage, J. (Eds.), *Conversation analysis: Volume I. Turn-taking and repair* (pp. 215–266). London: Sage.

Schegloff, E. A., Jefferson G. & Sacks, H. (1977). The Preference for Self-Correction in the organization of repair in conversation. *Language, 53*(2), 361–382. Reprinted in Drew P. & Heritage, J. (Eds.), *Conversation analysis: Volume I. Turn-taking and repair* (pp. 111–138). London: Sage.

Tsuda, S. (2006). Functions of clarifications: An analysis of intercultural conversations in English. *Journal of JACET Chubu Chapter, 4*, 1–15.

津田早苗(2014)「日本語話者の他者修復と国際語としての英語」塩沢正・榎木薗鉄也・倉橋洋子・小宮富子・下内充編『現代社会と英語―英語の多様性をみつめて―』(pp. 93–103.) 金星堂

第 7 章
日・英語の初対面 3 人会話における
あいづち

大塚容子

1. はじめに

　会話は話し手と聞き手との共同作業によって成立するものである。ある 1 人の会話参加者が一方的に話をするのでは「お説拝聴」ということになって会話にならないし、2 人の会話参加者が同時に話を始めても会話にならない。会話が会話として成立するには、話し手がいて、その話を聞く存在（聞き手）が必要である。そして、話し手と聞き手は固定しているのではなく、1 人の会話参加者が話し手になったり聞き手になったりと役割が交替して会話は展開されていく。本章は会話の展開のなかで聞き手がどのような役割を担っているかに焦点をあてるものである。

　聞き手の言語行動で最も典型的なものは「あいづちを打つ」という言語現象である。日本語、英語であいづちの打ち方に違いがあるのか、また同じ英語でもイギリス英語、アメリカ英語、オーストラリア英語の 3 変種間に違いがあるのか、あるとすればどのような違いがあるのかを明らかにする。

2. あいづちの研究

　陳(2002: 223)によれば、日本語のあいづち研究は古くは国語学の立場から分析した宮地(1959)に溯る。宮地(1959)は「本格的に話し手と聞き手の関係からあいづちを論究しようとし」(陳 2002: 223–224)た、初めての研究と言える。1980 年代以降、あいづちは様々な観点から盛んに研究されるようにな

り、その頻度(水谷1984、黒崎1987等)や生起環境(メイナード1993、杉藤1993、中島2011等)等が分析されている。あいづちの機能を研究したものとして、ザトラウスキー(1993)、メイナード(1993)、堀口(1997)等が挙げられる。ターン・テイキングと関連づけて分析したもの(メイナード1993、大浜2006)、うなずき等の非言語行動も考察の対象とした研究(杉戸1989、喜多1996、久保田2001等)もある。さらに、日本語学習者のあいづちの習得状況を調査した研究として、Mukai(1999)、村田(2000)等を挙げることができる。

英語では日本語のあいづちに対する決まった用語はなく、back channel、continuer、listener's response等と呼ばれているようである(久保田2001: 34)。Back channel という用語を最初に使ったのは Yngve(1970: 568)で、back channel について "the person who has the turn receives short messages such as "yes" and "uh-huh" without relinquishing the turn" と述べている。本章では、日本語、英語を含めてあいづちと呼ぶこととする。

あいづち研究は1言語内にとどまらず、他言語との対照研究も進んでいる。他言語と比較することによって、該当言語におけるあいづちの特徴を浮き彫りにしようとするものである。日本語と英語のあいづちを比較研究したものとして、LoCastro(1987)、White(1989)、メイナード(1993)等を挙げることができる。Clancy et al.(1996)は、日本語、中国語、英語の3言語におけるあいづちの頻度、あいづちが打たれる環境について調査している。

3. あいづちの定義

このように様々な観点から研究されているあいづちだが、その定義はそれぞれの研究者が独自の視点で示したものであり、いまだ定まったものはない。そのようななかで、堀口(1997: 77)は、あいづちの定義に関して「まだ明確で一致したものになっていないものの、話し手が発話権を行使している間に聞き手が話し手から送られた情報を共有したことを伝える表現という点で一致している」と述べている。本章でもこの定義に基づいて分析を進めることにする。

上記のようにあいづちを定義しても、その対象となるものは研究者によって異なる。異文化間コミュニケーションの観点からあいづちを研究した Tao & Thompson(1991)は非語彙的な表現しかあいづちとして認めていない。Clancy et al.(1996)が back channel として調査しているのも非語彙的な表現である。一方、Yngve(1970)は短いコメントや質問もあいづちとみなしている。

日本語に目を向けてみると、一般的に日本語のあいづちとして多くの研究者が認めている表現は、「はい」「ええ」「うん」「そう」「ほんと」「なるほど」「そうですね」等である。ここには語彙的な表現と非語彙的な表現の両者が含まれている。さらに、堀口(1997)はあいづちを広義に解釈して、このような表現のほかに、「繰り返し」、「言い換え」、「先取りあいづち」もあいづちと同一の機能を果たすと見なしている。「繰り返し」とは話し手の発話を繰り返したもの、「言い換え」とは話し手の発話内容を聞き手が自分のことばで表現したものである。「先取りあいづち」は話し手の発話の途中に、聞き手がその先を予測して打つあいづちのことである。

本章では日本語と英語のあいづちを調査することから、あいづちをやや広く解釈して、非語彙的な表現、語彙的な表現、繰り返し、堀口(1997)の言う「先取りあいづち」を調査対象とする。(1)が繰り返しの例、(2)が先取りあいづちの例である[1]。

(1)繰り返し ［US40］

01 U11: Yeah, we have a good reason. But at the same time,

02   I, I don't like him from the school as such. No

03   schools, throughout the course of my life, my schools

04   never had like school spirit.

05 U9: School spirit.

(2)先取りあいづち ［JP67］

01 J42： でも逆に　逆に遠いっていうか　その新宿が始発だから

02   絶対に座れるんで　［それはよかったなっていう］

03 J36： ［なるほど］

04 J42：帰りもまあ普通に座れるんです

J36 は J42 の「感じなんです」という発話を予測して、あいづちを打っている。J42 は J36 のあいづちを受けて、「感じなんです」と発話しないで、次の発話に移っている。

「言い換え」は単に「情報を共有する」だけではなく、聞き手が積極的に話し手の発話内容に関与していると考えられるので、本研究ではあいづちとはしない。また、笑い、うなずき等の非言語表現は扱わない。

4. 分析データ

本章で扱うデータは表1のとおりである。

表1　使用データ

言　語	収録場所	会話コード	参加者コード
イギリス英語	オックスフォード	UK27	B2, B4, B5
	マンチェスター	UK53	B15, B16, B17
	ロンドン	UK57	B21, B22, B23
アメリカ英語	テキサス	US31	U1, U2, U3
	テキサス	US39	U8, U11, U12
	テキサス	US40	U7, U9, U11
オーストラリア英語	シドニー	AU43	Au4, Au6, Au7
	シドニー	AU47	Au5, Au12, Au13
	シドニー	AU50	Au15, Au16, Au17
日本語	東京	JP67	J36, J40, J42
	東京	JP69	J34, J35, J43
	東京	JP70	J35, J37, J40

5. 分析結果

5.1 あいづちの頻度

3変種の英語と日本語の30分間の初対面会話で使用されたあいづち数を会話参加者別に示す。「そうそうそう」のように同一語句が繰り返されている場合は1回のあいづちと数える。

3変種の英語[2]会話と日本語会話におけるあいづち総数は日本語が最も高く、ついでアメリカ英語、オーストラリア英語、イギリス英語の順である。3変種の英語と日本語の会話参加者のあいづち使用数の平均値と標準偏差は

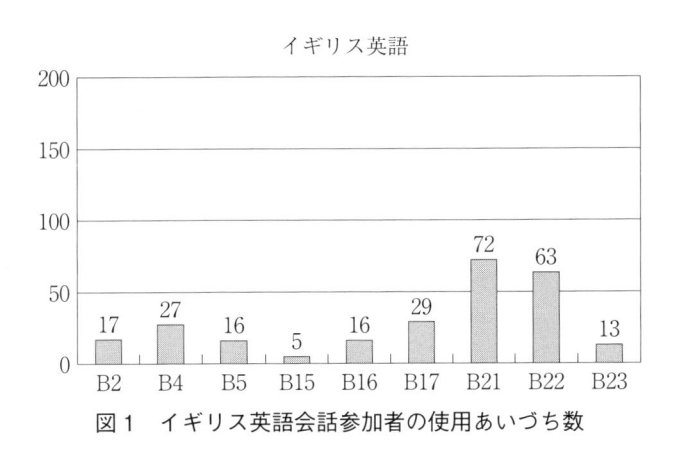

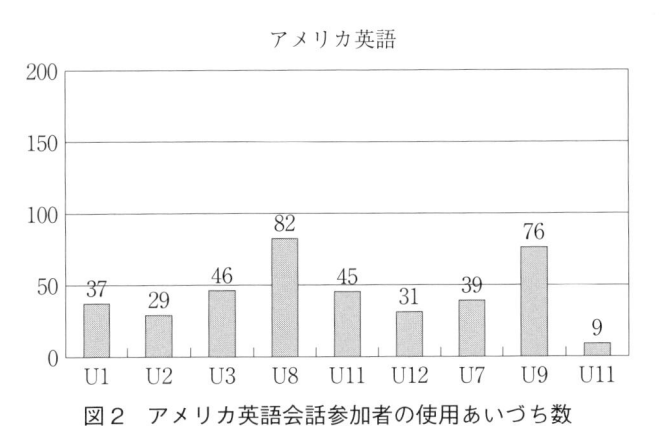

図1 イギリス英語会話参加者の使用あいづち数

図2 アメリカ英語会話参加者の使用あいづち数

オーストラリア英語

図3　オーストラリア英語会話参加者の使用あいづち数

	Au4	Au6	Au7	Au5	Au12	Au13	Au15	Au16	Au17
	114	9	32	41	34	50	26	32	11

日本語

図4　日本語会話参加者の使用あいづち数

	J36	J40	J42	J34	J35	J43	J35	J37	J40
	78	27	25	106	98	62	46	178	51

表2のとおりである。

　3変種の英語会話と日本語会話であいづちの頻度に違いがあるか検討するため、言語を独立変数、あいづちを従属変数とした1要因4水準（イギリス英語・アメリカ英語・オーストラリア英語・日本語）の分散分析を実施した。分析の結果、有意であったため（$F(3,32) = 3.24,\ p < .05$）、TukeyのHSD法による多重比較を行なった。その結果、日本語のほうがイギリス英語よりあいづちが多く打たれることが示された（$p < .05$）。

　英語と日本語の会話参加者のあいづち使用数の平均値と標準偏差は表3のとおりである。

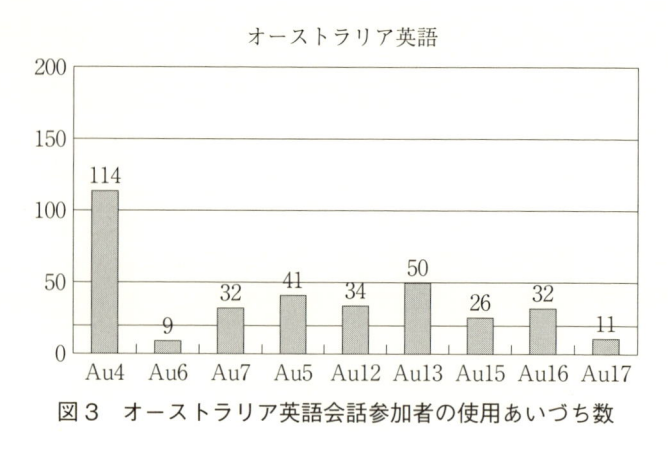

表2 3変種の英語会話と日本語会話におけるあいづち使用数の平均値と標準偏差

言　語	N	平均値	標準偏差
イギリス英語	9	28.67	23.24
アメリカ英語	9	43.78	22.82
オーストラリア英語	9	38.78	31.08
日本語	9	74.56	48.08

表3 英語と日本語におけるあいづち使用数の平均値と標準偏差

言　語	N	平均値	標準偏差
英語	27	37.07	25.78
日本語	9	74.56	48.08

　言語条件によりあいづちの使用数に差が生じるかを検討するため、対応のない t 検定を実施した。分析の結果、英語に比べて日本語のほうが、あいづちを多く打つことが示された $(t(34) = 3.00, p < .01)$ 。

5.2　あいづちの種類

　3変種の英語会話と日本語会話に使用された、「繰り返し」以外のあいづち[3]を非語彙的あいづちと語彙的あいづちに分類する。実験会話で使用された英語の語彙的あいづちの具体例は次のとおりである。

(3) 英語の語彙的あいづち
　　yeah　yes　okay　right　all right　nice　cool　very cool　pretty cool　excellent　sweet　sure　など

(4)に、実験会話で使用された日本語の語彙的あいづちの例を示す。

(4) 日本語の語彙的あいづち
　　はい　なるほど　すごいですね　そうそうそう

そうですね　そうですよ　そうなんだ　確かに　など

3変種の英語会話と日本語会話における非語彙的あいづちと語彙的あいづちの使用数を示す。

あいづちの種類

	イギリス英語	アメリカ英語	オーストラリア英語	日本語
語彙的	179	276	270	145
非語彙的	77	117	79	526

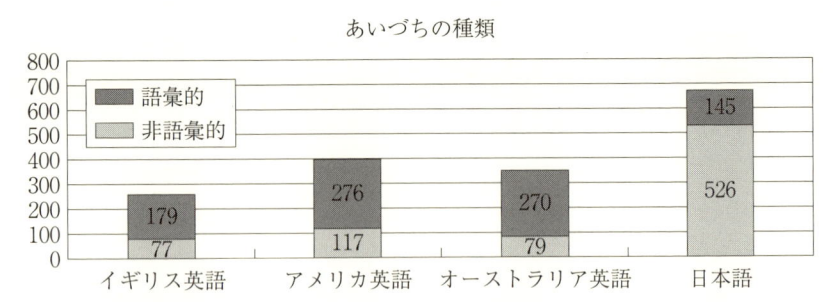

図5　3変種の英語会話と日本語会話における語彙的あいづちと非語彙的あいづちの使用数

3変種の英語会話と日本語会話における会話参加者の非語彙的あいづちの使用数の平均値と標準偏差は表4のとおりである。

表4　3変種の英語会話と日本語会話における非語彙的あいづち使用数の平均値と標準偏差

言　語	N	平均値	標準偏差
イギリス英語	9	8.56	10.48
アメリカ英語	9	13.00	10.85
オーストラリア英語	9	8.78	7.43
日本語	9	55.67	40.30

3変種の英語会話と日本語会話で非語彙的あいづちの使用数に違いがあるか検討するため、言語を独立変数、非語彙的あいづちを従属変数とした1要因4水準(イギリス英語・アメリカ英語・オーストラリア英語・日本語)の分散分析を実施した。分析の結果、有意であったため($F(3,32) = 9.88$, $p <$ .05)、TukeyのHSD法による多重比較を行なった。その結果、イギリス英語

より日本語のほうが非語彙的あいづちを多く打つことが示された($p<.05$)。アメリカ英語より日本語のほうが非語彙的あいづちを多く打つことが示された($p<.05$)。オーストラリア英語より日本語のほうが非語彙的あいづちを多く打つことが示された($p<.05$)。

英語と日本語における会話参加者の非語彙的あいづちの使用数の平均値と標準偏差を示す。

表5 英語と日本語における非語彙的あいづち使用数の平均値と標準偏差

言語	N	平均値	標準偏差
英語	27	10.11	9.56
日本語	9	55.67	40.30

言語条件により非語彙的あいづちの回数に差が生じるかを検討するため、対応のないt検定を実施した。分析の結果、英語に比べて日本語のほうが、非語彙的あいづちを多く打つことが示された($t(8.3)=3.36, p<.01$)。

次に、語彙的あいづちの使用状況について検討する。3変種の英語会話と日本語会話における語彙的あいづちの使用数の平均値と標準偏差を示す。

表6 3変種の英語会話と日本語会話における語彙的あいづち使用数の平均値と標準偏差

言語	N	平均値	標準偏差
イギリス英語	9	19.89	16.83
アメリカ英語	9	30.67	17.47
オーストラリア英語	9	30.00	32.55
日本語	9	18.89	11.38

3変種の英語会話と日本語会話で語彙的あいづちの使用数に違いがあるか検討するため、言語を独立変数、語彙的あいづちを従属変数とした1要因4水準(イギリス英語・アメリカ英語・オーストラリア英語・日本語)の分散分析を実施した。分析の結果、有意ではなかった($F(3,32)=.81, n.s.$)。

英語と日本語における会話参加者の語彙的あいづちの使用数の平均値と標準偏差は表7のとおりである。

表7　英語と日本語における語彙的あいづち使用数の平均値と標準偏差

言　語	N	平均値	標準偏差
英語	27	26.85	23.07
日本語	9	18.89	11.38

言語条件により語彙的あいづちの使用数に差が生じるかを検討するため、対応のない t 検定を実施した。分析の結果、日本語に比べて英語のほうが語彙的あいづちを多く打つことは示されなかった（$t(28.5) = 1.36, n.s.$）。

5.3　あいづちの出現位置

「繰り返し」を含めて、あいづちがどのような環境のもとで打たれているかを調査する。ここでは大きく2つの環境に分ける。完結文の後で打たれているのか、中途発話文の後で打たれているのか、である。(5)は完結文の後で打たれたあいづちの例、(6)は中途発話文の後で打たれたあいづちの例である。

(5)完結文の後［JP70］
01　J35：そういうアイディアを提案するみたいな
02　J37：あ　いいですね
03　J35：感じです＝
04　J37：＝うーん

04行目のJ37のあいづちは、03行目のJ35の「感じです。」という完結文の後で打たれている。

(6)中途発話文の後［JP70］
01　J37：(前略)いやあのさっき　あの　ちょうどこの　席で

02 J35：はい
03 J37：ちょうどそこにさ　座ってた方も　バイオ　バイオ　イ
　　　　ンフォマティクス　っていうふうに言ってて

02行目のJ35のあいづちはJ37の発話の途中で打たれている。このような環境で打たれたあいづちを本章では中途発話文の後で打たれたと判断する。

図6は3変種の英語会話と日本語会話において、どのような環境であいづちが使用されたのかを示したものである。

あいづちの出現位置

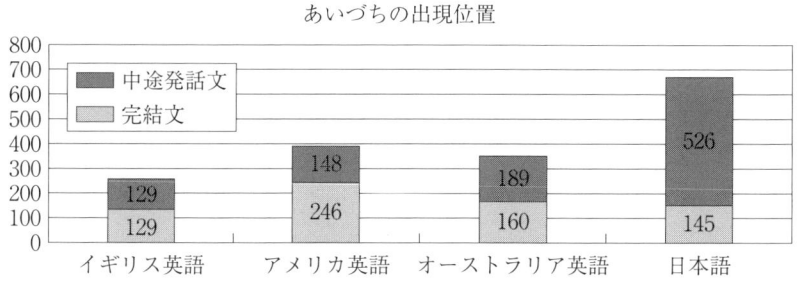

	完結文	中途発話文
イギリス英語	129	129
アメリカ英語	246	148
オーストラリア英語	160	189
日本語	145	526

図6　4言語におけるあいづちの出現位置

3変種の英語で出現位置に違いが見られる。日本語の場合、あいづちは完結文の後ではなく、中途発話文の後に打たれることが多いことがわかる。

3変種の英語会話と日本語会話における完結文の後に打たれたあいづち数の平均値と標準偏差は表8のとおりである。

表8　3変種の英語会話と日本語会話における完結文の後に打たれたあいづち数の平均値と標準偏差

言　語	N	平均値	標準偏差
イギリス英語	9	14.33	10.57
アメリカ英語	9	27.33	15.03
オーストラリア英語	9	17.89	9.69
日本語	9	18.67	11.88

3変種の英語会話と日本語会話で完結文の後に打たれたあいづちの使用数に違いがあるか検討するため、言語を独立変数、完結文の後に打たれたあいづちを従属変数とした1要因4水準(イギリス英語・アメリカ英語・オーストラリア英語・日本語)の分散分析を実施した。分析の結果、有意ではなかった($F(3,32) = 1.91, n.s.$)。

英語と日本語における完結文の後に打たれたあいづち数の平均値と標準偏差を示す。

表9　英語と日本語における完結文の後に打たれたあいづち数の平均値と標準偏差

言　語	N	平均値	標準偏差
英語	27	19.85	12.81
日本語	9	18.67	11.88

言語条件により完結文の後に打たれるあいづち使用数に差が生じるかを検討するため、対応のないt検定を実施した。分析の結果、日本語に比べて英語のほうが、完結文の後に多くあいづちを打つことは示されなかった($t(14.7) = .25, n.s.$)。

3変種の英語会話と日本語会話における中途発話文の後に打たれたあいづち数の平均値と標準偏差を示す。

表10　3変種の英語会話と日本語会話における中途発話文の後に打たれたあいづち数の平均値と標準偏差

言　語	N	平均値	標準偏差
イギリス英語	9	14.33	12.85
アメリカ英語	9	16.44	8.86
オーストラリア英語	9	20.89	23.76
日本語	9	55.89	36.83

3変種の英語会話と日本語会話で中途発話文の後に打たれたあいづち使用

数に違いがあるか検討するため、言語を独立変数、中途発話文の後に打たれたあいづち使用数を従属変数とした1要因4水準(イギリス英語・アメリカ英語・オーストラリア英語・日本語)の分散分析を実施した。分析の結果、有意であったため($F(3,32) = 6.34, p < .05$)、TukeyのHSD法による多重比較を行った。その結果、イギリス英語より日本語のほうが中途発話文の後に打たれるあいづちが多いことが示された($p < .05$)。アメリカ英語より日本語のほうが中途発話文の後に打たれるあいづちが多いことが示された($p < .05$)。オーストラリア英語より日本語のほうが中途発話文の後に打たれるあいづちが多いことが示された($p < .05$)。

英語と日本語における中途発話文の後に打たれたあいづち数の平均値と標準偏差は次のとおりである。

表11 英語と日本語における中途発話文の後に打たれたあいづち数の平均値と標準偏差

言　語	N	平均値	標準偏差
英語	27	17.22	16.02
日本語	9	55.89	36.83

言語条件により中途発話文の後に打たれるあいづちの使用数に差が生じるかを検討するため、対応のないt検定を実施した。分析の結果、英語に比べて日本語のほうが、中途発話文の後にあいづちを多く打つことが示された($t(34) = 4.43, p < .001$)。

英語のあいづちの生起環境の詳細と出現あいづち数を示す。Otsuka(2011)に倣い、(7)に示すように、生起環境を7種類に分類する。

(7)英語のあいづちの生起環境
①完結文の後
②従属節を従える主節の後
③同格節を従える主節の後
④句末

⑤接続詞の後
⑥従属節の後
⑦その他

表12　3変種の英語におけるあいづちの生起環境

変　種	会話コード	参加者コード	①	②	③	④	⑤	⑥	⑦
イギリス英語	UK27	B2	10	0	2	2	0	0	3
		B4	15	0	3	3	2	1	3
		B5	8	2	2	3	0	0	1
	UK53	B15	4	0	0	1	0	0	0
		B16	10	0	4	0	0	0	2
		B17	15	1	6	3	0	0	4
	UK57	B21	34	7	13	9	3	0	6
		B22	29	8	12	4	4	1	5
		B23	4	1	4	2	0	0	2
アメリカ英語	US31	U1	25	3	8	1	0	0	0
		U2	14	1	7	4	2	0	1
		U3	32	0	7	4	0	0	3
	US39	U8	51	1	11	9	3	0	7
		U11	22	2	4	4	1	0	12
		U12	18	2	4	4	1	0	2
	US40	U7	29	2	1	4	1	0	2
		U9	49	3	13	6	1	1	3
		U11	6	0	2	1	0	0	0
オーストラリア英語	AU43	Au4	32	6	20	23	5	3	25
		Au6	5	0	1	3	0	0	0
		Au7	21	0	4	3	1	0	3
	AU47	Au5	19	4	6	6	0	0	6
		Au12	17	2	5	3	2	1	4
		Au13	31	2	5	2	3	0	7
	AU50	Au15	9	1	7	7	0	0	2
		Au16	20	3	4	2	0	2	1
		Au17	7	0	0	4	0	0	0

　文の途中で打たれるあいづちでは、同格節を従える主節の後が最も多く、次が句末になっている。(8)が同格節を従える主節の後に打たれたあいづち

(8) 同格節を従える主節の後［US31］
01　U3:　But I think a lot of high school students that are
02　　　　looking at where to go to college, you know a lot of
03　　　　the university slogans sound kind of like that,
04　U1:　Oh yeah.
05　U3:　and so they might not remember [which is which] you
06　　　　know.

　次に日本語のあいづちの生起環境を示す。大塚(2012)に倣い、日本語のあいづちの生起環境を(9)のように分類する。

(9) 日本語のあいづちの生起環境
①完結文の後
②終助詞・間投助詞、引用助詞の後
③接続助詞、並立助詞の後
④名詞修飾の後
⑤名詞、補足語、主題の後
⑥接続詞、フィラー、副詞の後
⑦その他

それぞれの生起環境におけるあいづち数を表13に示す。

　接続助詞、並立助詞の後に打たれるあいづちが最も多い。以下に例を示す。

表 13　日本語におけるあいづちの生起環境

言　語	会話コード	参加者コード	①	②	③	④	⑤	⑥	⑦
日本語	JP67	J36	22	3	25	11	8	0	9
		J40	7	0	10	0	3	0	7
		J42	5	1	12	1	3	0	3
	JP69	J34	25	0	34	3	12	7	25
		J35	17	0	45	2	16	9	9
		J43	20	2	14	2	8	3	13
	JP70	J35	12	0	15	1	7	4	7
		J37	45	6	63	12	24	14	14
		J40	15	0	10	1	7	2	16

(10)接続助詞、並立助詞の後に打たれるあいづち［JP67］
01 J42：ご専門は
02 J40：専門は計算工学っていう専攻なんですけどまあコンピ
03 　　　ューター関係の
04 J36：うん
05 U40：ことを
06 J36：うん
07 J40：ざっくりやってて
08 J36：うん
09 J40：あの専攻としてはそんな感じに　僕の研究は　えーと
10 　　　バイオインフォマティクスと呼ばれる
11 J36：うん
12 J40：分野の研究で　えーと　その中でもまあバイオインフ
13 　　　ォマティクスはいろいろあるんですけど遺伝子配列を
14 　　　読み取ったり
15 J36：うん　うん
16 J40：えーと　たんぱく質の相互作用を調べたりだとか
17 J36：うんうん
18 J40：その中でも僕は　えーと　シミュレーション

19 J36: うんうん
20 J40: たんぱく質の動きのシミュレーションをやっている研
21   究をやっています

J40が自分の専門の話をしている場面である。接続助詞「テ」、「タリ」、並列助詞「トカ」のあとにあいづちが打たれている。

6. 考察―日・英語あいづちスタイルの相違―

　3変種の英語と日本語におけるあいづちの使用状況を、頻度、使われるあいづちの種類、あいづちの打たれる環境という観点から見てきた。頻度に関してはイギリス英語と日本語との間に有意差が認められた。英語でどのようにあいづちが打たれるのかを見てみよう。英語でよくあいづちが打たれるのは、(11)に示すような状況である。

(11)アメリカ英語会話におけるあいづち［US40］
01 U7: So, are you working on anything?
02 U11: Right now?
03 U7: Like any show that's going on right now, yeah.
04 U11: Yeah, I'm going a small kids show in Chicago.
05 U7: Yeah okay.
06 U11: The Wizard of Oz. And then we're going to do Charlie and the Chocolate
07   Factory as well.
08 U9: Cool.
09 U11: So you know some small ones to start off with.

(11)は、アメリカ英語の例である。U7がU11に質問する。U11が答える。その答えに対してU7があいづちを打つ(05行目)。U11は発話を続ける。すると、もう1人の聞き手であるU9があいづちを打つ(08行目)。U7は自分の要求する情報をU11から引き出すようにあいづちを打ち、またU9もU11

の話を促すようにあいづちを入れている。このようなパターンはオーストラリア英語でも見られる。

(12) オーストラリア英語会話におけるあいづち ［AU43］
01 Au6: Can you give us an X-Y coordinate for where you
02   are@@
03 Au7: I, I, I mean, I wish I could. If I could do that, my
04   life would be so much easier.@@
05 Au4: <u>Right</u>.
06 Au7: Yeah um it's basically because I'm doing cultural
07   history in the United States.
08 Au4: <u>Okay</u>.
09 Au7: So the cultural studies, so it's something you could
10   do in a history department.
11 Au4: <u>Yes</u>.

Au6 が Au7 に対して説明を求めている場面である。Au7 の説明の間にもう 1 人の会話参加者、Au4 が 05、08、11 行目で 1 文ごとにあいづちを打っている。(12) では情報を求めた会話参加者ではなく、もう 1 人の会話参加者があいづちを打っているが、誰があいづちを打とうと、情報提供を促そうとしていることにかわりはない。アメリカ英語、オーストラリア英語のこのような言語行動に対して、イギリス英語では同じような状況で、1 文ごとにあいづちを打つようなことはあまりしないようである。

(13) イギリス英語会話におけるあいづち ［UK53］
01 B15: How old is he again?
02 B16: Four.
03 B15: Four.
04 B16: Yeah, we found these books. These are like phonic,
05   um. Sort of like the ［Unclear］. Have you ever have

```
06      seen these books from school with Kipper in?
07      [Unclear] oh God just, they're dull.  And then these
08      ones he has brought back, and, you kind of, you know,
09      up a couple of notches basically or are we from
10      Amazon web.  And, anyway since then it's really
11      superhero, greatest ones in the library and he found
12      some Marvel Comic thing with all the superheroes and
13      he wanted to get that, and he wants me to read it.
14      Read one of those comics to the kids.  It's really hard
15      to do. @ You know, it's not just like the
```

B16 の長い説明の間に B15 はあいづちを打っていない。アメリカ英語、オーストラリア英語とイギリス英語との間にあいづちの打ち方に違いがあることがわかる。

　では、日本語ではどのようにあいづちが打たれているのであろうか。日本語におけるあいづちの使用状況を示す。

(14) 日本語会話におけるあいづち ［JP70］
```
01 J35：そう　抽象的でわかんない　と思うんですけど　例えば
02      その　それをフェイスブックとか
03 J37：うん
04 J35：そういうような　SNS と合わせて(.)相手の　自分
05      自分の　あ　他の人の中にあいてる　他人の中にある
06      自分の姿というものを
07 J37：うん
08 J35：アバターで表現して
09 J37：なるほど　ああ
10 J35：えみ　可視化してみたりとか
11 J40：ふうん
12 J35：ているようなシステムをやってるとかっていうのを
```

13 J37：<u>ああ</u>
14 J35：アイディアを作ってみたりとか
15 J37：<u>あ　なるほどなるほど</u>
16 J35：そういうデザインです

　上記の会話の開始部分で会話参加者のJ35、J37、J40が簡単な自己紹介を行った。J35の自己紹介を受け、J37が「デザインっていうと、どういうデザインなんですか、それは。」と質問をした。(14)はその質問に対する、J35の説明の終結部分である。日本語では1文ごとに文を完成させながら会話が展開していくのではなく、(10)にも示したように、接続助詞や並立助詞を使いながら説明が進められる。その「発話の断片ごとに」(上田2008: 69)あいづちが打たれている。イギリス英語とは全く異なるあいづちの打ち方である。また、あいづちの種類に着目してみると、(14)で打たれているあいづちの多くが非語彙的あいづちである。日本語では語彙的あいづちよりも非語彙的あいづちがよく使用されることがわかる。
　このような日本語の会話展開は大塚(2012)で示した「共話」による会話展開である。共話とは水谷(1983)による造語で、相手の発話に対してあいづちを打ったり、相手の発話内容を繰り返したりしながら展開されていく会話のスタイルを指す。日本語では聞き手が頻繁にあいづちを打つことによって、話し手の発話を促していく。そのあいづちは英語のように語彙的である必要はなく、「ああ」、「うん」等の非語彙的あいづちで十分機能を果たすことができるのである。
　英語教育の観点から眺めてみると、日本語母語話者は英語会話で相手の発話の途中に頻繁に非語彙的あいづちを打つ危険性がある。久保田(2001: 141)によれば、このような日本語的あいづちは英語会話では2つに解釈される可能性があるという。1つは、あいづちは発話権を取るつもりはないことを示すので、話す順番が回ってこないということ、2つ目は逆に発話権を取ろうとしているとも考えられるので、話し手が聞き手に発話を促すかもしれないということである。いずれにしろ、日本語と英語ではあいづちの種類、あいづちを打つ環境が異なることを英語学習者に教える必要があるだろう。

7. おわりに

　イギリス英語、アメリカ英語、オーストラリア英語、日本語におけるあいづちの使用実態を見てきた。英語の3変種間にはあいづち使用に大きな違いは見られなかったが、英語と日本語ではあいづちの使用状況が異なっていることがわかった。英語に比べて日本語では非語彙的あいづちが多く用いられ、生起環境に関しては中途発話文の後に打たれることが多いことが統計的に示された。日本語では発話の途中に非語彙的あいづちを打つことがよき聞き手の言語行動なのである。

注
1　例文中の下線は筆者によるもので、分析の対象個所であることを表わす。
2　「3変種の英語」はイギリス英語、アメリカ英語、オーストラリア英語を表わし、「英語」はイギリス英語、アメリカ英語、オーストラリア英語の総称を表わす。
3　「繰り返し」はイギリス英語で2件、アメリカ英語で1件ある。オーストラリア英語、日本語にはない。

謝辞
　SPSSの使い方、統計結果の解釈のし方等、岐阜聖徳学園大学吉澤寛之准教授(当時)に丁寧にご指導いただいた。ここに感謝申し上げる。

参考文献
陳姿菁(2002)「日本語におけるあいづち研究の概観及びその展望」『言語文化と日本語教育　2002年5月増刊特集号　第二言語習得・教育の研究最前線―あすの日本語教育への道しるべ―』(pp.222-235)日本言語文化学研究会増刊特集号編集委員会
Clancy, P. M., Thompson, S. A., Suzuki, R. & Tao, H. (1996). The conversational use of reactive tokens in English, Japanese, and Mandarin, *Journal of Pragmatics*, 26, 355-387.
堀口純子(1997)『日本語教育と会話分析』くろしお出版
喜多壮太郎(1996)「あいづちとうなずきからみた日本人の対面コミュニケーション」『日本語学』15(1)　58-66

久保田真弓(2001)『「あいづち」は人を活かす』廣済堂出版
黒崎良昭(1987)「談話進行上の相づちの運用と機能―兵庫県滝野方言について―」『国語学』150　122-109
LoCastro, V. (1987). *Aizuchi*: A Japanese Conversational Routine, In Larry E. Smith (Ed.), *Discourse across cultures: Strategies in World Englishes* (pp.101-113). Hertfordshire: Prentice Hall International (UK) Ltd.
メイナード・K・泉子(1993)『会話分析』くろしお出版
宮地敦子(1959)「うけこたえ」『国語学』39　85-98
水谷信子(1983)「あいづちと応答」水谷修編『講座　日本語と表現3　話しことばの表現』(pp.37-44)筑摩書房
水谷信子(1984)「日本語教育と話しことばの実態―あいづちの分析―」『金田一春彦博士古希記念論文集　第2巻　言語学編』(pp.261-279)三省堂
Mukai, C. (1999). The Use of back-channels by advanced learners of Japanese: Its qualitative and quantitative aspects, *Japanese Language Education around the Globe*. 9, 197-219.
村田晶子(2000)「学習者のあいづちの機能分析―「聞いている」という信号，感情・態度の表示，そしてturn-takingに至るまで―」『世界の日本語教育』10　241-260
中島悦子(2011)『自然談話の文法―疑問表現・応答詞・あいづち・フィラー・無助詞―』おうふう
大浜るい子(2006)『日本語会話におけるターン交替と相づちに関する研究』渓水社
小塩真司(2012)『SPSSとAmosによる心理・調査データ解析［第2版］―因子分析・共分散構造分析まで』東京図書
Otsuka, Y. (2011. Aug.) *A case of reactive tokens*. Paper presented at the conversational management of Inner Circle Englishes and the implications for EFL education (II: Content) Symposium at the JACET 50th Commemorative International Convention, Fukuoka, Japan.
大塚容子(2012)「初対面3人会話における共話的会話展開―あいづちを手がかりにして―」『岐阜聖徳学園大学紀要〈外国語学部編〉』51　15-24
杉藤美代子(1993)「効果的な談話とあいづちの特徴及びそのタイミング」『日本語学』12(4)　11-20
杉戸清樹(1989)「ことばのあいづちと身ぶりのあいづち―談話行動における非言語的表現―」『日本語教育』67　48-59
ザトラウスキー、ポリー(1993)『日本語の談話の構造分析―勧誘のストラテジーの考察―』くろしお出版
Tao, H. & Thompson, S. A. (1991). English backchannels in Mandarin conversations: A case study of superstratum pragmatic 'interference', *Journal of Pragmatics, 16*, 209-223.

上田安希子(2008)「意見を述べる談話にみられるあいづちと終助詞」『社会言語科学会第21回大会発表論文集』(pp.68-71)社会言語科学会

White, S. (1989). Backchannels across cultures: A study of Americans and Japanese. *Language in Society, 18*, 59-76.

Yngve, V. H. (1970). On getting a word in edgewise, In *Papers from the sixth regional meeting Chicago Linguistic Society*, 567-578.

第8章
話題展開スタイルの日・英対照分析
―会話参加者はどのように話題の展開に貢献するのか―

大谷麻美

1. はじめに

　会話が参加者同士で共同構築していく作業であることは、もはや言うまでもない。しかし、異文化間での会話では、参加者が前提とする会話の構築方法やスタイルが異なる場合がある。その結果、情報や意図を正確に伝えることや解釈することが困難となる場合もある。そればかりか、その相違のために、会話の参加者が、互いに相手に悪い印象をもってしまったり、人間関係をうまく築けなかったりするという残念な結果に陥る可能性すらある (FitzGerald 2003)。

　日本人の英会話能力の不十分さは、これまでしばしば問題視されてきた。特に、高等教育を受け、ある程度英語の学習経験があるはずの日本人でも、英語で積極的に話せない、英語の会話に口をはさめないという指摘は多い (e.g. FitzGerald 2003, 寺内・小池・高田 2008)。また、それが、日本人の消極的な性格や国民性に起因するという見方もある (寺内・小池・高田 2008)。しかし、一方で、日本語と英語での会話の構築方法やスタイルの違いを鑑みてこの問題を論ずることも肝要であろう。

　そこで、本章では、会話における話題展開のスタイルに着目し、会話の参加者がどのように協力し合って1つの話題を展開させ、会話を進めていくのか、また、その方法が日本語と英・米・豪の英語の間で相違があるのかを検証する。もしそこに相違があるとすれば、どのように異なるのか、そして、日本人が英語で円滑に会話を行うにはどのような点を理解しておく必要があ

るのかを考察する。

2. 本研究のきかっけ

　本研究のきっかけは、第1章でも述べた我々の会話実験に参加した1人の日本人参加者であった。彼は、英語の検定試験で非常に高い成績を取り、日常業務で求められる読み書きやプレゼンテーションでの英語の運用には問題はなかった。しかし、英語での日常会話の実験では、話し相手である英語母語話者に悪い印象を与えてしまっていたのである。フォローアップ・インタビューによると、英語母語話者はその日本人の会話態度について、「会話に貢献していない」と感じ、不快感をもっていた。実はその会話で話題を提供し、話していたのは、ほとんどが英語母語話者であったのだ。一方、その日本人は、相手の話に頻繁にあいづちを打ち、感嘆や共感の表現を挟みながら、ほとんどの場面で熱心な聞き役に徹していた。英語母語話者には、このような日本人の態度が無礼なものと映ったのである。しかし一方で、その日本人はインタビューで、「アメリカ人があまりによく話すので一生懸命聞いていた」、「自分も話題を出さなくてはと思ったが、相手が話しているので口をはさむとかえって失礼になると思いさし控えた」と述べていたのである。つまり、この日本人参加者が相手に配慮して良かれと思って行った会話への参加の仕方は、英語母語話者には逆効果で、日本人の意図とは異なって解釈され、悪印象を与えてしまっていたのである (Otani 2007)。

　日本人が英語会話で「聞き役」になりやすい原因の1つとしては、学習言語の英語での情報処理に、母語話者以上に時間がかかるということもあろう。しかし、我々の実験データの中には、それだけでは説明できない、上記の例とは逆の現象も見られた。それは日本人と英語母語話者とが日本語で話す会話データ (ICJ 9、詳細は第2章参照のこと) でのことであった。つまり、英語母語話者が学習言語を、日本人が母語を用いて話すデータである。驚くべきことに、この会話でも、会話をリードしているのは学習者である英語母語話者で、日本人はどちらかというと聞き役であったのである (Otani 2007)。このデータの結果は、学習者だから「聞き役」になりやすいという

説だけでは説明できないものである。この点から、日本人が英語会話で聞き役に回りやすく消極的にとられがちなのには、単に学習言語で話しているからだけではなく、会話に参加し話題を展開させる方法に、両言語間で何らかの相違があるからではないかという仮説がたてられる。

3. 先行研究と問題の所在

会話の話題とその談話構造に関する先行研究は、話題の開始部や終結部の構造に関するもの(e.g. 宇佐美・嶺田 1995, 中井 2002, 大場 2012)、話題の転換方法に関するもの(e.g. Reichman 1978, メイナード 1993, 三牧 2013)が多く見られる。これらは、特に異言語間での対照、接触場面、外国語教育等の観点から論じられる場合が多い。その理由としては、話題の開始、終結、転換の方法には言語間で大きな違いが見られ、対象言語の母語話者と学習者の間で違和感が生じる機会が多いからだと考えられる。

しかし、会話のより中心的な部分を占める話題の展開部に関する研究は、未だ十分とは言えない。話題の展開部に関する先行研究には、以下のようなものがある。ただ、「話題」という用語は、研究者間で必ずしも同様の定義で用いられているとは言えず、「話題」以外の別の用語が用いられることもある。Hinds(1978)は、他の談話ジャンルと同様に、会話もパラグラフから成るとしている。そしてパラグラフとは空間、時間、参加者、主題に統一の方向性が見られるものと定義し、パラグラフの話題(paragraph topic)にどのような結束性が見られるかを記述している。南(1981)は、ポーズ、内容の連続性、ことばの調子などで、会話を「談話」という仮説的単位に分けることができるとする。そしてその談話の中のまとまった意味を話題と定義している。そのうえで、会話データの分析に基づき、談話の中の話題の推移の型を記述している。メイナード(1993)は話題の代わりに「テーマ」という用語を用いている。そしてテーマを句や命題の形で表記される枠組みと考え、談話に結束性を与えるものとしている。そのうえで、会話の中でどのように既知情報に新情報を付け加えながらテーマが展開していくのかを分析している。村上・熊取谷(1995)は、「トピック」という語を使用し、談話の中でのトピッ

ク同士の連結の仕方と、トピック内の展開の型を記述して見せた。

　これらの話題の展開に関する多くの研究は、その話題について発せられる発話に含まれる情報の新旧や、発話の結束性に関するものが多い。また、異文化間での対照研究は少なく、上記メイナードは日・英語間のテーマ展開を比較分析しているものの、その焦点はあくまでも情報の結束性についてである。そして、日・英語では同じ構造が見られると指摘している。

　一方で、多くの研究者が指摘するように、会話の話題は、あらかじめ決まっているものではなく、会話の参加者たちが交渉しながら築き上げていくものだとされる (e.g. Brown & Yule 1983)。先に述べた我々の実験会話の英語母語話者も、日本人が会話に「貢献しなかった」ことを無礼だと感じていた。この点を考慮すると、話題の展開を単に情報管理の観点からのみではなく、対人関係の観点から分析することも必要となろう。つまり、会話参加者がどのように話題の展開に貢献することが、相手との円滑な関係を維持するために望ましいのか、また、その言語において、会話参加者がどのように話題へ関与することが期待されているのかという観点からの研究である。しかし、これらの点からの研究はこれまではほとんど行われていない。

4. 本研究の目的

　そこで本研究では、会話の中で大きな部分を占める話題展開部で、参加者が話題を前に進めるためにどのように会話に参与するのかに着目する。そして、日本語と英語とでは、その参与のスタイルにどのような相違があるのかを質的、量的の両面から分析する。具体的には、まず質的調査として、談話分析の手法を用いて、両言語の会話によく見られる典型的な話題展開のスタイルを抽出し、参加者間でどのように１つの話題が展開されていくのかを明らかにする。次に、それらのスタイルの傾向を量的に見るため、各言語の会話の中で各スタイルが使用される回数をかぞえ、それぞれの言語で好まれる話題展開スタイルを比較する。そのうえで、3種の英語の間で、また、日・英語の間で、そのスタイルに相違があるのか、もしあるとしたらその要因となる文化的背景は何かを考察する。最後に、英語で円滑に会話を行うために

は、日本人英語学習者にどのような指導が必要かを考える。

5. 話題と Topic Framework

「話題」の定義には様々なものがあるが、本研究は日常会話等の分析に主眼を置いた Brown & Yule (1983) の topic framework の考え方を参考とする。Brown & Yule によると、多くの会話では、話題 (topic) はあらかじめ決まっているものではなく、会話の過程の交渉で決まっていくものだという。ディベートのように「ある話題について話す (speaking on a topic)」場合もあるが、気楽な会話では「話題に関連づけて話す (speaking topically)」場合が多いという。また、複数の話し手が並列してそれぞれ自分の話題 (speaker's topic) を話すこともあると指摘する。そのため、会話の中の談話のまとまりについて1つの話題を特定するという行為は、直観的なものになりがちであり、また失敗に終わることが多いという。そこで彼らは、会話のまとまりに関して1つの話題を特定することよりも、会話の分析手段としての topic framework (話題の枠組み) を提案する。Topic framework とは、contextual framework (文脈の枠組み) であり、その文脈にそって話題が組み立てられていくものだと指摘する。

実際、我々のデータの中でも、会話の中の談話のまとまりで話されていることを、1つの話題に集約することが困難なケースがいくつも見られた。南 (1981) も、「いくつかの談話が発展の関係で続いていくうちに内容がすっかり変わってしまって、はじめの方の談話とあとの方の談話との間には内容上の類縁性が認められなくなってしまうことも起こりうる。」(1981: 93-94) と指摘している。本研究の目的は、話題を特定することでも話題の内容そのものでもない。むしろ、会話参加者たちが、どのように相互に論を前に進めていくのかという点である。そのため、話題の特定には固執せず、文脈の枠組みである topic framework を分析単位とし、その中の話題を展開させるために会話参加者がどのように関与するのかを見ることとする。

6. Topic Framework の認定

会話データのどこで文脈、つまり topic framework(以下、TF とする)が途切れ、次の文脈に移行したと判定すればよいのであろうか。本研究では、従来の話題転換などに関する先行研究(Reichman 1978, メイナード 1993)を参考にして、以下の点を TF の転換点とした。

1)ポーズの後で文脈が変化した箇所
ポーズは、文脈に沿って話すことがこれ以上無いことを意味する場合が多い。そのため、そのポーズの後で明らかにそれまでとは文脈が変わった点をTF 転換点とする。

2)話し手の声の音調が変わった箇所
文脈に沿って話すことがなくなってくると参加者の声のトーンが落ちて小声になったり、独り言のような呟きの音調になることが多い。また、話し方もゆっくと間延びしてくる。しかし、新たな文脈が見つかると、明らかに声が高く大きくなり、話し方も速くなる。このように音調の変わった箇所を TF 転換点とする。

3)文脈の転換を明示的に示す表現が使用された箇所
"By the way"、「話しは変わるけど」などの表現で、それまでとは文脈が変わったことを明示している箇所。

4)限られた反応の後
その文脈で話すことがなくなった場合、参加者が、先の話者の発話を繰り返したり、互いにあいづちだけを何度も打ちあったり、笑いだけが起こったりする場合がある。以下の例(1)では、01 行目と 03-06 行目で J42 が自分の専門分野の言語学のことを話している。それに対し、J36、J40 はコメントを述べることもせず、「ほう」「ほー」と言うだけである。さらにそれに引き続いてポーズも入っており、その文脈ではもう話すことがないことを示してい

る。これが限られた反応である。その後、09 行目で J36 が「全然ちょっと話違うんですけど」と、文脈の転換を明示的に示して TF を転換している。

(1)[JP 67]　(以下、TF の転換点は＝＝＝で表す)[1]
01　J42：今はどっちかというと文法のほうに
02　J36：うん。
03　J42：流れてて、まあ今はその、4、さ、1 億語とか 4 億語
04　　　　レベルのコーパスって呼ばれるそのテキストの集合体
05　　　　からまあどのような、え、え、英語の本質が見えるかっ
06　　　　ていうのを今［分析しています］。
07　J36：［ほう］。
08　J40：ほー。
　　　　　(.)
＝＝＝＝＝＝＝＝＝＝＝＝＝＝＝＝＝＝＝＝＝＝＝＝＝＝
09　J36：全然ちょっと話違うんですけど、慶應の文学部です
10　　　　か↑

5) まとめ発話や評価発話の繰り返しの後
「ま、そんなもんです。」「そんなに気にせずに。」などの発話は、それまでの文脈をまとめて終結させる働きがある。また、先の発話に対して「良かったね」「すごい」などの評価だけをするような発話や、その評価発話だけが会話参加者の間で繰り返される場合は、その文脈でそれ以上のコメントがないことを意味する。このような箇所の後では TF が転換したとみなす。次の例では U11 が自分と同僚の給与体系について話している。それに対し U9 は 05 行目と 08 行目で "That's good for him at least." "Yeah, that's good." と評価をしているものの、それ以上の発話はなく、その後、短いポーズが生じている。それを察した U7 が 09 行目で文脈を変え、自分たちの出身地の話へと移っていっている。

(2) [US 40]
01　U11:　I mean that's worth 3 months of work or specialty
02　　　　specialty work and
03　U9:　Do you still get paid? ↑
04　U11:　Oh yeah, we still get paid.
05　U9:　That's good for him at least.
06　U11:　All his checks are cashed.
07　U7:　Yeah.
08　U9:　Yeah, that's good.
　　　　　(.)
＝＝＝＝＝＝＝＝＝＝＝＝＝＝＝＝＝＝＝＝＝＝＝＝＝＝＝＝＝
09　U7:　So you're from Austin or Texas originally ↑

7. 話題の展開

　これらのTFの内部は、大きく「開始部」、「展開部」、「終結部」に分けることができる。開始部は、新たな文脈の中で話題を導入する部分、終結部はそれまでの文脈に区切りをつける部分である。それらに関する研究はすでに多く、本研究では分析対象とはしない。新たなTFが開始された後、その中で話題を膨らませ、前に進めていく部分を「展開部」と定義し、本研究の分析対象とする。

　本データの中では、新たなTFの中で導入された話題の多くは、参加者たちによって展開させられていた。しかし、いくつかの場面では、話題が滞り、展開しない場面も見られた。たとえば(3)はその例である。先行するTFは、相互のあいづちの後、沈黙がちになり07行目の後で終結する。09行目でJ40が新たな文脈で「まあ、就活の話をすると暗くなりますよね」と就職活動の話題を導入している。しかし、他の2人は、この話題にはあまり関心がないのか、ため息と、簡単な「どうしようかねって言って終わりますよね」というコメントだけしか出ない。この話題を導入したJ40が、15行目で自ら「景気、景気良くなんないかな、みたいな」と述べて展開させようとする。

しかし、それでも J37 が「うーん」と言っただけで沈黙になってしまい、この文脈は途切れてしまう。その後、17、19 行目で J37 が学部生時代の話を導入することで新たな TF へと移っていく。08–16 行目の就職活動に関する TF は 10 秒程しか続かず、話題が展開しなかった例だと言える。

(3) [JP 70]
01 J35：ちょっとそこら辺も、できるかも、みたいなね。[@@]
02 J40：[@@]
03 J37：[うんうんうん。]
04 J35：を、しとこうかなあと思うんですけどー、まやっぱり、
05 　　　うん、これっていうところまで決まりきってないですね。
06 J37：[うーん。]
07 J40：[うーん。] (2)
＝＝＝＝＝＝＝＝＝＝＝＝＝＝＝＝＝＝＝＝＝＝＝＝＝＝
08 J37：そうですよねえ。
09 J40：まあ、就活の話をすると暗くなりますよね。[@@]
10 J35：[@@]
11 J37：[だいたいそうですよね。]
12 J40：はあーっ。＝
13 J35：＝[はあーっ。1]
14 J37：[どうしようかね 1] って [言って終わりますよね。2]
15 J40：[景気、景気良くなんないかな、みたいな。2]
16 J37：うーん。(2)
＝＝＝＝＝＝＝＝＝＝＝＝＝＝＝＝＝＝＝＝＝＝＝＝＝＝
17 J37：就活かあ。(2) なんか、あの、教員養成課程に、
18 J35：[はい。]
19 J37：[俺、] いたんですよ。学部のとき。

このように、話題は時には展開されないこともある。しかし、本データの中では、そのような例はあまり多くはなく、かなりの場合で 3 人の参加者が

協力して話題を展開、継続させていた。

8. 分析データ

本研究では、2章で述べた共通データの中から、各言語5本ずつのデータを選び分析を行った。データの選択は、参加者や会話場所に偏りが出ないように、以下の点に配慮しておこなった。

・参加者に偏りがでないように、同一参加者を複数回用いる場合は2回までとした。
・イギリス英語のデータは、収集地が複数箇所にわたったため（オックスフォード、ロンドン、マンチェスター）、いずれの収集地のデータも含めるように配慮した。

その結果、分析対象とした会話データとその詳細は以下のとおりである。データの長さは、各30分で、言語ごとに5本、それが4言語で、計20本、600分であった。その文字化データとDVDの画像から分析を行った。

表1　会話データの詳細

言　語	収録場所	会話コード	参加者コード
日本語	東京	JP 17	J24, J25, J26
	東京	JP 67	J36, J40, J42
	東京	JP 68	J37, J42, J43
	東京	JP 69	J34, J35, J43
	東京	JP 70	J35, J37, J40
アメリカ英語	テキサス	US 31	U1, U2, U3
	テキサス	US 33	U3, U4, U6
	テキサス	US 34	U2, U6, U7
	テキサス	US 39	U8, U11, U12
	テキサス	US 40	U7, U9, U11

イギリス英語	オックスフォード	UK 27	B2, B4, B5
	オックスフォード	UK 30	B3, B8, B10
	マンチェスター	UK 51	B11, B12, B13
	マンチェスター	UK 53	B15, B16, B17
	ロンドン	UK 57	B21, B22, B23
オーストラリア英語	シドニー	AU 43	Au4, Au6, Au7
	シドニー	AU 44	Au2, Au6, Au8
	シドニー	AU 45	Au9, Au10, Au11
	シドニー	AU 47	Au5, Au12, Au13
	シドニー	AU 50	Au15, Au16, Au17

9. 分析

9.1 各会話の Topic Framework 数

まず、上記の定義に基づき、本データの中の文脈の転換点を確定した。その結果、それぞれの会話の中での topic framework 数(TF 数)は以下のとおりである。

表2 各会話のTF数

日本語	会話コード	JP17	JP67	JP68	JP69	JP70	平均
	TF 数	18	11	7	5	19	12
アメリカ英語	会話コード	US31	US33	US34	US39	US40	平均
	TF 数	2	6	7	6	8	5.8
イギリス英語	会話コード	UK27	UK30	UK51	UK53	UK57	平均
	TF 数	3	4	2	4	6	3.8
オーストラリア英語	会話コード	AU43	AU44	AU45	AU47	AU50	平均
	TF 数	3	5	4	6	2	4

いずれも30分の会話であるが、1会話あたりのTF数の平均は、英語が3.8

(英)から 5.8(米)であるのに対し日本語は 12 で、英語に比較して日本語は多いことがわかる。つまり、英語では 1 つの TF が長く継続するのに対し、日本語では英語に比較してかなり短く、細切れの会話を行っていることがわかる。実際にデータを聞いていても、日本語の会話は英語と比較し、話が途切れ途切れである印象が強かったが、それはこの数字に表れていると言えよう。

9.2 話題展開スタイルの質的分析

次に、それぞれの TF の中で、どのようにして参加者が話題を膨らませて展開させているのかを、参加者の話題への関与方法の観点から分析した。その結果、少なくとも 3 つの特徴的な話題展開のスタイルを見ることができた。これらは、参加者の相互行為のあり方に基づいて、interactive style、duet style、monologue style と名付けた。

9.2.1 Interactive Style

最も特徴的なスタイルとして、会話の参加者が進行中の話題について、相手に情報を要求しながら話題を展開していくスタイルが見られた。情報要求とは、具体的には、疑問文、上昇音調の tag question、上昇音調の平叙文などで相手に何らかの情報を求める発話である。相手はそれに答えて情報提供を行うことで、その話題が深まり進行していくスタイルである。次の例はオーストラリア英語の会話に見られた interactive style の例である。主たる発話の後ろにはその発話機能を記述した。

(4) [AU 44]
01 Au8:　So what, what is your focus for study? ↑ Are you
02　　　　doing other languages? ↑　　情報要求
03 Au6:　Um well, I am doing Korean.　　情報提供
04 Au8:　Oh really.
05 Au6:　[but um]
06 Au8:　[That's] intense. That's cool.

07 Au6: Yeah.
08 Au8: Yeah.
09 Au2: Is it, is it intense?↑ Have you done it before?↑
　　　　 情報要求
10 Au8: No.　情報提供
11 Au2: Because my, my girlfriend went to Korea
12 Au6: [Mm]
13 Au8: [Mm]
14 Au2: and she said that the characters are really quite easy
15　　　 to sort of understand
16 Au6: Yeah.
17 Au2: and pick up.
18 Au6: Yeah, yeah. The, the alphabet is really quite simple
19 Au2: Mm
20 Au6: but that's only part of it.
21 Au6 and AU2:　@@@
22 Au2: The language a, a whole is a bit more（聞き取り不能）?↑
　　　　 情報要求
23 Au6: Yeah.
24 Au2: What about like the sort of grammar↑ or　情報要求
25 Au6: The grammar uum, do you know much about
26　　　 Japanese?↑
27 Au2: No.
28 Au6: Okay. I was going to say it's basically the same
29　　　 grammar as Japanese　情報提供
30 Au2: Oh right.
31 Au6: um like, but the different words　情報提供
32 Au8: Mm
33 Au6: and yeah difference, few different features, but um
　　　　 情報提供

34 Au2: So you've done Japanese as well.↑　情報要求
35 Au6: Oh, yeah, at school.　情報提供
36 Au2: Oh, okay.
37 Au6: Yeah. Not much. Uum but it's quite a lot different,
38 　　　 you know, English. I'd, I would just say really quick
39 　　　 thing in English, I was saying, you know, you know, I
40 　　　 catch the ball　情報提供
41 Au8: Mm
42 Au6: but in Korean, you'd say, you know, I the ball catch,
　　　　　情報提供
43 Au8: Yeah.

　この会話は、30分の会話の比較的最初の部分である。初対面の参加者3名(Au2、Au6、Au8)が、自分たちの名前や専攻などを自己紹介し合っている場面である。ここではAu2がAu6の専攻について尋ね(01-02行目)、彼の専門が韓国語であるとわかると、韓国語についてさらに詳細に質問を繰り返して情報を要求している(09, 22, 24, 34行目)。情報を求められたAu6がそれに応えて情報を提供することで(10, 28-29, 31, 33, 35, 37-40, 42行目)、話題が展開していく。このように会話参加者が相互に相手に情報の要求と提供をし合うことで、情報内容が深まっていき、話題が展開するスタイルである(図1)。
　このような情報要求の発話は、話題転換や話題導入の手法としてしばしば用いられることが指摘されている(宇佐美・嶺田1995, 佐々木1998)。しかし、この例から、話題の開始部のみならず、展開部においても情報の要求が頻繁に行われていることがわかる。

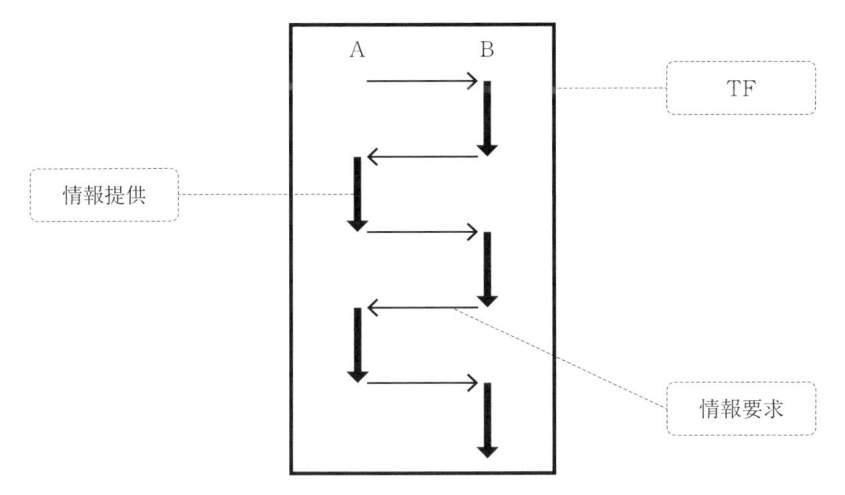

図1　Interactive Style のモデル図
（会話参加者をＡＢの２人とした場合）

9.2.2　Duet Style

　一方、相手から情報の要求をされなくとも、自ら進んで情報や意見を提供していくことで話題を展開させるスタイルも見られた。具体的には、相手から情報の要求をされてはいないが、自分の体験や考えを自ら語ったり、先行する話者の情報や意見に新たな情報を付加することで会話が進んでいくスタイルである。このスタイルは interactive style のように直接相手に働きかけることはしない。しかし、歌のデュエットで２人の歌い手が、交代で各自のパートを歌うことで曲が成立するように、会話の参加者が順繰りに情報提供し合うことで話題が展開していく。以下は日本人の会話 JP 70 の一部である。

(5)［JP70］
01　J35：就活は、やー、どうなるか分かんないから怖いっすよ
02　　　　ね。
03　J40：あー。
04　J35：あの、早く終わってくれれば全然いいんだけど。(.)
05　　　　あの後のほうにかかってきちゃうと［やりたいこと 1］

06　　　　やれないままなんか
07 J37：[うーん 1]
08 J40：[確かに確かに。2]
09 J35：[忙しくなっちゃうから。2]
10 J37：[ね、そうですね。2] うん。
11 J35：それも、ちょっと考えてよ、みたいな。
12 J37：うーん。(.)なんかね、長引いてくとどんどんどんど
13　　　　んこう、自分のヤなとこしか見えてな、こない感じがし
14　　　　ますよね。
15 J35：うん。
16 J40：[もう就活やってる人 1]
17 J37：[この会社にも切られて 1] 切られて切られてとかいっ
18　　　　て
19 J40：[そう 2]
20 J37：[お祈り 2] メールとか言うんですよね。
21 一同：@@
22 J35：お祈りメールはいらないですよ。@@
23 J40：@@ 就活してるやつのツイッターは荒れてましたね。@@
24 J37：あー。
25 J40：マジ、心が、心が、みたいな。
26 J37：うーん。(.)なんかメリットないですよね、あれって。
27 一同：@@（くすくす笑い）
　　　　　(2)
＝＝＝＝＝＝＝＝＝＝＝＝＝＝＝＝＝＝＝＝＝＝＝＝＝＝＝＝

　これは大学院生である参加者3人が就職活動に関しての不安を話している部分である。J35が01-02行目、04-06行目、09行目、11行目で就職活動への不安を語り始める。J35が不安を述べた後、次に12行目からJ37がその後を引き継いで、「なんかね、長引いてくとどんどんどんどんこう、自分のヤなとこしか見えてな、こない感じがしますよね。」「この会社にも切られて

切られて切られてとかいって」「お祈りメールとか言うんですよね」と不安を語り始める。さらに J40 は 23 行目と 25 行目で、ツイッターで見た就職活動体験者の荒れた書き込みについて話すことで、就職活動への不安な気持ちを伝えている。このように会話参加者が交互に自分から意見や情報を提供し合うことで、話題は進行している。そしてこの TF は、全員が就活への不安を語り終え、くすくす笑いを共有することで終了し、2 秒のポーズの後に次の TF へと移っていく。

　このスタイルでは、上記の会話例のように比較的短い情報提供が交互になされる場合以外にも、各参加者が比較的長い自分のストーリーを交互に提供し合いながら話題を展開させる場合もある。以下はアメリカの会話 US 33 の一部である。この場面では主に U3 と U4 がそれぞれの体験に基づき意見を述べ合っている。U3 は最高裁判所について研究している大学院生であり、U4 は経済学について研究する大学院生である。各自が自分の経験や体験をもとに、経済学と法学の違いについて意見を述べ合っている。その際、各参加者はかなり長いターンを使って語り、その間、残りの者は聞き手に回ってあいづちや共感発話を発している。しかし、1 人の話が一段落した箇所で、すかさず次の話者がターンを取って、前者の文脈に沿って自分の話を語り出している。

(6) [US 33]

01　U4:　I actually have a few a few friends and professors at
02　　　　Brigham Young that did do law and economics
03　　　　actually, um which is interesting, but kind of (.) it's a
04　　　　very different take on like (.) that like it's mostly
05　　　　empirical and just taking about the effects of law
06　　　　rather than like
07　U3:　Yeah.
08　U4:　the merits right, like,
09　U3:　Yeah.
10　U4:　which I think is generally (.) an economist's take on

11		something. It's just kind of look at defects rather
12		than like is this good or bad, or I don't
13	U3:	[Yeah.]
14	U4:	[I don't] really know. (.) Ah you can decide after I
15		figured out what happened.
16	U3:	Um. (.) I worked as a research assistant for (.) a (.)
17		law professor, XXXXX. I don't know if
18		you had any classes with her. And (.) she teaches
19		(.) federal courts, I think.
20	U4:	Um
21	U3:	She is new to the law school in the last couple of years.
22		Ah, and, and she is looking at state courts and the um
23		ah differences between the states in terms of
24		overturning precedents. And, so she did find that that
25		different state courts that are designed in different
26		ways have different levels of respect for um
27		precedent. And then, she wanted to write a follow up
28		paper which I didn't to get to work on, but I I think
29		she just maybe next summer I can work on this. Um.
30		(.) She wants to then use um respect for precedent as an
31		independent variable to look at whether it influences
32		state economic growth rates
33	U4:	Mm-huh
34	U3:	that, you know, if you have a state with very stable
35		legal precedence, does that attract more businesses
36		because they, (.) you know, business
37	U4:	Mm
38	U3:	owners can ah um or it's more predictable what uh (.)
39		what the legal, the business climate is going to
40	U4:	Right.

41	U3:	remain like. Um. (.) So, she is not economist. Ah
42	U4:	@@ Yeah.
43	U3:	And so, you know, obviously, we need a lot of other
44		control variables that it would explain state
45	U4:	Mm
46	U3:	economic growth rates. But I don't think anyone's ever
47		thrown in a legal, that kind of legal argument into
48		the
49	U4:	Probably not.
50	U3:	into the mix.
51	U4:	The a I mean, those those kinds of questions are really
52		interesting, and if you can get the data that exists,
53		right, like the problem is just coding it,
54	U3:	Yeah.
55	U4:	right thing, some R-8 to code it or
56	U3:	That's me. [@@]
57	U4:	[@@] Then (.) then once you have it, they're fun.
58	U3:	Yeah, I get to (.) sit on my couch and watch World Cup
59		games
60	U4:	Huh
61	U3:	and code.
62	U4:	Yeah.
63	U3:	And that was a great way to spend my summer.
64	U4:	Yeah right
65	U6:	Uh-huh
66	U4:	or Hulu or something.
67	U3:	Yeah. (.) So

　はじめに U4 が 01 行目から 15 行目までで、自分のブリガムヤング大学の知人たちが行っている法律と経済の研究について話している。その間、他の

話者(特にU3)はあいづちを打ちながらU4の話を促している。15行でU4の話が終わったところで、その文脈を受けてすぐに16行目で、今度はU3が自分が研究助手として働いていた教授の法律に関する研究について語り始め、それは50行目まで続く。その後51行目で、さらにU4がU3の文脈に沿って自分の意見を述べ始める。この例では、(5)の例と比較するとかなり長いターンを用いて各自の話を順番に語り合うことで話題が展開している。ただ個々のターンの長さは違うが、参加者それぞれが文脈に沿って順番に情報提供をし合うスタイルは(5)と同じである。以下はduet styleのモデル図である。

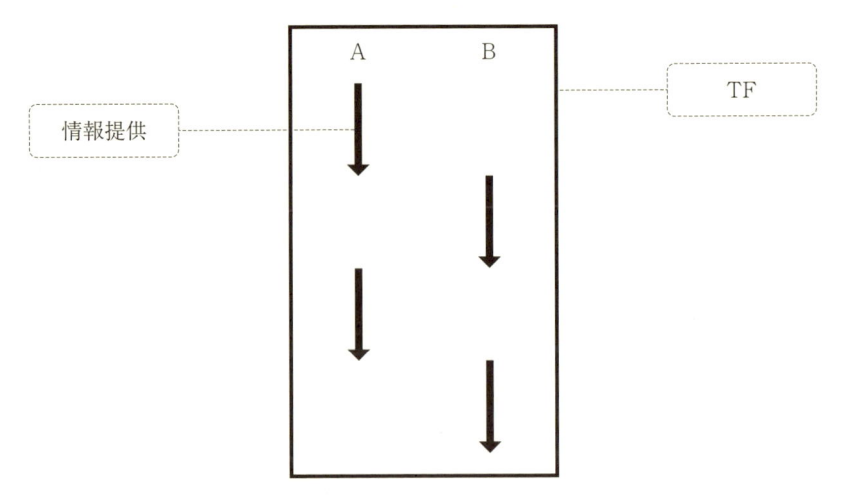

図2　Duet Styleのモデル図
（会話参加者をＡＢの２人とした場合）

例(6)の16-50行目のU3の発話は、Sacks(1992)の言うsecond storyと言えよう。Sacksは、second storyは単に２つ目の話として情報提供をするだけではなく、先のfirst storyに対する関心、同意、理解等を示す役割を担うとしている(1992: 770)。さらに、second storyだけに終わらず、その後もU3とU4が交互に自分の体験や意見を交換し合っているこの一連の会話は、Tannen(1984)の言うstory roundsと考えることもできる。彼女は、このようなstory roundsは相手の話題に対する高いかかわり(high-involvement)を示す

スタイルだと指摘している。

9.2.3 Monologue Style

3つ目の monologue style とは、1つの TF の中で、1人が「話し手」となって話し続けるスタイルである。このスタイルでは、話題について情報提供をし続ける「話し手」と、それにあいづちや共感発話を挟みながら相手の語りを促す「聞き手」といった明確な役割分担がなされている。聞き手は、相手の語りを促しはするが、自ら新たな情報を提供することも、相手に情報を要求することもない。

以下は日本語会話 JP 70 に見られた monologue style の会話例である。3人の参加者(J35、J37、J40)は、先行する TF(07 行目まで)の中で自分たちの専門分野について話していた。01–07 行目で、3人の参加者は互いに感想を述べ合い、あいづちを打ちあうが、しかしそれ以上のコメントも出ない状態(「おもしろいですよね」「やれたらおもしろいですよね」「うん。そうですね」「うん。」「そうか」)となり、先行する TF は終結する。それに引き続いて、J37 が2秒のポーズを挟みながら、「どうなんです バイオインフォマティクス的には。その(聞き取り不能)@@」と、先の実験会話で同席していた J43 の話を引き合いに出しながら新しい TF を導入する(08–09、12、14–15 行目)。バイオインフォマティクスを専門とする J40 は、その後、自分の専門分野について語り始める(16–62 行目下線部)。他の2人は、J40 の発話を確認したり(「J43 さん。」「ああ、ツールの、ああ」など)、あいづちを打ったり(「あー」、「へー」など)、共感の表明を行うが(「あ、そうですね」「あーなるほど」など)、自分から質問をして J40 に詳細な情報を求めることはなく、また、自分から新たな情報や意見などを提供することもない。そしてこの TF は、「話し手」である J40 の語りが終わったところで終了し(62 行目)、1秒のポーズを挟んで次の TF へと移っていく。

(7) [JP 70]
01 J37：ああ、なるほど。(.)あ、いいですね、なんかその、現
02 　　　実に、直接にこう、反映させるっていうのがおもしろい

03 　　　　ですね。
04 J35：やれたらおもしろいです［よね。］
05 J37：［うん。］そうですね。
06 J40：うん。
07 J37：そうか。
　　　　　(2)
==================================
08 J37：どうなんです↑バイオインフォマティクス的には。そ
09 　　　　の(聞き取り不能)@@
10 一同：@@
11 J40：な、どう、どう言ったら(聞き取り不能)［@@］
12 J37：［@@］いやあのさっき、あの、ちょうどこの、席で、
13 J35：はい。
14 J37：ちょうどそこにさ、座ってた方も、バイオ、バイオ［イ
15 　　　　ンフォマティクス 1］っていうふうに言ってて、
16 J40：［ああ、J43。あ、@@ 1］
17 J37：あ、そうですね、［J43 さん。2］はい。
18 J35：［J43 さん。2］
19 J40：あそう、う、うーんと、まあ研究室は違うんですけど、
20 　　　　［あいつと］
21 J37：［ああ、そうなんですか↑］
22 J40：ゼミは一緒にやってて、
23 J37：［ふーん↑］
24 J40：［同じこと］やって、同じ、ようなことを、広い枠組み
25 　　　　で見れば、やってるんですけど、ただまああっちは、タ
26 　　　　ンパク質の相互作用、を、何だろ、(.)なんていうかな、
27 　　　　なんか、けい、形を使って、測るとかそういうことやっ
28 　　　　てるんですけど。僕の場合は、タンパク質、の、原子 1
29 　　　　個 1 個に注目して、シミュレーションをするみたいな、
30 　　　　［ことをやって］て。

31 J35：［ふーん↑］
32 J40：まあ、どうなんですかね↑将来があるかどうか［分かん
33 　　　ないですけど。@@1］
34 J35：［え↑@@1］［や、2］
35 J40：［一応、2］えっとー、(.)んっとその、今の修論のテ
36 　　　ーマは、それを使って、えっと、タンパク質はタンパ
37 　　　ク質というのか、どれぐらい相互作用、えと、相性は
38 　　　いいかみたいなことを、シミュレーションして、測っ
39 　　　てあげるっていうこと、を、テーマにしてて、えっと
40 　　　ー、そのー、手法の精度を上げる、(.)方法を考える、
41 　　　みたいなことが、
42 J37：うーん。
43 J40：今の［修論のテーマに一応、］やってるんですけど、
44 J37：［ああ、ツールの、ああ。］
45 J40：それーと、もう1つ別な、@@えっとその、シミュレー
46 　　　ションの手法そのものが、ものすごい計算時間かか［る
47 　　　んで、］
48 J37：［うん。］
49 J40：それを、どうにかして、高速化できないかっていう、の
50 　　　も、ずっと議論されてて、
51 J37：うーん。
52 J40：そっちのほうが、実は好きだったり［するんですけども。
53 　　　@@1］
54 J37：［ああ、なるほど。1］
55 J35：［@@1］
56 J40：ただ［与えられてるテーマは2］
57 J37：［へー。2］
58 J40：別な方向［みたいな3］感じなんで、
59 J37：［あー。3］
60 J40：どうしようかなって、［いろいろ4］

```
61  J37：[あーなるほど。4]
62  J40：悩んでる@@んですよね。
        (1)
```
＝＝＝＝＝＝＝＝＝＝＝＝＝＝＝＝＝＝＝＝＝＝＝＝＝＝＝

　このように、1人が「話し手」となって話し、他の参加者はあいづちや共感発話でその語りを促すものの、それ以上の話題展開への関与はせず「聞き手」の役割を貫くようなスタイルを monologue style と呼ぶこととする。先の2つのスタイルでは、参加者がいずれも積極的に情報要求をしたり、自らの体験や意見を述べたりしているのに対し、このスタイルでは「話し手」以外の参加者は話題展開へのかかわりの度合いは低く、消極的な貢献のみを行っていると言えよう。話題や相手との距離を取るスタイルと言える。

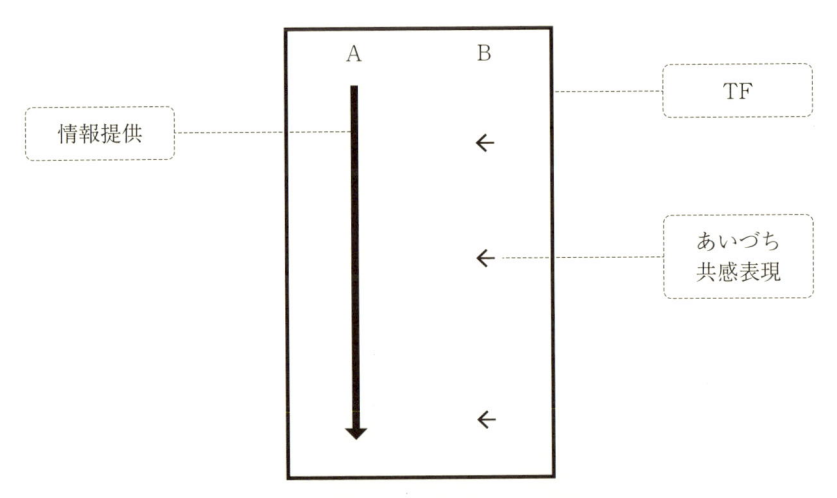

図3　Monologue Style のモデル図
（会話参加者をＡＢの2人とした場合）

9.2.4　混合スタイル

　このように、本データからは3つの話題展開のスタイルを見つけることが

できた。しかし、もちろん実際の会話は常にこのような3つのスタイルに簡単に分類できるわけではなく、より複雑で、1つのTFに1つのスタイルだけが使用されているとは限らない。本データの中では、TFの前半部分がinteractive style で、後半でduet style に移行する混合スタイルも多く見られた。つまり、初めに互いに情報要求と情報提供を行って共有知識を得て（interactive style）、その後に話題に関する自分の意見や体験を順番に話し出す（duet style）ケースであった。

　次の会話はイギリス会話 UK 30 の抜粋である。参加者 B8 は免疫学を学ぶ大学院生で、他の参加者から、イギリスでも販売されているヨーグルト飲料ヤクルトの免疫効果について次々に質問を受けている。(interactive style）。しかし途中からは、各自が順次、自分の意見を語り始め duet style へと移行していく。非常に長い TF であるため、両スタイルの顕著な特徴が見られる箇所だけを抜粋して示す。

(8)［UK 30］
01　B3: <u>Does Yakult actually work?</u>↑ ・@@@
02　B8: Yeah, it could do, but there is no scientific basis.
03　B10: Really?↑
04　B8: There's no so it's true to say that there were some
05　　　like bacteria which can be beneficial,
（中略）
06　B10: <u>So in actually some situations, it would be unhelpful</u>
　　　　↑
07　B8: Yeah. For sure. I mean, the first so, this idea
08　　　about probiotics has been around for quite a while.
09　B10: Yeah.
10　B8: Um but the problem is they you can only kind of do
11　　　trials on patients that are quite far gone already if
12　　　you note that nothing else works on, but it's not
13　　　very ethical to take some where you could make

14   them better,
(中略)
15 B3:   Do you mean like there are some disease? ↑
16 B10: We're not talking about death are we? ↑
17 B8:   No, no. Well, it depends on the @@@ it depends on
18   the, it depends on the disease. @@@
19 ALL: @@@
(中略)
20 B8:   Exactly.（聞き取り不能）got to help, so with a brain
21   tumor taking Yakult probably isn't going to help,
22   but for example, people suggest it will help with
23   like Crohn's disease and things, which is
24 B3:   What's that? ↑
25 B8:   It's like an inflammatory autoimmune disease
26 B3 and B10: Oh yeah.
27 B8:   of the intestines.
(中略)
28 B3:   But to be fair, you know, the statements there,
29   they're not really telling any lies. It's the people
30   who buy it that are to blame.
(同時発話のため聞き取り不能)
31 B8:   But it is being is being [deliberately].
32 B10: [You say that] up to 50%, and that's directly
33   misleading. The objective is that is to mislead,
34   and they achieve that. It's just like basically a
35   lie.@@@
36 B8:   Yeah, while these chocolate bars that say they have
37   like this one vitamin that's productive and then rest
38   of the lie ingredients, like totally out of order.
39 B10: Yeah yeah yeah.

40　B8:　It's crazy. Good fun though.
41　B10:　Yeah.
42　B8:　It's part of the advertising.
43　B10:　Don't get a job in that, though, don't go and work
44　　　　for L'Oreal.
45　B8:　Really? Okay. I wasn't, I wasn't thinking about
46　　　　that.
（同時発話のため聞き取り不能）
47　B8:　provocative for this conversation,
48　B10:　Yeah.
49　B8:　and say, actually yeah. I was lining up. I'm going to
50　　　　go and work for Yakult.
51　B10:　I do find funny, though, see I'm possibly treading on
52　　　　people's toes, but I have conversation with and, I'm
53　　　　not somebody is you go and work for the UN
54　　　　breastfeeding orangutans or whatever, and, you know
55　　　　like I'm not someone who is like you have to commit
56　　　　your whole life to sort of the well being of the
57　　　　universe, however, but certain like number of
58　　　　graduates which is that it doesn't feature into the
59　　　　thought process whatsoever the, you know, they'd be
60　　　　given a really amazing education,

　下線部の 01、06、15、16、24 行目で、B3 と B10 は B8 に対して次々とヤクルトに関する質問をして情報を求めている (interactive style)。こうしてある程度のヤクルトに関する知識が共有された後、今度は 28 行目以降で 3 人はヤクルトを含めた健康食品の宣伝方法について duet style で交互に自分の考えを述べているのである。
　本章のデータでは上記のような interactive と duet の 2 つのスタイルが併用されるケースは多く見られたが、それ以外のスタイルの組み合わせは見ら

れなかった。

9.3 話題展開スタイルの量的分析

次に、これらのスタイルが、各言語の会話の中でどの程度の頻度で使用されているかを分析した。具体的には、各言語の5つの会話データのTFの中で用いられたスタイル出現回数の合計と、その割合を算出した。実際の会話の中では、上記の混合スタイルのように、1つのTFに2つのスタイルが使用されることもあった。また、新たな文脈で話題が導入されても、すぐに沈黙などで文脈が途切れてしまい、話題が展開しない例もあった。その場合は「話題展開の失敗」としてカウントした。表3はその結果である。

まず3つの英語変種の結果から見てみる。いずれの英語においても最もよく用いられている話題の展開のスタイルは interactive style と duet style を組み合わせた混合スタイルである（英79％、豪60％、米52％）。特に、上記の会話例(8)で示したように、まずはじめに1つの話題に関して interactive style で相互に情報交換を行い共通の知識を共有した上で、その後に duet style で各自が体験や考えを交互に述べることで話題が展開されていくケースがほとんどであった。それに次いで用いられるスタイルは3つの英語の間で異なるが、interactive style（豪35％）か、duet style（米24％）で、イギリス

表3 各話題展開スタイルの出現回数（各言語5会話、150分ずつの内）

	総TF数	Interactive	Duet	混合(Interactive + Duet)	Monologue	展開の失敗
イギリス英語	19	2 (11％)	2 (11％)	15 (79％)	0 (0％)	0 (0％)
オーストラリア英語	20	7 (35％)	0 (0％)	12 (60％)	1 (5％)	0 (0％)
アメリカ英語	29	6 (21％)	7 (24％)	15 (52％)	1 (3％)	0 (0％)
日本語	60	18 (30％)	13 (22％)	9 (15％)	13 (22％)	7 (12％)

英語は、いずれのスタイルも同じ11％であった。また、1人の参加者が話し続け、残りの者が聞き手に回る monologue style はイギリス英語では皆無で、オーストラリアとアメリカでも1例ずつ見られただけで、ほとんど使用されることはなかった。また、新たなTFで導入された話題の展開がうまくいかず、すぐに話すことがなくなり、沈黙後に別のTFに移ってしまう話題展開の失敗例は、3種の英語ではいずれも見られなかった。このように見ると、3種の英語では多少の差はあるものの、interactive style と duet style の混合スタイルが最もよく用いられ、またそれに次いで interactive、duet のそれぞれが用いられるが、monologue style はほとんど用いられない点で共通していると言える。また、たとえ初対面で共通知識がほとんどない話者との間でも、話題展開に失敗してしまうことはなかった。

　一方、日本語の会話は、英語の会話ほどスタイルに偏りがなく、どのスタイルも比較的満遍なく用いられていた。特に、英語の会話ではほとんど使用されていない monologue style が22％使用され、また英語では皆無であった話題展開の失敗も12％見られた。

　本データで確認されたスタイルは、聞き手行動の観点から分類すると2つに分類できよう。ここでは、主たる情報提供者を「話し手」、質問、あいづち、共感発話などで相手の情報提供を促す者を「聞き手」と呼ぶことにする。聞き手側が積極的に話題の展開に関与するスタイルを「働きかけ型」とする。interactive style は聞き手が情報要求をすることで、自発的に話し手から情報を引き出し話題展開を図っている。また、duet style は自分の意見や体験を付加していくことで、先の聞き手が次の話し手へと移行しながら話題を展開させている。そのためいずれもが聞き手の能動的な関与で話題が展開されており、相手、あるいは相手の話題への働きかけが強いスタイルと言えよう。一方、monologue style は、聞き手が話し手の話題に対してあいづちや共感、感嘆表現などで「聞いている」「関心を持っている」というシグナルは送るものの、自分からの情報要求も情報提供もない。このような消極的な聞き手の関与を「非働きかけ型」とする。この観点から、話題展開スタイルの分布をまとめると以下のようになる（表4）。

　英語は3変種いずれも、相手に質問して情報を求め（interactive style）かつ

表4　聞き手の行動の観点から見たスタイル分布

	総TF数	働きかけ型 Interactive, Duet, 混合(Interactive + Duet)	非働きかけ型 Monologue	話題展開の失敗
イギリス英語	19	19 (100%)	0 (0%)	0 (0%)
オーストラリア英語	20	19 (95%)	1 (5%)	0 (0%)
アメリカ英語	29	28 (97%)	1 (3%)	0 (0%)
日本語	60	40 (67%)	13 (22%)	7 (12%)

　自分の体験や考えを語るような(duet style)、働きかけ型が多用されている(英100%、豪95%、米97%)。それに対し、日本語ではこのような働きかけ型は67%と英語圏と比較すると低い。逆に、非働きかけ型が22%と英語圏に比較して多くなっており、日本語では、聞き手の話題展開への関与が英語に比較してかなり少ないといえる。

10. 考察―話題展開スタイルの相違とその文化的背景―

　このような日・英語の話題展開のスタイルの違いは、果たしてどこから生じるのであろうか。その要因として、聞き手側が話し手との対人関係にどのように配慮して会話に参加するのかという点が大きく関与していると考えられる。上記の話題展開のスタイルの多くは、聞き手がどのような行動をとるかにより決定されていく。たとえば、ポライトネス理論の観点から考えると、英語話者が好んで用いていた働きかけ型のスタイルは、聞き手が話し手のポジティブ・フェイスに配慮した話し方だといえよう。つまり、話し手への情報要求や、話し手の話題に自分の意見や情報を付加する行為は、相手の話題に関心、興味、理解を示し、話題を共有しようとする行為だからである。しかし、このスタイルでは、話し手側からすると、詳しくあれこれ情報

を要求されることにもなり、話し手のネガティブ・フェイスの脅かしとなる可能性も秘める。

　逆に、日本語には見られたものの、英語ではほとんど見られなかった非働きかけ型の monologue style は、相手のネガティブ・フェイスを重視する場合、非常に有効となろう。つまり、聞き手は話し手にあいづち、共感発話、感嘆発話などを投げかけるだけで、話し手に情報要求せず、自分の意見を述べることもない。その結果、話し手をさえぎることも、その領域を脅かす危険もなく、相手のネガティブ・フェイスを守ることができる。しかし、話し手のポジティブ・フェイスを重視する文化では、このスタイルは相手の話に関心が低いことを示し、また、話題の展開に積極的に貢献しようとしない無礼なスタイルと解釈される可能性がある。実際に、本論の最初で述べた、英語話者から誤解を受けた日本人参加者は、聞き手に回ったことで英語母語話者に悪印象を与えてしまっていた。また、本章では直接は扱ってはいないデータではあるが、異文化間の会話(ICE 8　詳細は2章参照のこと)の日本人参加者(J9)は、フォローアップ・インタビューで、筆者から会話中に相手にあまり質問をしない理由を問われ、「いろいろ質問すると詰問のように聞こえるので控えた」と答えていた。相手に質問して情報を要求することを好意的には捉えていないことが見て取れる。

　また、英語には話題展開の失敗が一度もなかったのに対し、日本語では12％が失敗をしている。これには、今回のデータが初対面会話であったため、参加者間での興味や関心の摺合せが、旧知の者同士の会話以上に難しいこともあろう。しかし、まったく同じ条件の英語会話では失敗例が見られず、日本語だけにそれが見られたのもやはりポライトネスの相違から説明できる。参加者にとって新しい分野の話題や、詳しくない話題が導入された際、英語話者はそれに対して interactive style を用いて詳しく質問をすることで相手との共通点を見出し、相手のポジティブ・フェイスを満たそうとするのであろう。その結果、話題は展開されることとなる。本研究では、データ収集の際にあえて専門分野に共通点の少ない者同士を組み合わせるようにした。たとえば、イギリスの会話 UK 30 では、参加者の専門分野がそれぞれ違い、1人はオックスフォード大学を卒業した造園業者、1人はオックス

フォード大学の免疫学の大学院生、1人はケンブリッジ大学の数学専攻の大学院生という、ほとんど共通の話題のなさそうな組み合わせであった。しかし、それにもかかわらず上記の会話例(8)でも一部示したように、免疫学専攻の学生に対して、残りの2人は質問を次々に投げかけていた。その結果、1つのTFの中で「B8の専攻の免疫学について」→「ヨーグルトの効果について」→「ヨーグルト飲料のヤクルトの効果について」→「その効果を大げさに取り立てるマスコミのあり方について」、と話題はどんどん展開されていった。

それに対し、日本語では、例(1)で示したように、詳しくない話題が導入されても、聞き手は質問をすることはほとんどない。気まずい笑いや、「へー」「ふーん」「ああ」といったあいまいなあいづちを投げるばかりで話題は展開していかない。これは、相手への詳細な質問は相手のネガティブ・フェイスを脅かしかねず、日本語ではその点への配慮がなされているからであろう。またそれに加えて、質問をすることは自分の無知をさらけ出す可能性もあるため、自分のポジティブ・フェイスを守ろうとする働きでもあるのであろう。このように相手と自分のどのフェイスを重視するのかが文化により異なり、その結果、話題展開のスタイルにも相違が出るのだと考えられる。

また、本分析の結果は、Tannen(1984)が唱える high-involvement style と high-considerateness style でも説明できよう。英語の話題展開スタイルからは、英語話者が日本語話者に比べてはるかに相手への involvement（かかわり）を重視していることがわかる。一方、日本語話者は相手への considerateness（配慮）を重視しすぎるあまり、相手や相手の話題に深く関与せず、あいづちや感嘆発話だけの聞き手になってしまうのであろう。また、また時には配慮しすぎるあまり、話題の展開に貢献できず話題展開の失敗へとつながることもあるのであろう。

このように、日本語と英語では話題の展開のスタイルに異なる傾向がみられ、その背後には、その言語での対人関係の築き方が大きく影響をしていると考えられるのである。

11. 英語教育への示唆

　本研究のきっかけは、日本人が英語の会話に参加できず、聞き手にまわってしまう原因を探ることであった。このように話題展開のスタイルを比較してみると、その原因の一端が見て取れる。1つは、もし相手に情報要求することに慣れていないと、次々に質問を投げかけ合う英語話者たちの会話に参加することが非常に困難になろう。また、相手の話に引き続いてすぐに自分の体験や考えを述べて duet style に持ち込めないと、ひたすらおとなしい聞き手に回ってしまう可能性が高いであろう。さらに、日本人が、monologue style を想定して相手の話を聞いているだけでは、相手はいらだちを感じるであろう。逆に日本人が monologue style を前提に話しても、実際には途中で次々に情報要求されてしまい、自分の話したいことを最後までしゃべらせてもらえないという事態も起こるであろう。1節で挙げた寺内他(2008)のアンケート結果にもあるように、自分の話の筋道を変えられてしまい、不満を感じる可能性もある。

　会話参加者全員に同じスタイルが共有されていれば、非働きかけ型の話題展開スタイルでも、会話はその中で秩序を保って進んでいく。しかし、働きかけ型と非働きかけ型の話者が混在すれば、後者は、自分の話題を継続することが困難になるであろうし、相手の話題に参加することも難しくなろう。さらに、単に話題に参加できないだけではなく、相手からは異なる解釈、つまり、「話題に関心を示そうとしない」、「話題の展開に貢献しない」失礼な人といったマイナスの評価を受ける可能性もある。

　本分析の結果は、話題の展開スタイルという指標からみた英語の話し方の1つの規範として、教育の場でも提示することが可能であろう。しかし、実際には、働きかけ型の話題展開スタイルを教育へ導入するにはかなりの困難を伴うと思われる。このようなスタイルに関する規範は、普段はほとんど無意識であるため、まずその意識化から始めなくてはいけないであろう。つまり、日本語と英語の話題展開の方法がどのように相違するのかを明示的に教えることが不可欠となる。なぜなら、このような相違は、学習言語にさらされているうちに慣れて身につくということはほとんど期待できないからであ

る (FitzGerald 2003, 村田・大谷 2006)。また、その規範に沿った話し方をしなければ、単に会話に参加できなくなるだけではなく、相手の不信感をかう可能性もあること、円滑な人間関係を築きにくくなることも明示的に教える必要があろう。

　具体的なトレーニングとしては、教育現場ではほとんど意識されていないが、聞き手としての訓練が必要であろう。これまでの教育ではどのように「話す」かが重視されてきた。しかし「話す」ことはもちろん重要だが、それに加え、具体的にどのように質問をすればよいのか、どのような方法、タイミングで second story を持ち出せばよいのかのトレーニングが必要となろう。教室のコミュニケーション・トレーニングでは、質問を投げる役割は教師になる場合が多く、学習者はそれに受動的に答えることに慣れてしまっている。2 章で挙げた異文化間の会話データの中には、英語母語話者が日本人に対してまるで教師のように次々と質問をし、日本人はそれにひたすら答えることで会話が成立するという、教室談話のような例がいくつかあった。これは、日本人は尋ねられれば答えられるが、自分から相手に質問を投げて話題を膨らませることには慣れていないことを示している。従って、話題を展開させるためのストラテジーとして、自ら情報要求発話を行うトレーニングが必要だろう。

　さらに、英語教育だけではなく、母語である日本語のコミュニケーション教育でも必要なことであろうが、相手の話を批判的に聞く訓練が重要であろう。筆者の教える日本人学生に情報要求の訓練をしても、「何を尋ねればよいのかがわからない」「質問したいことがない」と答える者が多い。これは普段から非働きかけ型の会話で相手の話題を大人しく聞くことに慣れており、相手の話題に疑問を持ちながら聞くことに慣れていないためだと考えられる。相手の話題を批判的に聞いていないため、「へー」「なるほど」などの共感発話で話題を促進させることはできても、どんな質問をして話題を展開すればよいのかが思いつかないのであろう。

12. おわりに

　このように、話題展開のスタイルには日本語と英語とではかなりの相違が見られることが明らかとなった。従来、話題の転換方法、話題開始部と終結部のスタイルに関しては比較的研究が多かった。しかし、いったん導入された話題に会話参加者が関与して、発展させていく相互行為のあり方については、日・英語の間ではほとんど述べられることはなかった。経験的に、「日本人は消極的なので、もっと積極的に話さなくてはいけない」ということは言われても、「積極的に話す」とはどういうことなのかがあいまいなままであった。本研究では、むしろ聞き手の行動が両言語でかなり違い、それが話題展開のスタイルの相違として表れていることを示すことができた。ただ、本研究は、あくまでも初対面の男性の会話であり、この結果を一般化することはできない。今後、女性や親しい関係の会話などに対象を広げて調査することが必要である。

注

1　会話例の中で使用する記号は2章に示したものに従う。しかし、本章ではそれに加え、以下のように表記を行った。

　　日本語データの　　。　　　　音調の下降を意味し文の終了箇所
　　英語データの　　　．　　　　音調の下降を意味し文の終了箇所
　　日本語データの　　、　　　　きわめて短い間
　　英語データの　　　，　　　　きわめて短い間
　　_____（下線）　　　　　注目箇所
　　＝＝＝＝＝＝＝　　　　　　　TFの転換点
　　XXXXX　　　　　　　　　　固有名詞

参考文献

Arminen, I. (2004). Second stories: The salience of interpersonal communication for mutual help in Alcoholics Anonymous. *Journal of Pragmatics, 36*, 319–347.

Brown, G. & Yule, G.（1983）. *Discourse analysis.* Cambridge: Cambridge University Press.

Brown, P. & Levinson, S. C.（1987）. *Politeness: Some universals in language usage.* Cambridge: Cambridge University Press.

FitzGerald, H.（2003）. *How different are we? Spoken discourse in intercultural communication.* Clevedon: Multilingual Matters.［村田泰美(監訳)重光由加・大谷麻美・大塚容子(訳)(2010)『文化と会話スタイル―多文化社会・オーストラリアに見る異文化間コミュニケーション―』ひつじ書房］

Hinds, J.（1978）. Levels of structure within the paragraph. *Proceedings of the Annual Meeting of the Berkeley Linguistics Society, 4,* 598–609.

近藤彩(2007)『日本人と外国人のビジネス・コミュニケーションに関する実証研究』ひつじ書房

メイナードK. 泉子(1993)『会話分析』くろしお出版

三牧陽子(2013)『ポライトネスの談話分析―初対面コミュニケーションの姿としくみ―』くろしお出版

南不二男(1981)「日常会話の話題の推移―松江テクストを資料として―」藤原与一先生古稀御健寿祝賀論集刊行委員会編『藤原与一先生古稀記念論集　方言学論叢Ⅰ―方言研究の推進―』(pp.87–112)三省堂

南不二男(2003)「文章・談話の全体的構造」佐久間まゆみ編『朝倉日本語講座7　文章・談話』(pp.120–150)朝倉書店

村上恵・熊取谷哲夫(1995)「談話トピックの結束性と展開構造」『表現研究』62　101–111

村上律子(2009)「日本語学習者の家庭訪問アクティビティーにおける日本人ホストの会話参加調整―話題管理を中心に―」『異文化コミュニケーション研究』21　99–119

村田和代・大谷麻美(2006)「ポジティブ・ポライトネス・ストラテジーの指導の試み」堀素子他著『ポライトネスと英語教育―言語使用における対人関係の機能―』(pp.195–228)ひつじ書房

中井陽子(2002)「初対面母語話者／非母語話者による日本語会話の話題開始部で用いられる疑問表現と会話の理解・印象の関係―フォローアップ・インタビューをもとに―」『群馬大学留学生センター論集』2　23–38

中井陽子(2012)『インターアクション能力を育てる日本語の会話教育』ひつじ書房

大場美和子(2012)『接触場面における三者会話の研究』ひつじ書房

Otani, M.（2007）. Topic shift by Japanese and Americans: A cause of misinterpretation in intercultural communication. *Memoirs of Nara University, 35,* 69–83.

Reichman, R.（1978）. Conversational coherency. *Congnitive Science, 2,* 283–327.

Sacks, H.（1992）. *Lectures on conversation.* Oxford: Blackwell.

佐々木由美(1998)「初対面の状況における日本人の「情報要求」の発話―同文化内および異文化間コミュニケーションの場面―」『異文化間教育』12　110-127

Tannen, D. (1984). *Conversational style: Analyzing talk among friends.* Norwood, NJ: Ablex.

寺内一・小池生夫・高田智子(2008)「企業が求める英語力調査」小池生夫他編『第二言語習得研究を基盤とする小、中、高、大の連携をはかる英語教育の先導的基礎研究』(pp.447-476)平成16年度～平成19年度科学研究費補助金(基盤研究(A))研究成果報告書

宇佐美まゆみ・嶺田明美(1995)「対話相手に応じた話題導入の仕方とその展開パターン―初対面二者間の会話分析より―」『名古屋学院大学日本語学・日本語教育論集』2　130-145

第9章
日・英・米・豪の母語会話および
異文化間会話から見るターンと発話量

村田泰美

1. ターンと発話量に関する研究

　ターンと発話量に関する研究はアプローチの方法の違いから、大きく2つに分類することができる。ひとつは社会学の一分野として発達してきた会話分析の枠組みを使い、会話におけるターン交替のメカニズムを解明することを目指す研究である(Sacks, Schegloff & Jefferson 1974, Schegloff 1996, Schegloff 2007, Liddicoat 2011 など)。会話は2人以上の参加者で成立し、発話が重なり合うこともあまりなく、また発話と発話の間が空きすぎることもないように、参加者間で話す順番がうまく調整されながら滑らかに進行する。発話の長さも、その順番も最初から決まっているわけではない状況にあって、参加者は自分が話し始めてよいことをどのように判断するのであろうか。参加者が話者交替を調整するためには何らかの了解事項が話者間で共有されているに違いない。たとえば次の話し手候補は話し出すタイミングを計るために、現在の話し手の話しが終わりに近づきつつあることを知らなければならないが、何が発話終了のキューとなっているのであろうか。次の話者が話し出してもよいことを示すターンの完結点は、韻律や統語情報や視線を含むジェスチャーなどの複数要因が重なって示されるが、完結点の投射(project)はどのようになされるのか、また話者交替の形式や方法は何なのかを実際のデータを基にして明らかにしようとする研究がなされている。このように会話における話者交替の仕組みを解明しようとする視点から、ターンやターンティキングの研究は活発に進められてきた。英語を対象とする研究が多い

が、日本語に関する研究も数多くなされている(Tanaka 1999, 大浜 2006, 榎本 2003, 2009, Hayashi, Mori & Takagi 2002, Hayashi 2003 など)。

　ターンと発話量に関するもう1つのアプローチは、コミュニケーションに視点を定め、会話におけるターンの形態や参加者の発話量に注目しながら、実際の会話で参加者がどのような行動をしているかを観察するものである。その目的は、ターンの配分やターンの取り方や発話量が参加者間のコミュニケーションにどのように影響を与えるかを明らかにしようとするところにある。このアプローチではターンの取り方や、重なり発話や、発話量がコミュニケーション・スタイルを決定づける重要な要因であると考え、異なったコミュニケーション・スタイルが会話に持ち込まれることによって、参加者間で実際とは異なる人物印象が形成されたり、やりとりそのものがうまくいかなくなったりする過程をつまびらかにしようとする(Tannen 1981, 1984, Clyne 1994, FitzGerald 2003, ヤマダ 2003)。異文化間コミュニケーションの研究でターンや発話量が取り上げられるのはまさにこの理由によるが、コミュニケーションの視点からターンを分析する場合、会話分析のようなミクロ的な分析にはならず、会話全体をひとつのプロセスと考え、そこで起こっていることを分析するため、会話分析とは対照的にマクロ的な分析になることが多い。

2. 本研究の目的

　本研究は「日本語母語話者は英語運用能力が高くても、英語会話でターンをとったり、発言したりすることがうまくできないのはなぜか」という疑問から始まっている。たとえば海外勤務経験者(短期間出張も含む)7,354名から回答を得た寺内他「企業が求める英語力調査」(2008)によると、その回答者の32.2％が800点以上のTOEICスコアを取得している。それにもかかわらず、「相手が言うことについて聞き役になっていて、自分の意見を言う前に話の筋道が相手のペースになってしまう」ことを、10回中7回以上経験すると答えたビジネスパーソンが38.0％、「日常会話では問題はあまりないが、一旦議論になると、相手の言うことに反論し、かつ自分の論を進めるこ

とができない」が同じく 43.0％、「議論中に自分の言いたいことをすぐ言えないうちに、別の外国人に同じ意見を言われてしまって、タイミングを逸して、不利な立場に立たされる」も同じく 32.9％存在していることが分かった。ビジネスパーソンでなくとも、日常的な会話、特にパーティーなどの社交的会話の場において、うまくターンを取り発言することができないと感じた経験をもつ日本語母語話者は、筆者も含めて多いのではないかと推測される。

　それを踏まえて、本章はコミュニケーションの視点からターンと発話量に関する分析を行う。具体的には日本語母語話者が英語会話になるとターンが取れなかったり、その結果発言できなかったりする原因がどこにあるのかを探るために以下の分析を行う。

①日・英・米・豪の母語会話におけるターン数、発話量を観察する。
②それぞれの会話において会話参加者間のターン数と発話量の配分を観察する。
③日・英・米・豪の母語会話においてターン数、発話量、および参加者間の配分に関し、英語圏の地域ごと、または日本語と英語圏間の差異および共通性を探る。
④日・英・米・豪の母語会話のターンの種類の出現を観察、比較する。
⑤日本語と英語がリンガ・フランカとなる異文化間会話を分析し、参加者のターン数、発話量、ターンの種類を分析する。

　上記の①は、母語会話全体の中に現れたターン数と発話量を観察することによって、会話の中でのやりとりの活発さを判断することが可能になる。一定時間の会話に現れるターン数は話者交替の頻度を反映しているので、発話量とターン数を観測すれば、会話のいわばリズムを把握することができる。つまり、ポーズが多かったり、1人が長く話すことが多い会話では休止符や二分音符や全音符が増えることと同じで、ゆったりしたリズムになる。英語母語会話のリズムは英語圏で共通しているのか、また英語と比較して日本語はどうなのかを明らかにする（上記の③）。また、今回扱う会話データはすべ

て3者間の会話になっているため、3人の会話参加者間のターン数および発話量の配分を算出し（上記の②）、英、米、豪間の比較を試みる。またそれを日本語会話と比較する（上記の③）。

　上記の④はターンの種類に関する分析である。特に Clyne(1994) を参照し、異文化間コミュニケーションで違いが顕著であるとされる3つのターンの種類、すなわち奪い取りのターン (turn-appropriating)、質問のターン (turn-direction) と維持のターン (turn-maintaining) のターン数を定量化する。Schegloff 他(1974)によって提唱されたターン終了時の受け渡しの規則によると、話者交替は現話者による次話者の選択か、次話者（現話者も含めて）の自己選択のどちらかによって行われる。Clyne(1994) は話者 A から話者 B へのターンの交替が起こる時、話者 A が特定の誰かに質問を投げかければ、質問を投げかけられた参加者が次話者になるとし、この場合の質問をするターンを質問のターンとした。奪い取りのターンは現話者 A がターンを維持したいにも関わらず、話者 B が割り込みをし、結果的に話者 B が次話者になった場合の話者 B のターンを指す。ただし注意が必要なのは、割り込みをする話者 B は必ずしも敵対的な割り込みを意図しない可能性もあることである。すなわち、話者 A への共感を示す意味で割り込みをすることもあるわけであるが、本研究では割り込みが敵対的か、共感的かを区別せず、どちらも奪い取りのターンとしてカウントをしている。これは英語地域圏、または日本語において話者の意図がどうであれ、現話者のターンの終了を待たずに次話者が話し始めるという、その現象の発生率の同定を優先させたためである。話者の意図は異文化間会話では正しく理解されるとは限らず、割り込みという言語行動そのものが何らかの軋轢につながるので、まずは割り込み現象を画一的に扱うこととした。

　最後の維持のターンとは、話者 A が他者からの発言があったにも関わらず、自らのターンを維持し続けた時の維持されたターンのことを指す。その場合、他者からの発言がターン交替を意図していたか否かは考慮しない。（それぞれのターンの種類の例は第 4.3 節を参照のこと。）

　上記の⑤の分析では異文化間会話を取り上げる。英語を共通語とした4者間会話と日本語を共通語とした4者間会話に関して、参加者それぞれのター

ン数、発話量の配分、およびターンの種類の配分を明らかにする。これは英語会話で日本語母語話者が発言したり、ターンを取れなかったりするのは、言語能力が母語話者より劣るためなのかを探ることを目的としている。もし言語能力が母語話者より劣るためにターンを取ったり発言できなかったりするのであれば、日本語がリンガ・フランカの会話では、英語母語話者の発言が少なくなることが予想されるが、果たしてどうなのだろうか。もしそうでないのであれば、日本語母語話者が英語会話でうまく話せない理由は、英語のリスニング能力やスピーキング能力以外のところにあるという解釈をしなければならないだろう。

3. 研究の方法

3.1 分析データ

　今回は英、米、豪、日の初対面の3者間会話データをそれぞれ4つずつ分析した。従って、それぞれの地域から述べ12人の参加者が登場するわけであるが、いずれの会話においても収録時点で参加者3人が初対面であることを確認している。また、個人の話し方の癖がデータに何らかの偏りをもたらすのを防ぐために、分析対象としたデータには同一人物が2回以上登場しないようにした。表1は分析会話本数と参加者人数、および分析した会話データの合計時間数を示す。第2章の説明にもある通り、異文化間会話は母語話者2名と非母語話者2名から成る4人会話である。

　日本語異文化間会話(日本語をリンガ・フランカとする異文化間会話)は、女性の会話参加者がいる点で他の会話データと異なっている。ICJ8には女性の日本語母語話者が1名、ICJ9にも女性の日本語母語話者2名と女性の英語母語話者1名が含まれている。日本語異文化間会話データはこの2つしかなく、今回は英語異文化間会話(英語をリンガ・フランカとする異文化間会話)との比較のためにやむなく当該データを使わざるを得なかった。

3.2 ターンとあいづちの数え方

　本研究では他の話者の発話が起こるまでを1つのターンとして数えた。他

表1　分析対象データ

言語	収録場所	会話コード	参加者コード	会話時間総計（会話数x30分）
イギリス英語	オックスフォード	UK27	B2, B4, B5	120分
	マンチェスター	UK51	B11, B12, B13	
	マンチェスター	UK53	B15, B16, B17	
	ロンドン	UK57	B21, B22, B23	
アメリカ英語	テキサス	US31	U1, U2, U3	120分
	テキサス	US33	U3, U4, U6	
	テキサス	US39	U8, U11, U12	
	テキサス	US40	U7, U9, U11	
オーストラリア英語	シドニー	AU43	Au4, Au6, Au7	120分
	シドニー	AU47	Au5, Au12, Au13	
	シドニー	AU48	Au8, Au13, Au14	
	シドニー	AU50	Au15, Au16, Au17	
日本語	奈良	JP12	J13, J14, J15	120分
	東京	JP71	J36, J37, J39	
	東京	JP72	J33, J38, J43	
	東京	JP73	J33, J35, J39	
英語	名古屋	ICE76	J46, J47, Ca6, U15	60分
	名古屋	ICE77	J48, J49, Ca5, U16	
日本語	トロント	ICJ8	J9, J10, Ca1, Ca2	60分
	トロント	ICJ9	J11, J12, Ca3, Ca4	

の話者の発話はあいづちのように極めて短いものかもしれないし、現話者と重複した発話かもしれないが、他者からの発話があったところを現話者のターンの終わりとした。あいづちは発言権を取る意図で使用されている場合も、「聞いている」というシグナルで使われている場合や、他の機能で使われている場合も全て区別せず、1つのターンとして数えている。以下の(1)と(2)はターンの数え方を示す。

第 9 章　日・英・米・豪の母語会話および異文化間会話から見るターンと発話量　237

(1)［UK27］
01　B5：　Okay. I am B5. I work for Aviva, which is a transport［group］
02　B2：　［Uhuh］
03　B5：　Finished university some time ago. But（以下省略）

この例ではB5の"group"とB2の"Uhuh"というあいづちが重なっているが、ターンはB5のターンを2回、B2のターンを1回、というようにカウントする。

(2)［JP73］
01　J33：でなんか英語の文法の研究っていう
02　J39：お［おー］
03　J33：［感じ］なんですけど

同じようにここではJ33が2回のターン、J39が1回のターンを取っているとカウントする。

3.3　発話量の計量方法

　英語の発話量は単語数をカウントして算出するのが普通である。しかし日本語は漢字という表意文字を持ち、1つの漢字が1つの音に対応しているわけではなく、従って漢字を含んだスクリプトの文字数を数えるだけでは音声としての実際の発話量を反映しない。実は、日本語の音声はモーラ（mora）と呼ばれる一定の時間的長さを持った音の分節単位が基本となっている。日本語の仮名1つが基本的に同じ長さ(1モーラ)で発音されるため、文字起こしされた仮名を数えると、かなり正確に発話量を計量できることになる。この理由から本研究では会話スクリプトを全て仮名文字に直し、その仮名の字数を数えるという方法で日本語会話の発話量を計量した。

4. 分析

4.1 日・英・米・豪の会話全体におけるターン数と発話量

　英語圏のそれぞれの変種および日本語のターン数と発話量の素データは後ろの補遺にて示した。それを一見すれば分かる通り、素データだけで傾向や特徴をつかむことは困難である。また日本語の発話量は英語と数える単位が異なるため、比較することはできない。まず英語圏各地域のターン数と発話量の平均値を出し、英語圏を比較し、英語圏内で何らかの地域差があるのかを見た。

表2　英米豪圏（各4会話）会話の平均ターン数と平均発話量

	ターン数	発話量（語数）	平均発話語数／1ターン
イギリス	443	5,269	11.9
アメリカ	509	5,674	11.1
オーストラリア	497	5,467	11.0

　ターン数と発話量ともに、イギリスが最も少なくアメリカが最も多い。オーストラリアはそれら2地域の値の間に入っている。ただし、発話量をターン数で割った商で算出される1ターンの平均発話語数に関して、最も多いのがイギリスであり、オーストラリアが最も少なくなっている。つまり数字上は1回に話す量はイギリスの話者が最も多いと言えるのであるが、値は11.9から11.0のレンジで3地域で酷似している。ターン数、発話量の地域差が統計的に有意どうかを検証するために、分散分析を行った結果、ターン数のF値はF(2,33)＝0.62, $p < .05$、発話量のF値はF(2,33)＝0.10, $p < .05$となり、ターン数、発話量とも地域による有意な差がないことが分かった。すなわちイギリス、アメリカ、オーストラリアの英語圏では会話のリズムに関しては同じようなリズムで話しているようだということが言える。ポーズの長さや頻度、またターン交替のテンポが近似しているということである。このことはこれらの3つの英語圏の会話について、ターン数や発話量が会話管理のた

めの1つの指標として成り立つことを意味する。

一方、日本語はどうか。表3は日本語の4会話のターン数と発話量の平均値である。数値を出しておいたが、発話量は英語とカウントの単位が異なるために比較することはできない。

表3　日本語4会話の平均ターン数と平均発話量

	ターン数	発話量（字数）	平均発話字数/1ターン
日本語	884	14,771	16.7

ターン数に関しては、日本語は英語と顕著に異なっていることが分かる。日本語会話では英語圏会話より約2倍ものターン数がある。ターン数がこのように多くなったのは、1つにはあいづちが多いことが理由であろう。たとえば、メイナード(1992: 157)は日米の会話の対照研究のなかで日本語は米語の2倍以上のあいづちが見られたことを報告している。メイナードは頭の動きや笑いもあいづちに含めているが、短い言語表現だけに限定して比較すると、日本語会話のあいづちの頻度は米語会話の3倍近くあったと報告されている。あいづちのターンは必ずしも話者交替になるわけではないので、英語圏の会話と比較してターン数の多いことが、日本語会話におけるやりとりの活発さを表すことにはならないが、少なくとも日本語会話でポーズが著しく長かったり、1人が演説調に長く話すのを他の人が黙って聞くことが多いということはなさそうである。長いポーズが頻繁に起こったり、長く話す者と黙って聞く者というパターンが多ければ、結果的にターン数の減少につながるはずだが、そうなっている様子は見られないからである。

4.2　日・英・米・豪の会話における会話参加者のターン数と発話量の配分と比較

会話全体のターン数と発話量がどのように参加者間で配分されているのかを分析した。発話量に関しては、日英のデータで単語数と仮名字数という計量の単位が異なるため、ひとりひとりの話者の会話全体における比率(%)で

比較をする。日本語会話参加者の発話量については、これまで主に話し手と聞き手の役割が固定することから、発話量に偏りがあることが指摘されてきた(Murata 2010, Shigemitsu 2011)。

表4 ターン数と発話量の参加者間平均

		最小値	中間値	最大値
イギリス英語	ターン	115(25.9%)	149(33.6%)	180(40.5%)
	発話量	1,218(23.1%)	1,478(28.1%)	2,572(48.8%)
アメリカ英語	ターン	132(25.9%)	175(34.4%)	202(39.7%)
	発話量	1,125(20.1%)	1,884(33.7%)	2,665(47.6%)
オーストラリア英語	ターン	124(24.9%)	170(34.1%)	204(41.0%)
	発話量	1101(20.1%)	1,860(34.0%)	2,506(45.8%)
日本語	ターン	235(26.6%)	297(33.6%)	353(39.9%)
	発話量	3,283(21.9%)	4,918(33.3%)	6,571(44.5%)
話者ごとのターン配分率(%)の標準偏差(N=16)		4.1	2.5	2.8
話者ごとの発話量配分率(%)の標準偏差(N=16)		5.7	4.6	6.7

分析の結果分かったことが3点ある。まず、英・米・豪地域のそれぞれにおいて参加者間のターン数、発話量の配分が同じような比率であることである。ターン数において最も寡黙な話者(最小値)の比率の地域間のレンジは24.9%–25.9%、中間位話者が33.6%–34.4%、最も饒舌な話者(最大値)が39.7%–41.0%と、地域間のレンジは極めて小さくなっている。同じように発話量の地域間レンジについても、寡黙な話者(最小値)が20.1%–23.1%、中間値が28.1%–34.0%、饒舌な話者(最大値)が45.8%–48.8%である。最も寡黙な話者と最も饒舌な話者、またその中間位の話者のターン数と発話量の比率は、英語圏会話ではほぼ同じ率の配分で地域差は認められない。

第2点目は、その英語圏会話の参加者間の配分と日本語会話における参加者間の配分が、ターン数においても発話量においても近似していることであ

る。先行研究で指摘されたような日本語における話者間の発話に関する極端な偏りは、今回のデータでは全く見られなかった。日本語会話の参加者間のターン数と発話量の配分は話者間配分率の標準偏差が示す通り、英語話者と似ていると言える。

　第3点目は、日英どちらの言語の会話においても発話量よりターン数の方にばらつきが少なく、従って発話量よりターン数において3人の会話参加者間での均等性が高いことである。これは日本語であっても英語であっても、他の話者に比べて発言の少ない話者は、発話量よりターンを確保することによって会話に貢献していることを示している。表5は英語圏および日本語でのターン数配分率と発話量配分率のばらつきを見た結果であるが、英語と日本語会話の両方において、ターン数配分の方が発話量配分のばらつきが少なくなっている。

表5　英語と日本語のターン数および発話量の配分比率（%）の標準偏差

	\multicolumn{4}{c}{ターン数配分比率（%）}	\multicolumn{4}{c}{発話量配分比率（%）}
	最小値	最大値	平均値	標準偏差	最小値	最大値	平均値	標準偏差
英語 (N=12)	24.9	41.0	33.3	6.46	20.1	48.8	33.48	11.6
日本語 (N=4)	26.6	39.9	33.4	6.65	21.9	44.5	33.2	11.3

4.3　日・英・米・豪の会話に現れたターンの種類

　奪い取りのターン（turn-appropriating）、質問のターン（turn-direction）、および維持のターン（turn-maintaining）の3種類のターンが日、英、米、豪の会話データにどのくらい出現しているかを計量した。3種類のターンの例を以下に挙げる。（該当のターンは下線で示す。）

〈奪い取りのターン〉

(3) [US31]

01　U2:　And now I think I worked for about 40 hours Thursday and
02　　　　Friday straight
03　U3:　Oh man
04　U2:　And
05　U3:　And here you are Saturday morning

(4) [JP73]

01　J39：でもなんかユーチューブとか　ちょっとみれるかなあ
02　　　　ぐらいでなんか［そんな］
03　J33：［え　でも］けっこう地図見たりとか　便利
04　J39：ああ　そうですね

〈質問のターン〉

(5) [UK27]

01　B2:　I'm doing a PhD. My PhD is in the British Modern
02　　　　History of specifically, the Left Book Club.
03　　　　You've heard of that?
04　B4:　All right. Yeah

(6) [JP73]

01　J39：卒業するときとかって　卒業作品とかの　そういうの
02　　　　作るんですか
03　J35：一応卒業制作っていうふうなものもあるんですけど(以下省略)

〈維持のターン〉

(7) [UK27]

01　B5:　Okay. I am B5. I work for Aviva, which is a transport [group]
02　B2:　[Uhuh]

03 B5: Finished university some time ago. But（以下省略）

(8)［JP73］
01 J33：でなんか英語の文法の研究っていう
02 J39：お［おー］
03 J33：［感じ］なんですけど

　ターンの種類は言語や文化や、コミュニケーション・スタイルにより強く影響を受けるので（Tannen 1984, Gudykunst, Ting-Toomey & Chua 1988, Clyne 1994, FitzGerald 2003）、本分析では個々の会話ごとではなく地域ごとの4会話全体の数を数えた。

表6　日・英・米・豪のターンの種類（各地域4会話における出現回数総計）

	奪い取り(回)	質問(回)	維持(回)
イギリス英語	147	135	343
アメリカ英語	78	146	413
オーストラリア英語	43	127	438
日本語	32	172	727

　まず、英語圏から見ていくと、質問によるターンの受け渡しに関しては英・米・豪であまり差がないことが分かる。実際に質問によるターン受け渡しは英語地域間で統計上の有意差はなかった（$F(2,9) = 0.17, p < .05$）。
　維持のターンもアメリカ英語とオーストラリア英語で似た数字が出ている。イギリス英語の維持のターン数の343はアメリカやオーストラリアの維持ターン数と比べて少なく見えるが、統計的に有意ではなかった（$F(2,9) = 0.51, p < .05$）。有意ではないが、表面上のイギリス英語の維持のターンの少なさは、あいづちやあいづち的言語表現が他の圏と比べて少ないことが原因となっていると解釈できる。これは本書のあいづちの章の分析で、あいづちの使用に関して3英語圏で有意な差はでなかったものの、平均値ではイギリ

ス英語でのあいづちの使用が最も少なかったことと一致する。

違いが大きいのは奪い取りのターンである。イギリス英語ではアメリカ英語の約2倍多い147ターン、そのアメリカ英語の奪い取りターンの数はオーストラリア英語の1.8倍の78ターンとなっている。今回分析したデータを見る限り、3つの英語圏のうちでオーストラリア英語話者はもっとも奪い取りをしない話者だと言えそうである。地域を因子として奪い取りのターンの分散分析を行ったところ、$F(2,9) = 9.37$, $p < .05$ となり、主効果が認められた。HSD法による多重比較の結果、イギリス英語の奪い取りがアメリカ英語とオーストラリア英語に対し、有意に高いことが認められた($p < .05$)(表7)。

表7　3英語圏の奪い取りターンにおける分散分析の結果

地域	平均値	標準偏差	F
英	36.8	13.8	9.37*
米	19.5	2.5	
豪	10.8	5.2	

N = 4　　　　　　　　　　　　　　　　　　　　　　　　　　*$p < .05$

日本語と英語第一語圏ではかなり様相が異なっていることが窺える。日本語会話の奪い取りターンは32ターンで、オーストラリア英語の43ターンよりもさらに少なかった。またその逆に維持ターンは英語圏よりも多く出現しており、イギリス英語の2.12倍、アメリカ英語の1.76倍、そしてオーストラリア英語の1.65倍と、相当多いことが分かる。これは、日本語会話ではあいづちが頻繁に打たれることによる差であると考えられる。また質問のターンは英語圏のどこよりも日本語会話に多く見られた。

4.4　英語異文化間会話

会話におけるターン数と発話量の関係(会話のリズム)、会話参加者間のターン数と発話量の配分、それぞれの言語でのターンの種類の出現状況を分析してきた結果から、日本語母語話者が英語母語話者と英語で会話をする際、言語スキルの習熟度以外でどんなことが会話参加への妨げになると予想

されるだろうか。本研究で日本語母語話者も日本語で会話する時には、英語母語話者と同じようなリズムで話しており、参加者間のターン、発話量の配分も英語と変わらないことが分かった。英語と日本語会話で一番大きく異なるところは、奪い取りのターンが日本語では極めて少ないという点である。これがターンを奪取できない 1 つの原因であると考えるのは妥当であろう。

　日本語母語話者が英語で英語母語話者と会話している過程を見るために、英語のリンガ・フランカの異文化間会話を 2 本取り上げた(ICE76 と ICE77)。そこで実際に日本語母語話者がどのように英語での社交会話に参加しているかを観察する。寺内他(2008)に指摘されていたように、日本語母語話者はターンが取れなかったり、会話が相手ペースの会話になっていてあまり発話できていなかったりするのだろうか。分析した 2 本の英語異文化間会話の日本語母語話者は英語能力が高く、すでに大学で英語を教えていたり、留学や旅行の経験があって英語会話に関して一定の自信を持っていたりする人たちである。データ収集のための人員を募集したときの条件は、「TOEIC スコア 700 点以上で英語会話ができる人」というものであった。

　英語異文化間会話は日本語母語話者 2 名と英語母語話者 2 名で構成されている 4 人会話である。収録場所は日本である。英語母語話者にはカナダとアメリカ出身者が含まれている。文字起こしをしたデータを使って分析した項目は、1) 参加者間におけるターン数と発話量の配分(%)、2) 各参加者の 1 ターンにおける平均発話量、3) 参加者間のターンの種類の分布、である。図 1 と図 2 はターン数と発話量の参加者間の配分比率(%)と 1 ターンにおける平均発話量(語数)を 2 軸グラフを使って示したものである。

　図 1 と図 2 を比べて見ると日本語母語話者の傾向が見えてくる。まず、ターン数と発話量の配分において、どちらのグループでも日本語母語話者は英語母語話者より少ないということである。例外は ICE76 の話者 J47 である。J47 のターン数は英語母語話者 Ca6 の 14.5％よりも倍以上多く、37.1％を占めている。また発話量も Ca6 の 16.8％より若干多く 20.3％を占める。このことは日本語母語話者がいつもターンを取れないわけではないことを示しているように見える。ただしここで注意が必要なのは、J47 の 1 ターンに対する語数が 3.2 語と極めて少ない点である。ICE76 の中でターン数も発話量も

ICE76（英語）

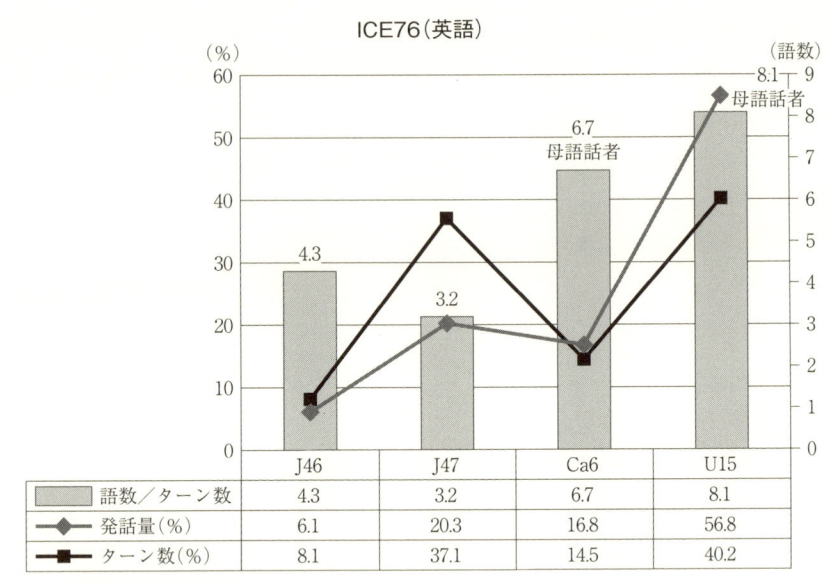

	J46	J47	Ca6	U15
語数／ターン数	4.3	3.2	6.7	8.1
発話量(%)	6.1	20.3	16.8	56.8
ターン数(%)	8.1	37.1	14.5	40.2

図1　英語異文化間会話 ICE76 におけるターン数および発話量の配分と1ターンの平均発話語数

ICE77（英語）

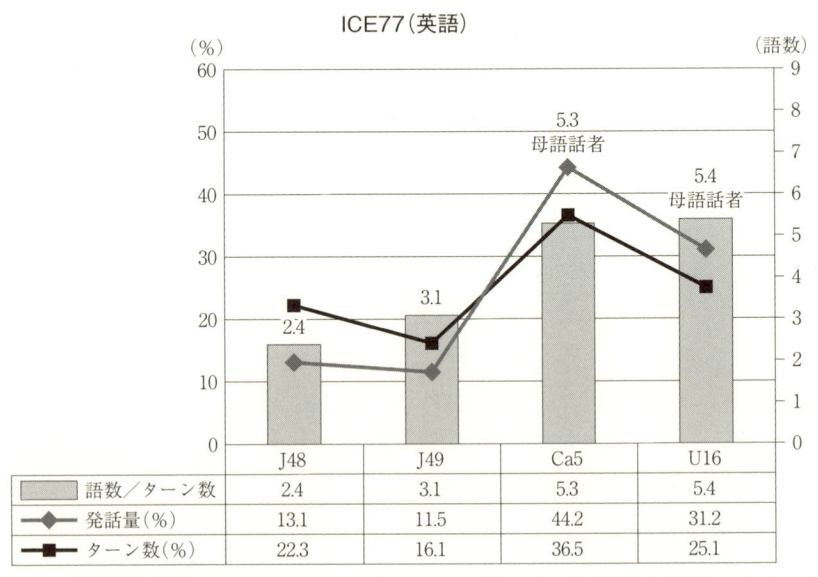

	J48	J49	Ca5	U16
語数／ターン数	2.4	3.1	5.3	5.4
発話量(%)	13.1	11.5	44.2	31.2
ターン数(%)	22.3	16.1	36.5	25.1

図2　英語異文化間会話 ICE77 におけるターン数および発話量の配分と1ターンの平均発話語数

最も少ないJ46でさえ、1ターンで話す量は4.3語となっていて、J47の3.2語よりは長い。図1ではJ47の1ターンの発話の短さは、彼の発話量とターン数の配分率の差が大きいことに表れている。折れ線グラフで見ると、J47はターン数配分の折れ線と発話量配分の折れ線のギャップが広い。すなわちJ47はターンをたくさん取りながらも、一回の発話語数が少ないため全体としても発話量が少なくなり、発話量配分が低くなっているのである。このことはJ47が話をするためにターンを取るのでなく、短いあいづちのターンを多く取っていることを意味していると考えられよう。J47のあいづちの多さはDVDデータを視聴した印象とも一致している。

　ICE76とICE77に共通して見られる日本語母語話者の特徴は、縦棒グラフに示されている。すなわち1ターンの語数が、どの英語母語話者よりも少ないということである。両グループ4人の日本語母語話者の誰ひとりとして、英語母語話者より長い平均発話量を出している者はいない。日本語母語話者の棒グラフで、英語母語話者の棒グラフより高いものが1つもないことはそれを示す。英語母語話者の1ターン平均で最も短いのはCa5の5.3語であるが、日本語母語話者では最も長い1ターン平均がJ46の4.3語である。(ただしJ46はターン数も発話量も極めて少ないので会話で積極的に話していたとは言い難い。)特に日本語母語話者J48の1ターン平均発話量は2.4語とその少なさが際立っている。1ターン平均発話量の少なさは、各会話における日本語母語話者2人の合計発話量がICE76では全体の26.4％、ICE77では24.6％であり、全体の約4分の1を日本語母語話者2人で分け合う構図につながっている。どちらのグループも発話量の4分の3が英語母語話者による発話になっているということである。

　次にICE76とICE77に現れたターンの種類を会話参加者ごとに図3と図4に示す。

　ターンの種類に関して、ICE76とICE77に共通に見られる傾向は、英語母語話者による維持のターンが多いことである。これは英語母語話者が話し続ける間、日本語母語話者があいづちを入れて発言が進む様子を示している。質問ターンに関しては日本語母語話者と英語母語話者の区別による傾向は観察できない。ICE76で最も多く質問のターンを発したのは、日本語母語話者

ICE76 ターンの種類

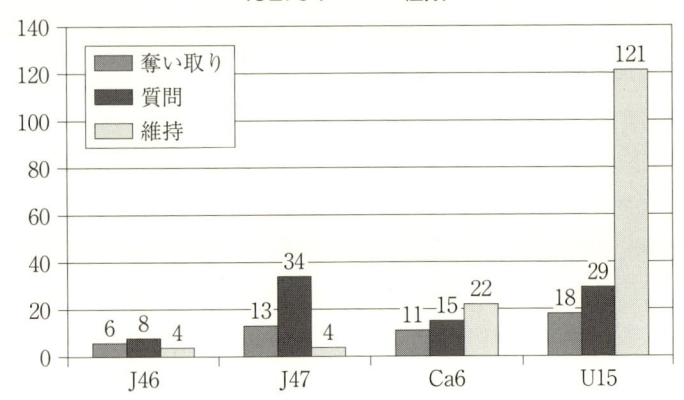

話者	奪い取り	質問	維持
J46	6	8	4
J47	13	34	4
Ca6	11	15	22
U15	18	29	121

図3　英語異文化間会話 ICE76 の話者ごとのターンの種類の分布

ICE77 ターンの種類

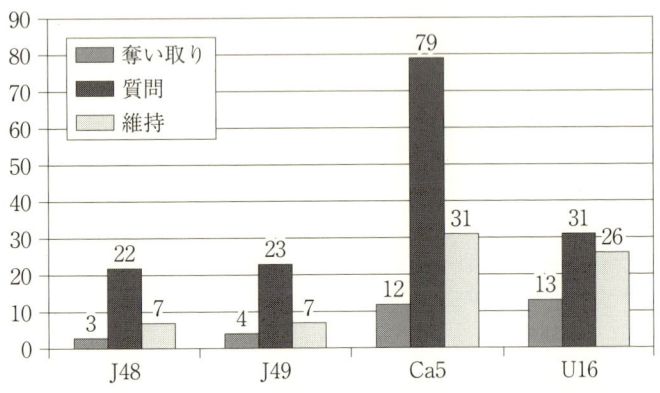

話者	奪い取り	質問	維持
J48	3	22	7
J49	4	23	7
Ca5	12	79	31
U16	13	31	26

図4　英語異文化間会話 ICE77 の話者ごとのターンの種類の分布

の J47 であるのに対し、ICE77 では Ca5 であり、母語別でその多寡が予測できるわけではないようである。奪い取りのターンに関しては、J47 を例外とすれば、日本語母語話者の奪い取りは英語母語話者に比して約半分かそれ以下になっており、少ないと言える。

　以上の英語異文化間会話の分析で、日本語母語話者の会話参加状況について次のことが分かった。まず、英語会話での日本語母語話者の発話量は英語

母語話者に圧倒されているということ。日本語会話ではできるのに、英語会話になるとターンを取り、英語母語話者と比肩する発話量を確保できないことが数値で示された。その原因のひとつに日本語母語話者はあいづちを打つ時に非語彙的あいづちや"yes"および"yeah"を多用することがある。英語会話における日本語母語話者の典型的なあいづちは次のようなものである。

(U15 は自分たちが交換留学をしている大学について話している。)
(9) [ICE76]
01 U15: Ours if like I am like shocked at like even though like
02   how little it is how much they packed in there like
03 ?: Yeah
04 U15: We have three different conveniences store or
05 J47: Oh, yes
06 J46: @@
07 Ca6: Four four
08 U15: Oh yeah we have four now goodness
09 J47: Yeah
10 J46: Yeah
11 U15: We have a full dance hall. We have dojo [we have
12   so much]
13 J47: [Yeah dojo yeah]
14 U15: We have so much stuff there and it's so small
15   like if you go to Aichi University
16 J47: Yeah
17 U15: which is five minutes up the road. It's
18 J47: Yeah
19 U15: three times as big
20 J47: Oh yes yes
21 U15: It's kind of amazing

(Ca5 は新しく出たコンピュターゲームについて話している。)
(10) [ICE77]
01 Ca5: It just came out last year
02 J49: Last year?
03 U16: Well uh in Japan it came out last September
04 J49: <u>Ahhhh</u>
05 U16: Yeah [I bought] it in Japan
06 J48:   [So it's] It's new product
07 Ca5: Mhm
08 J48: <u>Ah</u>
09 J49: <u>Mmh</u>
10 Ca5: It's it's like PSP but it has two analog sticks
11 J49: <u>Ahh</u>
12 Ca5: the touch screen touch back
13 U16: Touch back
14 J49: <u>Mmh</u>
15 Ca5: I like it
16 J49: <u>Yeah</u>
17 Ca5: You can play Monster Hunter on it
18 J49: @

　本書の第7章で大塚が指摘するように、日本語会話に現れるあいづちは中途発話の位置で、かつ非語彙的である特徴をもっている。「聞いていることをシグナル」するための非語彙的あいづちは多いわけなので、たとえばそれらのあいづちを語彙的なあいづちにするようにして、ターンの奪い取りにつながるようにすれば、結果として発話量配分が上がる可能性がある。実際、日本語母語話者で英語母語話者なみに語彙的あいづちを使って奪い取りをしたJ47は、ターン数(すなわち会話でのターンの占有率)は37.1％とかなり高かったことをすでに見た。ただし、日本語母語話者の1つのターンの平均発話量は一貫して少ないことが明らかになったので、奪い取りをするととも

に、ターンをとった時には、それを維持し話し続ける努力をしなければ、結果的に発話量配分は少ないままになるであろう。

　このような発話量やターン数の少なさはリスニング・スキルやスピーキング・スキルの言語能力が英語母語話者に劣ることに起因しているのだろうか。それを検証するために、以下では日本語がリンガ・フランカとして使用された日本語母語話者と英語母語話者の日本語異文化間会話 2 本を取り上げ分析を試みた。

4.5　日本語異文化間会話

　日本語異文化間会話も英語異文化間会話と同様に日本語母語話者 2 名と英語母語話者 2 名の 4 人会話である。年齢は 20 代半ば～後半で収録場所はカナダのトロントである。前述したが、日本語異文化間会話の ICJ8 と ICJ9 には女性参加者がいる。会話参加者 J10、J11、J12、Ca4 は女性である。図 5 と図 6 はターン数と発話量の配分のグラフである。

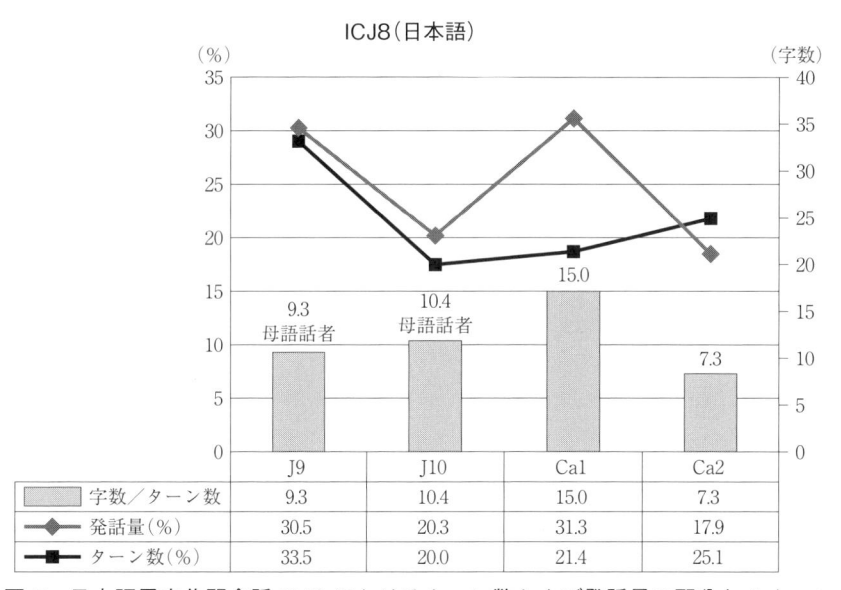

ICJ8（日本語）

	J9	J10	Ca1	Ca2
字数／ターン数	9.3	10.4	15.0	7.3
発話量(%)	30.5	20.3	31.3	17.9
ターン数(%)	33.5	20.0	21.4	25.1

図 5　日本語異文化間会話 ICJ8 におけるターン数および発話量の配分と 1 ターンの平均発話字数

ICJ9（日本語）

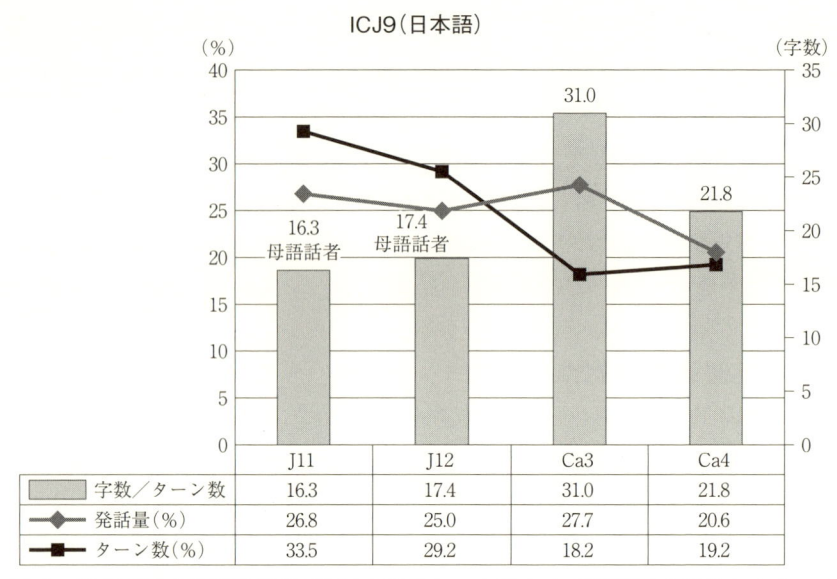

	J11	J12	Ca3	Ca4
字数／ターン数	16.3	17.4	31.0	21.8
発話量(%)	26.8	25.0	27.7	20.6
ターン数(%)	33.5	29.2	18.2	19.2

図6　日本語異文化間会話 ICJ9 におけるターン数および発話量の配分と1ターンの平均発話字数

　図5と図6を英語異文化間会話と比較すると、興味深い相違点に気づく。折れ線グラフで示されたターン数と発話量は英語異文化間会話では母語話者から非母語話者へ向かって傾斜が低くなる傾向が顕著に見られたが、日本語異文化間会話ではそれほど明らかではない。ICJ8 の非日本語母語話者の Ca1 と Ca2 は日本語母語話者の J10 よりもターンを多く取っている。また、非日本語母語話者の発話量配分とターン数配分でどちらが上に位置するかに注目すると、英語母語話者は英語会話ではもちろん、日本語異文化間会話でも Ca2 を除く全員が発話量配分の比率がターン数配分比率よりも高い。これは日本語母語話者が英語会話で一貫してターン数配分比率の方が高かったのと対照を成す(図1と図2の折れ線を参照)。このことは1ターンの平均発話量に反映されていて、話者 Ca2 を除いた英語母語話者の1ターンの平均発話量は同じグループのどちらの日本語母語話者よりも多い。特に Ca3 の1ターンの平均発話量は 31.0 字となっていて、同じグループの J11(16.3 字)の2倍近くあり、格段に多い平均発話量となっている。

第 9 章　日・英・米・豪の母語会話および異文化間会話から見るターンと発話量　253

　また、英語異文化間会話では、日本語母語話者の発話量は会話全体の 4 分の 1 しかなかったが、日本語異文化間会話の英語母語話者は全体の 2 分の 1（ICJ8 では 49.2％、ICJ9 では 48.3％）も発話量を獲得していた。
　次に、ターンの種類の分布を見てみよう。図 7 と図 8 は話者ごとのターンの種類の出現回数を表す。
　図 7 ではどの参加者も質問のターンが多いのが分かるが、図 8 ではその傾向は見られない。図 7 では最も維持のターン数が多いのは日本語母語話者

ICJ8 ターンの種類

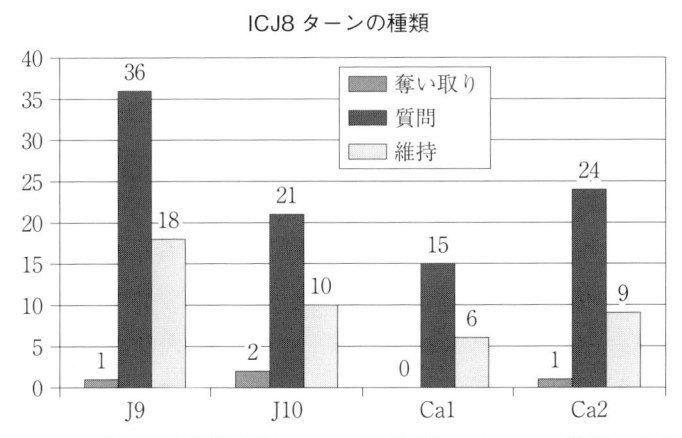

	奪い取り	質問	維持
J9	1	36	18
J10	2	21	10
Ca1	0	15	6
Ca2	1	24	9

図 7　日本語異文化間会話 ICJ8 の話者ごとのターンの種類の分布

ICJ9 ターンの種類

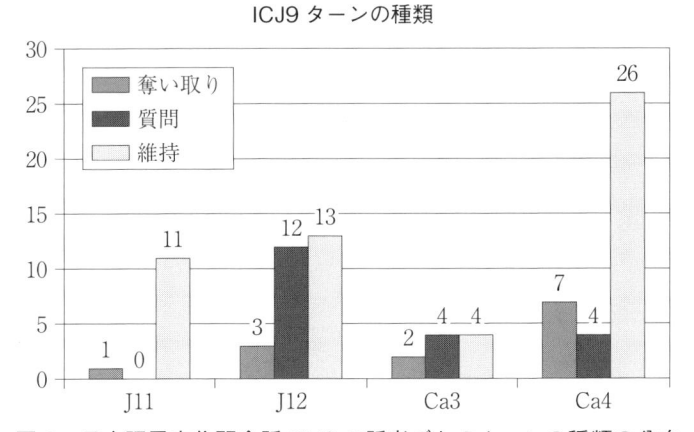

	奪い取り	質問	維持
J11	1	0	11
J12	3	12	13
Ca3	2	4	4
Ca4	7	4	26

図 8　日本語異文化間会話 ICJ9 の話者ごとのターンの種類の分布

J9 の 18 回であるが、図 8 を見ると英語母語話者 Ca4 の 26 回である。
　奪い取りのターンに関しては、どちらの会話でも出現が極めて少なく予想外の結果となった。このことから、英語母語話者が日本語会話でターンを多く取るのは、奪い取りが理由ではないということが言えそうである。
　以上、2 つの日本語異文化間会話から明確に言えることは、日本語で会話をするときにも英語母語話者は発話量をかなりうまく確保するということである。ICJ8 の英語母語話者はターン数においても日本語母語話者 J10 より多かった。ICJ9 の英語母語話者のターン数は日本語母語話者より少ないものの、発話量は日本語母語話者と遜色がない。そして、同じく ICJ9 の英語母語話者の Ca3 は両グループ中のどの日本語母語話者よりも 1 ターンの平均発話量が多い。会話全体の発話量から見ても、ICJ8 と ICJ9 の両方のグループにおいて、その半分は英語母語話者の発話であったのである。
　ICJ9 の英語母語話者たちの日本語能力はそれほど高くはなかった。会話参加者募集をする時の条件は「日本語の会話ができる」というだけで、指標となる試験スコアを指定したわけではない。ICJ9 では Ca4 が英語のフレーズや文を時々挿入する箇所が見られたが、これは Ca4 の日本語会話能力の限界を示すものである。にもかかわらず、Ca4 はターン数も発話配分も 20％程度あり、1 ターンの平均発話量は日本語母語話者より多かった。このように ICJ8 と ICJ9 のデータは会話でターンを取ったり、多く発話したりするためには高いスピーキングやリスニング能力を必ずしも必要としないことを示す結果となった。

5. まとめと考察

　日本語会話と英語会話について 3 人会話をデータとしてターン、発話の観点から分析を進めた。最初の分析では英語を第一言語とする英、米、豪の英語の共通性を探った。3 英語圏の会話は発話量、ターン数という会話のリズムに地域差はなかった。唯一の違いはターンの種類である奪い取り (turn-appropriating) の発生回数で、英国圏が他の地域の会話より突出して多く出現していた。また、豪州圏は奪い取りが少なく、英国圏の 3 分の 1 以下の奪

い取りであったが、これはBlum-Kulka他(1989)の依頼と謝罪の発話研究(The Cross-Cultural Speech Act Realization 略して CCSARP)の結果と一致する。CCSARPは、オーストラリア英語、アメリカ英語、イギリス英語、カナダ仏語、デンマーク語、ドイツ語、ヘブライ語、における依頼と謝罪の実現を研究したプロジェクトであるが、オーストラリア英語は調査された英語のうちで最もネガティブ・ポライトネスに配慮した依頼表現となっていることが指摘されている。奪い取りはそれが協調的な意図でなされても、相手の発話の途中に割り込み、相手の発言権への侵害となる。オーストラリア英語話者が奪い取りをしないのは、相手のネガティブ・フェイスを侵害する可能性があるからだと考えられるのである。日本語話者の奪い取りはオーストラリア英語話者よりさらに少なかったが、これも初対面会話ではネガティブ・フェイスを尊重する日本語の会話ルールのためではないかと思われる。

　日本語会話と英語会話のリズムを比較するのは発話量の計測の単位が単語数と字数とで異なるので難しい。今回対象となった会話では、日本語会話のターン数が英語会話より非常に多くなっていることが英語会話との違いとして明らかになった。ターン数の多い理由のひとつはあいづちが多いためであると考えられるが、後述のコミュニケーション・スタイルの違いの箇所でも指摘するように、日本語会話はもともと短いターンを好むということも原因にあるのではないかと思われる。

　会話参加者間のターン数と発話量の配分に関しても日英の比較を試みた。英語圏の会話と日本語会話での会話参加者間配分率は、よく似た傾向にあった。日本語会話について、過去の研究で指摘されたような1人の話者だけが多く発言するような発話量の偏りは見られなかった。アメリカと日本のビジネスマンの会話を分析したヤマダ(2003: 152)によれば、ビジネスの場での会話では日本人の場合、会話者の対人関係によって発話量が変わるとされている。すなわち、会話者の関係が対等であれば、発話量の偏りはなく、序列がある場合には階級に従って上から下の者へという順番で発話量が少なくなるという。本研究が対象とした日本語会話の参加者間は上下の意識が希薄であったため、発話量やターン数の配分に極端な偏りが出ず、結果として英語会話と同じような配分になったと考えられるのではないだろうか。

日本語会話のターンの種類の出現数には2つの特徴があった。前述したが、1つには奪い取りがどの英語圏よりも少ないことである。もう1つは維持のターンが多く、英語圏のどの会話より約2倍多く見られた。奪い取りが少ないことは先ほども指摘した通り、日本のネガティブ・ポライトネス文化に原因があると考えられる。誰かが発言しているときには日本人は相手のネガティブ・フェイスを尊重するため、割り込みを避けるのであろう。また維持のターンが多いのは日本語のあいづちの多さを反映していると考えられる。本書で大塚が、日本語会話では発話途中で「聞いている」ことを示す非語彙的あいづちが、どの英語圏の英語会話よりも多いと報告したことと一致している。

　対等の関係者間の会話では発話量配分もターン数配分も英語会話と同じような傾向を示すが、一方であいづちを頻繁に行い、奪い取りを好まない日本語母語話者が英語で英語母語話者と会話をすると、どのような言語行動になるのか。英語の話す・聞く技能が一定程度あれば、英語会話でも上下を意識させる人間関係でない限り、英語でも同じようにターンを取り発話できるはずではないだろうか。これを検証するために、まず2本の英語異文化間会話を分析し、発話とターンに関して日本語母語話者がどのように会話に参加していたかを分析した。結果は、あいづちを打つことでターン数こそある程度確保できる日本語母語話者がいたものの、発話量に関しては1ターンの平均発話量も全体の発話量も英語母語話者に圧倒されている様子が明らかとなった。会話全体の日本語母語話者による発話量は2つのグループとも25％程度しかなかった。75％は英語母語話者による発話だったのである。

　対照的なのが日本語異文化間会話の英語母語話者たちの数値である。日本語の能力がそれほど高くないにも関わらず、また奪い取りをほとんどしなかったにもかかわらず、英語母語話者のカナダ人たちは日本語で会話をしても1ターンの平均発話量も日本語母語話者より多く、会話全体での発話量も日本語母語話者と同程度（全体の約50％）を確保していた。

　英語異文化間会話と日本語異文化間会話の分析結果は、ターンを取ったり、会話への参加を高めたりするには言語能力は高いに越したことはないだろうが、言語能力とは別の要因があることを窺わせる。

日本語母語話者が英語でターンが取れなかったり、あまり発話できなかったりする理由について少なくとも3つの可能性を考えてみたい。まず考えられるのは、日本語と英語の言語構造の違いに起因するターン交替の仕組みの違いのために、日本語話者が英語会話でターンが取れなくなっている可能性である。榎本(2003、2009)によれば、日本語では発話末要素(たとえば、「ください」、「くる」、「いる」などの補助動詞、「てる」、「ちゃう」などの補助動詞に相当する語、「こと」、「よう」などの形式名詞、「です」、「ます」などの助動詞、「ね」、「か」、「よ」などの終助詞)が現れることが完結可能点表示となり、現話者の発話が終了することのシグナルとなるので、他の会話参加者は話し始めてもよいことを知るという。そして日本語では発話末要素はターン構成ユニットを遡及的に投射する。これは英語の完結可能点が前方への投射によって完結可能点が示されるのと逆になる。榎本(2009)からの模式図を引用して、日本語と英語では完結可能点の投射の方向がどのように逆になっているかを、図9と図10で表わしてみよう。

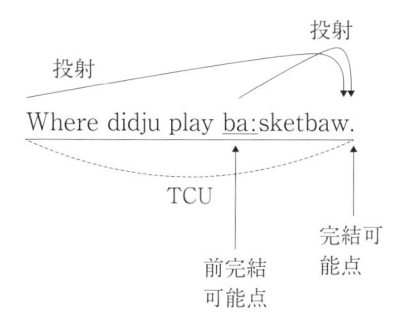

図9 英語の完結可能点と投射(榎本 2009: 13 より)

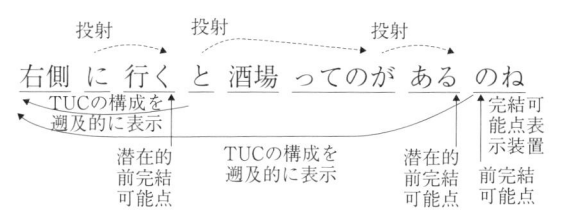

図10 日本語の完結可能点と投射(榎本 2009: 79 より)

このように、日本語では前完結可能点の見極めが、発話末要素で行われているとするならば、統語的形式の違いから発話末要素がない英語では、日本語母語話者は話者交替が可能である完結可能点を判断することができないまま、話し出すタイミングを逃してしまうという可能性がある。Clyne(1994: 25)にはドイツ語話者とフィンランド語話者がドイツ語で行うビジネス会話において、フィンランド語話者がドイツ語でのターン交替の可能点を判断できず、ターンを取れないままで会話が進行してしまうため、両者間でコミュニケーション不全が起こることを分析した研究が紹介されている。しかし、ターン交替のシステムが異なるためにターンが取れないだけの理由であれば、なぜカナダ人たちが日本語異文化間会話で日本語母語話者と遜色がないくらいターンを取ったり、また発話量を確保できているのかが説明できない。

　英語能力が高い日本語母語話者でも英語会話でターンを取ったりできず、また発話量も少ない原因として考えられるのは、コミュニケーション・スタイルの違いという可能性である。日本語母語話者が日本語式コミュニケーション・スタイルのまま英語の会話に臨んでいるからではないかということである。コミュニケーション・スタイルはさまざまな要素で成り立っている。フィッツジェラルド(2010: 99)は「興味の示し方、期待するかかわり合いの深さ、話し始めと話し終わりのタイミング、他の人と同時に話し始めて差し支えないかどうか、ポライトネスの表わし方、沈黙が受け入れられるか不快と感じられるか、不同意を避けるべきかどうか、情報はどのように組み立てられて提供されるべきか」等を挙げている。最も有名なコミュニケーション・スタイルはHall(1976, 1983)による高／低コンテクスト・スタイルであろう。Gudykunst 他(1988)はHall の枠組みを発展、拡大させ4つのコミュニケーション・スタイルを提唱している。フィッツジェラルド(2010: 223–4)はさらにそれを6つのコミュニケーション・スタイルと文化集団に分類した。彼女によると、日本を含むアジアのスタイルは Succinct / subdued（寡黙な・控えめな）という特徴をもつスタイルである。このスタイルのターンと発話量に関しての記述には「ターンは短く、人は寡黙であり、話し方や言語使用の技量はあまり重要とは思われていない」とある。また英語圏文化の

第 9 章　日・英・米・豪の母語会話および異文化間会話から見るターンと発話量　259

コミュニケーション・スタイルは Instrumental / exacting（手段重視の・的確な）という特徴をもち「短く一人ずつ順に話すターンを好み、オーバーラップは避ける傾向」があり「理性的で客観的な話し合いや議論を重視する」とされている。フィッツジェラルドは Succinct / subdued（寡黙な・控えめな）スタイルと Instrumental / exacting（手段重視の・的確な）を直接比較してはいないが、コミュニケーション・スタイルの特徴に関する記述を比べると、英語圏文化のほうが発話に関して積極的であることが読み取れる。英語異文化会話での日本語母語話者、そして日本語異文化間会話の英語母語話者は、それぞれ母語のコミュニケーション・スタイルで会話をしたために、英語会話の日本語母語話者はターン数も発話量も少なくなるが、日本語会話の英語母語話者はターン数も発話量も多いと、説明ができるのではないだろうか。

　日本語母語話者が英語会話でなかなか積極的に参加できない理由と考えられる 3 番目の可能性は、会話そのものに対する考え方の根本的な違いという点である（本書第 3 章参照）。この点は会話収録後にひとりひとりに対して行った、フォローアップ・インタビューから垣間見えてくる。英語母語話者にとって、楽しく興味深い社交会話とはお互いの情報交換にあるようなのである。自らの経験や意見を述べ、お互いについて理解し、そして知的な内容について議論することが彼らの目指す会話である。一方、日本語母語話者には会話で議論したり、ましてや初対面の人物と意見を交換したりすることは避けるべきだという前提があるのではないか。他愛ない話をして、自分のこともあまり言わない代わりに相手のことも詮索せず、無難に会話を済まそうとする。そのような姿勢で会話に臨む日本語母語話者が、英語で英語母語話者と雑談をする会話では、どうしても聞き手に回りがちになってしまうだろう。一方、英語母語話者たちは日本語で会話をしても、たとえ自分たちの日本語能力が高くなく、時にはたどたどしくなりながらも、相手と関わるために、いわば必死になって話そうとするのである。

　寺内他（2008）で指摘された「英語で話すときには聞き役になってしまう」ことや「相手のペースになってしまう」という問題は、ビジネスパーソンのビジネスの文脈での会話についての回答であった。おそらく日本語でのビジネス会話と英語でのビジネス会話もそれぞれのコミュニケーション・スタイ

ルに基づいた会話の方法があるはずである(たとえば Yamada 1992, ヤマダ 2003)。その違いに気づき、それを克服しなければ、いくら英語の語彙知識があろうと、完璧に文法を使いこなそうと、また発音がいくら素晴らしかろうとも、日本語母語話者は英語会話に思うように参加できないことになると推測される。

参考文献

Blum-Kulka, S., House, J., & Kasper, G. (Eds.) (1989). *Cross-cultural pragmatics: Requests and apologies.* Norwood, NJ: Ablex.

坊農真弓(2008)『日本語会話における言語・非言語表現の動的構造に関する研究』ひつじ書房

Bowe, H. & Martin, K. (2007). *Communication across cultures: Mutual understanding in a global world.* Cambridge: Cambridge University Press.

Clancy, P. (1986). The acquisition of communication style in Japanese. In B. Schieffelin and E. Ochs (Eds.), *Language socialisation across cultures* (pp.213-250). Cambridge: Cambridge University Press.

Clyne, M. (1994). *Inter-cultural communication at work.* Cambridge: Cambridge University Press.

榎本美香(2003)「会話の聞き手はいつ話し始めるか―日本語の話者交替規則は過ぎ去った完結点に遡及して適用される―」『認知科学』10 291-303

榎本美香(2009)『日本語における聞き手の話者移行適格場の認知メカニズム』ひつじ書房

フィッツジェラルド・ヘレン 村田泰美(監訳)重光由加・大谷麻美・大塚容子(訳)(2010)『文化と会話スタイル―オーストラリアに見る異文化間コミュニケーション―』ひつじ書房 [FitzGerald, H. (2003). *How different are we?: Spoken discourse in intercultural communication.* Clevedon: Multilingual Matters.]

Gudykunst, W., Ting-Toomey, S. & Chua, E. (1988). *Cutlture and interpersonal communication.* Newbury Park, CA: Sage.

Hall, E. T. (1976). *Beyond culture.* New York: Doubleday.

Hall, E. T. (1983). *The dance of life: The other dimensions of time.* New York: Doubleday.

Hayashi, M., Mori, J. & Takagi, T. (2002). Contingent achievement of co-tellership in a Japanese conversation. In C. E. Ford, B. A. Fox, & S. A. Thompson (Eds.), *The language of turn and sequence* (pp.81–122). Oxford: Oxford University Press.

Hayashi, M. (2003). *Joint utterance construction in Japanese conversation*. Amsterdam: John Benjamins.

Hofstede, G. (2001). *Cultures and organizations: Software of the mind*. London: MacGraw Hill

木暮律子(2002)「母語場面と接触場面の会話における話者交替―話者交替をめぐる概念の整理と発話権の取得―」『言葉と文化』3　163–180

Liddicoat, A. (2011). *Introduction to conversation analysis*. London: Continuum.

メイナード泉子(1992)『会話分析』　くろしお出版

Murata Y. (2010). Distribution of talk in first encounter conversations: A contrastive study of Japanese and English. *JACET Chubu Journal, vol.8*, 67–77.

大浜るい子(2006)『日本語会話におけるターン交替と相づちに関する研究』渓水社

Sacks, H., Schefloff, E. A. & Jefferson, G. (1974). A simple systematic for the organization of turn-taking for conversation. *Language, 50*(4), 696–735.

Schegloff, E. A. (1996). Turn organization: one intersection of grammar and interaction. In E. Ochs, E. A. Schegloff, and S. A. Thompson (Eds.), *Interaction and grammar* (pp.52–133). Cambridge: Cambridge University Press.

Schegloff, E.A. (2000). Overlapping talk and the organization of turn-taking for conversation. *Language in Society, 29*, 1–63.

Schegloff, E.A. (2007). *Sequence organization in interaction*. Cambridge: Cambridge University Press.

Shigemitsu, Y. (2011). *Different paths to co-constructing topic development in Japanese and English: Function of questions in conversation*. Paper presented at the 12th International Pragmatic Conference, Manchester, U.K.

Tanaka, H. (1999). *Turn-taking in Japanese conversation: A study in grammar and interaction*. Amsterdam: John Benjamins.

Tannen, D. (1981). New York Jewish conversational style. *International Journal of the Sociology of Language, 30*, 133–149.

Tannen, D. (1984). *Conversational style: Analyzing talk among friends*. Norwood, NJ: Ablex.

寺内一・小池生夫・高田智子(2008)「企業が求める英語力調査」　小池生夫研究代表『第二言語習得研究を基盤とする小、中、高、大の連携をはかる英語教育の先導的基礎研究』平成16年度～平成19年度科学研究費補助金(基盤研究(A))研究成果報告書　pp.447–476

Yamada, H. (1992). *American and Japanese business discourse: A comparison of interac-*

tional styles. Norwood, NJ: Ablex

ヤマダ　ハル(2003)『喋るアメリカ人　聴く日本人』成甲書房

補遺　地域別ターンおよび発話量の素データ

1) イギリス会話におけるターン数と発話量（単語数）

		ターン数	発話量
UK27	B2	95(28.70%)	747(17.74%)
	B4	106(32.10%)	1,430(33.96%)
	B5	129(39.00%)	2,033(48.28%)
	total	330	4,210
UK51	B11	160(33.20%)	1,372(22.69%)
	B12	197(40.87%)	3,488(57.68%)
	B13	125(25.93%)	1,187(19.63%)
	total	482	6,047
UK53	B15	100(24.09%)	1,254(24.15%)
	B16	187(45.06%)	2,726(52.89%)
	B17	128(30.80%)	1,174(22.77%)
	total	415	5,154
UK57	B21	207(37.91%)	2,044(36.08%)
	B22	200(36.63%)	1,763(31.12%)
	B23	139(25.45%)	1,857(32.78%)
	total	546	5,664

2) アメリカ会話におけるターン数と発話量（単語数）

		ターン数	発話量
US31	U1	86(33.00%)	1,018(18.50%)
	U2	95(36.50%)	2,556(46.47%)
	U3	79(30.30%)	1,926(35.01%)
	total	260	5,500
US33	U3	252(43.45%)	2,883(49.41%)
	U4	219(37.76%)	1,930(33.08%)
	U6	109(18.79%)	1,021(17.50%)
	total	580	5,834
US39	U8	220(34.50%)	1,750(31.21%)
	U11	251(39.40%)	2,769(39.38%)
	U12	165(25.90%)	1,088(19.04%)
	total	636	5,607
US40	U7	176(31.42%)	1,371(23.83%)
	U9	209(37.32%)	1,930(33.54%)
	U11	175(31.25%)	2,452(42.62%)
	total	560	5,753

3) オーストラリア会話におけるターン数と発話量（単語数）

		ターン数	発話量
AU43	Au4	232(45.70％)	1,946(33.39％)
	Au6	84(16.50％)	647(11.10％)
	Au7	191(37.60％)	3,235(55.50％)
	total	507	5,828
AU47	Au5	202(38.47％)	1,793(35.06％)
	Au12	146(27.80％)	1,768(34.57％)
	Au13	177(33.71％)	1,553(30.36％)
	total	525	5,114
AU48	Au8	219(38.20％)	2,140(41.31％)
	Au13	170(29.50％)	1,543(29.79％)
	Au14	187(32.47％)	1,497(28.90％)
	total	576	5,180
AU50	Au15	123(32.30％)	2,855(49.70％)
	Au16	95(25.00％)	706(12.29％)
	Au17	162(42.60％)	2,183(38.00％)
	total	380	5,744

4) 日本語会話におけるターン数と発話量（仮名字数）

		ターン数	発話量
JP12	J13	195(26.62％)	4,246(30.44％)
	J14	215(30.45％)	5,465(43.04％)
	J15	295(41.78％)	2,985(23.51％)
	total	706	12,696
JP71	J36	393(37.42％)	5,267(36.06％)
	J37	425(40.47％)	6,035(41.32％)
	J39	232(22.09％)	3,302(22.61％)
	total	1,050	14,604
JP72	J33	261(27.85％)	3,478(20.12％)
	J38	366(39.06％)	7,268(42.05％)
	J43	310(33.08％)	6,535(37.81％)
	total	937	17,281
JP73	J33	268(31.71％)	3,625(24.98％)
	J35	326(38.57％)	7,514(51.79％)
	J39	251(29.70％)	3,367(23.21％)
	total	845	14,506

（注　パーセントの小数点以下3桁は切り捨て。）

第10章
英語会話と日本語会話の構造

岩田祐子

1. はじめに

　第3章から第9章まで、初対面場面における英語会話と日本語会話の特徴を6つの観点―自己開示、応答要求表現と応答の連鎖、他者修復、あいづち、話題の展開スタイル、ターンと発話量―から分析した。この章では、これら6つの観点からの分析結果に基づき、初対面における英語会話と日本語会話の構造を全体像として明らかにすることを試み、またその特徴を考察する。その上で、英語会話と日本語会話の類似点と相違点を考察する。会話は話し手と聞き手で成立するので、話し手・聞き手の役割から初対面の英語会話と日本語会話の構造と特徴を考察する。

2. 英語会話の構造と特徴

2.1 英語会話における話し手の役割

　英語会話における話し手の役割としては、岩田(第4章)が指摘するように、第一に、自ら積極的な自己開示をしながら話をするというものがある。自ら積極的な自己開示をすることで、率直さ、正直さを示すことができ、結果として他の参加者との共感を築くことができる。したがって英語会話では、初対面にも関わらず冒頭の自己紹介のところから積極的な自己開示が行われる。また英語会話では相手との共通点、共有できる情報(commonalities)を、会話をしながら探している。共通点が見つかったらそこを広げて会話を

進めるのである。共通点を見つけるためにも参加者が積極的に自己を開示することが必要なのである。第二に、話し手は自分だけが一方的に話すわけではない。話をしながら聞き手に質問をする。聞き手に質問をし、聞き手が答えることで聞き手にターンを渡すことになり、話し手と聞き手の間で話者交替が生まれる。その結果、大谷(第8章)が示したように、談話構造がインタラクティブ・スタイルとなるのである。

2.2　英語会話における聞き手の役割

　英語会話における聞き手の役割は、第一に話し手の話に対し、あいづちを打つことがあげられる。大塚(第7章)が指摘するように、英語会話では、語彙的あいづちが多い。ただし英語会話では日本語会話と比べるとあいづちが少ない。あいづちを打ちながら話し手の話を聞くのが日本語会話の良い聞き手だが、英語会話の聞き手はあいづちだけでは不十分なのである。聞き手の第二の役割、そしてあいづちよりもっと大事なのは、重光(第5章)の分析が示すように、情報を引き出すような質問をすることである。これは話し手のさらなる自己開示を促す働きがある。また質問をすることで会話がインタラクティブになる。第三に、津田(第6章)が分析したように、話し手が言った内容で不明な点があれば他者修復をする。ただし津田の分析では、英語会話においては日本語会話ほど、他者修復が用いられていない。相手の話題について次に話題を展開し転換するために、他者修復以外の手段(例、情報要求の質問)を使うことが多く、繰り返しなどの他者修復を日本語ほど多用しないためだと思われる。

　英語会話の聞き手は、あいづちや質問をし、また前述のように数が少ないとはいえ他者修復をすることによって、話し手がトピックについて話すことを促すのである。特に情報を引き出すような質問は、話し手のさらなる自己開示を促す。しかし聞き手は話し手の話を促すだけではない。聞き手自らがターンを取り、話し始めることもある。その結果、ターンの奪い取りが起こる(第9章)。聞き手がターンを奪い取ることでも談話構造はインタラクティブ・スタイルになる(第8章)。また聞き手がターンを取ることで発話量はより均衡になる(第9章)。重光(第3章)が指摘するように、英語会話では、参

加者の中に皆が平等になるようにという意識が働いている。

　自己開示をするのは話し手だけではなく、聞き手も行う。話し手に触発されて聞き手が second story (Schegloff 1992) を語ることもしばしば起きる。その結果、トピックが発展するのである。聞き手が second story を語ることは単なる聞き手の自己開示にとどまらない。Second story を語りたくなったくらい話し手の story に聞き手が触発されたことを示し、その結果、聞き手として話し手に対する配慮を示し、ラポールの構築に貢献している（第 4、8 章）。Brown & Levinson(1987) 言うところのポジティブ・フェイスへの配慮が見られると言える。

2.3　英語会話の構造

　以上述べたような話し手と聞き手の役割から見た英語会話の特徴は、話し手も聞き手も積極的に会話に参加し、話し手と聞き手が協同して会話を構築し、談話構造はインタラクティブ・スタイルであるということである。

　話し手は自己開示を積極的に行い、聞き手は話し手の自己開示をさらに促すように情報要求の質問を行う。話し手は聞き手の要求に応えてさらに自己開示を行う。初対面であっても積極的に自己開示を行うことが期待されているのである。しかし、話し手は自分 1 人で話し続けるのではない。聞き手に質問をして、ターンを聞き手に渡す。その結果、発話量がより均衡となるのである。

　聞き手も単なる聞き手として話し手の話を聞いているのではなく、話し手に対し積極的に質問を行い、話し手のさらなる自己開示を促す。話し手の話でわからないことがあれば、他者修復を行い、不明な点を明らかにしようとする。あいづちを打ちながら聞き手役に徹するだけでなく、聞き手も話し手からターンを奪い取り、自らが話し手となりトピックに参加して、話し手とともにトピックを発展させる。その結果、発話量が話し手と聞き手の間で均等となり、談話構造はインタラクティブ・スタイルとなる。

2.4　英語会話の構造の背後に見える特徴

　上記のような構造をもつ英語会話の特徴は、話し手と聞き手が平等である

ということである。話し手だけが一方的に話すのではなく、参加者が皆平等に話し、会話を協同で作り上げることに価値があるのである。参加者は互いに発話量が平等になるようにターンを譲り、奪い、会話に参加する。初対面で互いのことを知らない参加者だからこそ、自己を開示し、自分を見せることで率直さや正直さを示し、自己開示しながら共通点を探し、共に会話できる話題を見つけようとする。また重光(第3章)が指摘したように、英語会話の参加者は新しい情報を学ぼう、知的な会話を楽しもうという気持ちで参加している。積極的に自己開示しながら会話を楽しもう、相手から自分が知らないことを学ぼうとしているのである。

英語会話におけるラポールの築き方は、話し手は積極的に自己開示することによって、自分の正直さや率直さを相手に示す。聞き手はあいづちだけでなく、情報を引き出すような質問をし、コメントをし、聞き返しをして話し手が語るトピックの発展に貢献する。また聞き手も話し手の語り(first story)に触発されて、自らの second story を語り自己開示しながら相手(それまでの話し手)への共感を示す。共感の示し方はあいづちや質問だけではなく、聞き手自らの自己開示も共感を示す手段なのである。

3. 日本語会話の構造と特徴

それでは日本語会話の構造と特徴はどのようなものだろうか。これまでの章で分析された話し手と聞き手の役割に焦点を当てて考察する。

3.1 話し手の役割

岩田(第4章)の分析が示すように、初対面日本語会話における話し手の役割は、何らからの話をすることは期待されているが、積極的な自己開示は期待されているわけではない。もちろん積極的に自己開示してもよいが、それはあくまでも話し手の判断や好み、その場の雰囲気などによるもので、初対面会話において話し手が積極的に自己開示をすることが決まり事として期待されているわけではなく、あまり自己開示をしない話し手も許容される。

3.2 聞き手の役割

　初対面日本語会話における聞き手の役割は、まず良い聞き手となることである。日本語会話における良い聞き手とは、大塚(第7章)が述べているように、発話の途中に非語彙的あいづちを打つことである。大塚によれば、日本語のほうが英語よりもあいづちを多く打っている。なおかつ語彙的あいづちよりも非語彙的あいづちが多い。

　また聞き手は、あいづちだけでなく、津田(第6章)が示したように話し手の話に理解できない点があった場合、他者修復をする。日本語会話では、繰り返し+質問の形式が多く用いられている。このように聞き手は、あいづちや繰り返し+質問の他者修復を多用することで、話し手の話を促すのである。

　重光(第5章)の分析にあるように、日本語会話において聞き手が話し手に対して行う質問の数は、英語会話の聞き手と比べて特に少ないわけではないが、情報を引き出すような質問は少ない。聞き手が、情報を要求する質問をして、話し手の自己開示を積極的に促すようなことはしないのである。

　村田(第9章)が指摘するように、日本語会話において聞き手は、積極的にターンを奪うことはしない。聞き手が良い聞き手としてあいづちや他者修復で話し手の話を促しながら良い聞き手に徹するので、話し手は自分の話をターンを奪われることなく展開する。その結果、大谷(第8章)が指摘する話し手が語り、聞き手が聞き役となるモノローグの談話展開スタイルとなるのである。

　しかし、日本語会話においても聞き手が聞き手にとどまらず話し手となる場合もある。話し手の語りに触発されて聞き手も話し手の語りに関連した内容のことを話す場合である。聞き手が話し手の自己開示に触発されて、自己開示するのである。その場合、聞き手は話し手が語りをしている間は聞き手としてあいづちや他者修復をしながら話し手の語りを促し、良い聞き手に徹する。話し手のターンを奪ったりはしない。話し手の語りが終わった段階で、聞き手は自ら関連した語りを話し始める。聞き手が新たな話し手となって語りを始めると、それまでの話し手は聞き手となり聞き役に徹する。話し手の語り(自己開示)→聞き手が話し手となっての語り(自己開示)という流れ

になり、この場合の談話構造は、大谷(第8章)が分析したデュエット・スタイルとなるのである。

3.3　日本語会話の構造

以上見てきたように、初対面の日本語会話の構造では、話し手は話し手としてふるまい、聞き手は良い聞き手として聞き役に徹するのである。すなわち、話し手と聞き手の役割がはっきり分かれる。村田(第9章)が指摘するように、話し手がもっぱら話をするといっても聞き手はあいづちを多用するので、ターン数全体を見ると、話し手と聞き手とでは均等となっている。ただし、その中身は、話し手はトピックについて語り、聞き手はあいづちなどの聞き役に徹している。したがってトピックごとに見ると、話し手と聞き手とでは発話量が不均等になっている。

3.4　日本語会話の構造の背後にある特徴

以上、見てきた初対面の日本語会話の構造の背後にある特徴はどのようなものだろうか。初対面の日本語会話で話し手に期待されていることは、初対面にふさわしいトピックを選んで話をすることである。初対面会話で自己を積極的に開示することは特に期待されていない。

聞き手は、あいづちや他者修復によって話し手の話を促しながら聞き役に徹する。話し手に対して新しい情報を要求するような質問をすることはしない。聞き手から話し手に踏み込むような質問は初対面会話では避けるべきものなのである。話し手の体面を傷つけないようにするという意味では、Brown & Levinson(1987)言うところのネガティブ・ポライトネスが働いているといってもよいだろう。

それでは、初対面会話において話し手と聞き手はどのようにラポールを築くのだろうか。話し手は初対面にふさわしいトピックを選び、語ることで、聞き手は話し手の話にあいづちを打ち、うなずき、話を促すような質問をし、わからないときは繰り返し＋質問の他者修復を行いながら、話し手の語りを聞き手として支える。この話し手と聞き手のやり取りの中から、共感が生まれ、ラポールが築かれるのである。

初対面会話で自己開示をしなくてもよいが、自己開示する場合もある。聞き手が話し手の語りに触発されて自分の語りを語ることもある。そうすることで、話し手の語りが面白かった、だから私もそれに関連した語りをするということを示し、聞き手から話し手への配慮を示し、ラポールを築くことができる。その際に、聞き手は自分が語るために、話し手からターンを奪い取ることはしない。ターンは話し手から譲られるものであり、話し手が語りを終わったとき、聞き手が取れるものである。

日本語の初対面会話においては、話し手と聞き手がそれぞれの役割に徹し、良き話し手、良き聞き手としてふるまうことで、会話は続いていく。その際、話し手がずっと話をしていくモノローグ・スタイルのこともあるし、話し手の語りが終わった後に聞き手が話を始めるデュエット・スタイルの場合もある。

4. 英語会話と日本語会話の類似点と相違点

以上、英語会話と日本語会話の構造と特徴を、話し手と聞き手の役割という観点から考察した。本書では第4章から第9章まで、6つの観点から英語会話と日本語会話の特徴を分析したが、6つの観点からの分析結果を6つの破片をはめ合わせて作るパズルのように組み合わせると、英語会話と日本語会話の構造や特徴がそれぞれ浮かび上がってくる。それでは、英語会話と日本語会話は構造や特徴において異なるのだろうか、類似点はあるのだろうか。

4.1 英語会話と日本語会話の類似点

英語会話と日本語会話の構造や特徴を比べると類似点が見られる。英語会話においても日本語会話においても話し手は聞き手のサポートを受けながら話をし、聞き手はあいづち・他者修復・質問などで話し手の話を促している。話し手と聞き手の協同作業で会話は進んでいき、ラポールが築かれる。会話を参加者皆で構築していくという点においては英語会話も日本語会話も類似している。

ターンと発話量を分析した村田(第9章)の結果は、話者間の平等性に関して英語会話と日本語会話では差が見られなかったことを示している。話者へのインタビュー調査では、英語会話の話者は話者間で平等でないといけないという意識をもっているのに対し、日本語会話の話者にはそういう意識は見られなかった(第3章)。しかし村田の分析結果では、ターンと発話量で3人の話者間の均等性に関して日本語会話と英語会話では違いが見られなかった。ただ、話者間の平等性に関して日本語会話と英語会話で差がないのは今回のデータの分析結果に限ったことであり、今後さらにデータを収集して分析を進めていく必要があると思われる。またデュエット・スタイルでもインタラクティブ・スタイルでも、発話量やターン数としては話者間で差が生まれないということもあるだろう。

　英語会話の特徴の1つと言われる自己開示の大きさについても詳しく見てみると、自己開示は英語会話だけの特徴ではないことがわかる。日本語会話の中にも話し手と聞き手双方がかなり自己開示しているものもあるし、聞き手が話し手の語り(first story)に触発されて、自ら自己開示しsecond storyを語っているものもある。また英語会話の中にもあまり積極的な自己開示が行われず、表面的な会話に終始し、その結果1つのトピックが発展せず頻繁にトピックが変わるものもある。

4.2　英語会話と日本語会話の相違点

　英語会話と日本語会話の構造や特徴を詳しく見ると相違点もある。違いが特に現れているのは聞き手の言語行動である。あいづちの比較を行った大塚の研究(第7章)では、英語の3変種間にはあいづち使用に大きな違いは見られなかったが、英語と日本語ではあいづちの使用状況が異なっていた。英語に比べて日本語では非語彙的あいづちが多く使用され、生起環境に関しては中途発話文の後に打たれることが多いことが明らかになった。日本語会話では、水谷(1983)のいう共話による会話展開が行われ、聞き手が頻繁にあいづちを打つことによって、話し手の発話を促していく。そのあいづちは、英語のように語彙的である必要はなく、「ああ」、「うん」等の非語彙的あいづちで十分機能を果たしていることがわかった。

聞き手の言語行動の違いは、津田(第6章)でも明らかになっている。英語会話と日本語会話における他者修復を分析した津田によれば、日本語会話では繰り返し＋質問の形式が多く用いられるのに対し、英語会話では疑問詞を用いた質問と確認のための質問が多く用いられていることがわかった。日本語会話において日本人話者が繰り返しを多用するのは、日本語会話の話題の展開方法によるものだと津田は分析している。すなわち、相手の発言を確認し話題の展開を相手にまかせる方が、新しい質問をして自分が話題の展開により積極的に関与するよりも負担が少なく、日本語話者の話題の展開スタイルに沿うからであると津田は指摘する。英語会話では、津田や重光の分析が示すように、情報を得るため、相手の意見を求め話題を拡張しさらに相手の発話を促す質問を多くする。これに対し、日本語会話では、相手の話題の枠の中で相手が提供する話題の範囲内での質問をするために繰り返しが多く用いられていると津田は分析している。他者修復のやり方にも日本語会話の特徴が見られるといえる。

　聞き手の言語行動の違いは、ターンの奪い取りにも現れている。村田(第9章)の分析では、英語会話に比べて日本語話者のターンの奪い取りが少なかった。これは初対面会話ではネガティブ・フェイスを尊重する日本語会話のルールのためではないかと村田は指摘している。また村田の分析では、日本語会話では維持ターンが多いことが明らかになった。これは日本語会話ではあいづちが多いためであると考えられ、大塚(第7章)の分析結果と合致する。

　もう1つ聞き手の言語行動の違いが現れているのは、応答要求表現である。重光(第5章)によれば、日本語会話では新しい情報を引き出そうというのは英語会話に比べて少なく、同意を求めたり相手の話を自分が理解できているかを確認することを重視したやり取りが行われているという。特に、聞き手が話し手の話の中から想定したことを確認するためにやり取りが行われており、その範疇外の新たな質問は少ないと重光は指摘する。また日本語会話の特徴として、聞き手が話し手に直接質問するのではなく、「自分は知識がない、情報について自信がない」ことをほのめかして応答を求める態度を示すことが多いとも指摘した。これは質問することは失礼であるという日本

文化にある考え方からきていると思われる。英語会話と日本語会話の応答要求表現を比較して重光は、英語会話では本来の情報を引き出す側面が重視され、日本語会話では対人関係に配慮する側面が重視されていると違いを述べている。

あいづち、他者修復、応答要求発言、ターンの維持や奪い取りなどに見られる日本語会話における聞き手の言語行動は、初対面会話ではネガティブ・フェイスを尊重するという日本語会話の背後にある文化価値のためであると考えられる。

一方、英語会話における聞き手の言語行動は、日本語会話とは異なる。聞き手は語彙的あいづちを打つことで話し手の会話を促し、応答要求発言を積極的に行い話し手から新しい情報を得ようとし、話し手の語りを促す。また津田(第6章)が指摘するように、英語会話では Open-class repair initiator や繰り返しによる他者修復をしながら、単に情報を求めるだけでなく、それに加えて驚きや興味などの強い反応を示すこともしている。英語会話では、初対面であっても相手のポジティブ・フェイスを尊重する言語行動を取ることがあるのである。ネガティブ・フェイスを尊重する言語行動を取ることが多い日本語会話にはあまり見られない聞き手の言語行動である。

話し手の言語行動においても英語会話と日本語会話とは異なる様相が見られる。特に初対面会話における自己開示の大きさが英語会話と日本語会話では違いがあると思われる。岩田(第4章)によれば、英語会話においては、参加者は最初から積極的に自己開示をしていく。聞き手も話し手の自己開示を促すように新しい情報を要求する質問を積極的に行う。話し手自身が積極的に自己開示し、なおかつ聞き手に促されて話し手の自己開示が行われ、談話は展開していく。その場の参加者の様子を見ながら少しずつ自己開示していく日本語の話し手とはかなり異なる。日本語会話では話し手がどれくらい自己開示するかは話し手がその場の雰囲気や参加者を見ながら決めるのであり、聞き手が話し手の自己開示を促すようなことはしないのである。

このような話し手と聞き手の言語行動の違いは、話題の展開にも現れている。大谷(第8章)が指摘したように、話し手と聞き手が活発に協同で会話を構築する英語会話では、話題をインタラクティブ・スタイルで展開すること

が多い。一方、話し手と聞き手の役割分担がはっきりし、聞き手が聞き手として話し手を支える日本語会話では、話題は話し手が一方的に語るモノローグ・スタイルで展開するか、話し手と聞き手が順番に自分を語るデュエット・スタイルの展開が多くなる。

　上記のような英語会話と日本語会話における話し手と聞き手の言語行動の相違点は、会話の冒頭からお互いに自分を出して相手に近づこうとする英語母語話者と、相手の様子を見ながら自分についての情報を小出しにして少しずつ相手との距離を縮めていこうとする日本語母語話者との違いと言える。英語会話の参加者は初対面から相手との距離を縮めようとし、積極的に自分を語り、また相手にも語ってもらうために質問等で働きかけ、相手との共通点を探し話題を発展させていこうとする。会話は自分が知らない新しい情報を得る場であり、知的刺激を受けたいと参加している。一方、日本語会話では、初対面会話である以上、お互い相手に踏み込むことは避け、相手が語る話に良き聞き手としてあいづちを打ちながら耳を傾ける。初対面における相手との距離の取り方や縮め方が英語会話と日本語会話では違いがあり、その違いが話し手や聞き手の言語行動に影響を与えていると言えるだろう。

5．おわりに

　初対面会話における英語会話と日本語会話の特徴を6つの観点—自己開示、応答要求表現と応答の連鎖、他者修復、あいづち、ターンと発話量、話題の展開—から分析すると、英語会話と日本語会話には相違点があることが明らかになった。従ってこの6つの観点、すなわち「自己開示の程度」、「応答要求表現と応答の連鎖」、「他者修復」、「あいづち」、「ターンと発話量」、「話題の展開」は、英語会話と日本語会話をそれぞれ特徴づける語用指標なのである。この6つの語用指標それぞれに対して、英語会話と日本語会話では異なる話し方の決まりごと、すなわち語用規則が存在する。たとえば初対面会話においてどの内容をどの程度自己開示するかが、英語もしくは日本語会話を特徴づける語用規則となりうる。日本語母語話者が英語会話に参加するとき、英語会話の語用規則を知らずに、日本語会話の語用規則をそのまま使用

して英語を話すと英語会話にうまく参加できないだろう。日本の英語教育において、この6つの語用規則を教えていくことは日本人英語学習者の英語力向上に不可欠であると思われる。英語教育に関しては、次章で詳しく扱うこととする。

参考文献

Brown, P. & Levinson, S. C. (1987). *Politeness: Some universals in language usage.* Cambridge: Cambridge University Press.

水谷信子(1983) 「あいづちと応答」水谷修編『講座　日本語と表現3　話しことばの表現』(pp.37-44)筑摩書房

Schegloff, E. A. (1992). In another context. In A. Puronti & C. Goodwin (Eds.), *Rethinking context* (pp.191-227). Cambridge: Cambridge University Press.

第 11 章
語用指標とその英語教育への応用

村田泰美

1. 目指したもの

　我々の研究の出発点は、我々自身も含めて日本語母語話者が英語で会話をするときに、「気持ちが伝わっていないのでは」とか、「分かってもらっているだろうか」など、相手との関係に対して漠然と感じる違和感や不安感の原因を探ろうとしたところにある。不安感は相手に誤解されたことが明らかになったとき「やっぱり」という確信となる。本書の研究も含めて、我々の今までの研究の根底には「ラポールを形成するためにはどのような話し方をしたらよいか」という「人間関係」を意識した問いがあったのである。これは言語が使われる2つの理由、すなわち情報伝達と交感的作用のうちの後者に焦点を当てた研究ということである。「交感的」というのはMalinowski (1922)がphatic communion(交感的言語使用)と呼んだ言語の機能のことを指している。

　情報を伝えることや、感謝を述べること、また謝罪することなどのような、発話行為の日英対照研究は今日まで多くなされており、研究成果を英語教育に取り入れるための研究も進められてきた。日英語用論と英語教育を考えるときに、真っ先に思うのはこのような発話行為の遂行に関連する問題であろう。一方、本書で扱った語用論はそのような伝統的な語用論ではあまり扱われてこなかった、話し方の「決まり事」のようなものである。英語母語話者、あるいは日本語母語話者はことばのやりとりに関して一定の「決まり事」を母語話者同士で共有している。しかし「決まり事」は母語の習得過程を通して身に付けていくものであるため、話者の無意識領域に存在してお

り、したがって母語話者は自らのことばの「決まり事」に気付いていないことが多い。また言語学習者にとっては、どのようなことが「決まり事」になっているのか、表面の言語形式だけを探っていてもなかなか見えてこないということもある。

　我々の研究は Gumperz(1982) から Silverstein(1992) の相互行為的社会言語学の系譜を汲むものである。ことばのやりとりにおいては、意味の解釈のためのコンテキスト化の合図(contextualization cue)がある。コンテキスト化の合図は、1つの言語文化内において無意識で自動的であり、その言語が使用される際のリズム、イントネーション、レジスター、語彙選択、統語形式、定型表現、会話開始・終了および継続のストラテジーなど、言語のあらゆる特性が解釈のコンテキスト化の合図となる。Gumperz のよく知られた研究では、イギリスで働くインド系の店員が客から受ける「感じが悪い」とか「無愛想である」という苦情の原因が、実はインド系の人たちがよく用いる下降イントネーションにあったことをつきとめたものがある。問いに使用される下降イントネーションは英語では「確認」という意味と解釈され、たとえばレストランの店員が「グレービー」というソースが欲しいかどうかを問うための音調としては不適切であり、結果として客に無礼であると解釈されたのであった。問いと共起する下降のイントネーションは母語のヒンディー語からの単純な転移であったが、それがこの場合コンテキスト化の合図となり、インド系の店員たちと客の間の誤解につながった。Gumperz はこのような、ある言語文化内で共有されている前提を contextualization cue と呼び、Silverstein は metapragmatics と呼んだ。

　第10章で結論づけたように本書で扱った6つの視点、すなわち自己開示、応答要求表現と応答の連鎖、他者修復、あいづち、話題の展開、ターンと発話量は、それらを指標として会話を特徴づけることができるという意味で語用指標と呼ぶべきものである。Roberts et al. (2001: 56) は、相互行為的社会言語学が研究対象とするのは "... the ways in which styles of communicating index social identity"(コミュニケーションをするスタイルがどのように社会的アイデンティティを表示［index］する方法　訳と下線は著者)であり、その接近法については "the need for a method which examines the fine-grained detail of interaction."（相互作用の事細かな詳細の検証をする方法の必要性　訳と下線は著者）を求めるとする。6つの視点は会話のスタイルを特徴づけ、聞き手にとって contextualization cue となるものであると我々は考える。また Verschueren（2011: 171）によれば、相互行為的社会言語学は究極のところ、言語を使用して行われる社会行動を説明するための妥当な理論の構築を目的とするが、そのためには暗示的、明示的な意味がどのように作用して社会的意味を生み出すのかを説明する、完全な語用論の理論を必要としていると言う。我々の研究は相互行為的社会学の枠組みから出発し、実証過程を経て、いくつかの語用指標を選定できたことが、語用論への理論的貢献となろう。

　母語を共有しない異文化間コミュニケーションにおいては、何が contextualization cue になるのかを知っておくことが誤解の予防になる。FitzGerald (2003)は特定の文化集団に典型的にみられるコミュニケーション・スタイルを集団主義・個人主義、ターンの分布と発話量、論理展開、不同意の表明、という軸に沿って6つに分類したが、コミュニケーション・スタイルを決定する要因も contextualization cue であると考えてもよいだろう。たとえば相手への不同意を示すとき、文化によってはあからさまに表明することが誠実さのあかしとして好意的に解釈されるが、他の文化では敵対する態度として解釈される。同一の言語使用が、相手によって異なった評価を受けることになるのである。これは不同意の表明自体が contextualization cue になっているからだと考えることができる。

　本書で扱った自己開示の程度、応答要求表現─応答の連鎖、他者修復、あいづち、話題展開、ターンと発話量という語用指標は、その方法や形や程度によって相手が何らかの解釈を下すという意味ですべて contextualization cue になり、その解釈に基づいて会話相手から判断され、互いの人間関係調整がなされる要素となり得るものである。これらの要素の何が、どのような解釈につながり、コミュニケーションを阻んだり、好意的な関係構築を阻害するのかを究明するのが本研究の目的の1つであった。これらの項目は従来の語用論ではあまり扱われてないものであるが、「どのようにことばを使うか」という「決まり事」は、語用規則と呼ぶべきものである。今回、分析の対象としたのは、内円に属する英語（Inner Circle English varieties）、すなわち

イギリスとアメリカとオーストラリアの英語であった。内円の英語はアングロ英語の伝統を共有しているはずであるが、それぞれの国は独立国家としての歴史を歩んでおり、文化的な差異もあることから英語使用の「決まり事」の共有の度合いは未知であった。結果としては、違いよりも共有されていることのほうが多いことが分析から分かったのであるが、それが確認できて初めて日英語の語用規則の比較が可能となり、日本語母語話者に対する英語教育への応用を検討する意味が生まれる。

2. 英語教育と語用規則

英語教育への語用規則の導入には次の2点をまず考えなければならない。第一にどの規則を採り入れるかという選択に関する問題と、第二にどのような方法で教えるかという方法論の問題である。以下ではその2点について分けて考察を進めていく。

2.1 どの語用規則か

どの語用規則を英語教育に導入すべきかについては、それを知らずに日本語的語用規則の転移によって英語を使用したときに、日本語母語話者が何らかの不利益を被ると予測されるかどうかを基準にすることを提案したい。日本語の決まり事に則って英語を話しても不利益が発生しないのであれば、あえて英語の決まり事に従おうと無理することはないであろう。その基準を適用するならば、他者修復(聞き返し)やあいづちの種類や頻度は、日本語のように行ったとしても、相手の心象を悪くしたり、直ちにコミュニケーションの阻害につながることはないと予測されるので、教育への導入の優先順位はあまり高くないことになる。しかし他者修復をしないと、意味の把握ができないまま話が進んでついていけなくなったり、間違った理解のまま会話に参加し続けることで、ビジネス交渉のような情報の正確な把握が重要な会話では、取り返しのつかない結果を招くことはあるだろう。これは日本語でも同じである。また、あいづちに関しては、相手が話している間に頻繁に非語彙のあいづちを挟んでいく日本語式のやり方だと、相手は「ターンを取られそ

うだ」と感じたり、「あなたの話はもう十分と言っている」と解釈する可能性が指摘されている(久保田 2001)。しかし、英語のあいづちの習得を大上段に目指す必要はなく、「相手が語っているときには、日本語での会話のようにあまり頻繁にあいづちは打たない」ことを学習者に認識させることでよいだろう。

　自己開示はどうだろう。英語の社交会話ではお互いに情報を共有し距離を縮めるというポジティブ・ポライトネスが日本語の会話よりも強く働く(Brown & Levinson 1987, 堀他 2006)。特に未知の相手との会話において共通点を探ることは最優先事項になる。その方法として、お互いに自分の情報を提供し合うという自己開示が大きな意味を持ってくるのである。本書でも日本語と英語の自己開示の度合いが異なることがデータで明らかになったが、コミュニケーションの成立・不成立という観点で考えれば、自己開示の度合いの低いことが直ちにコミュニケーションの問題につながるわけではない。しかし、教員が英語会話において自己開示のもつ意味を理解することは必要であり、教室で機会を捉えて指摘し、自己開示の促しを行いながら学習者の意識を高めていかなければならない。

　自己開示と関連するのが応答要求─応答の機能である。英語会話では情報の授受が重要であるのに対して、日本語会話では同意を求めたり、相手の話を自分が理解できているかを確認したりするような目的での疑問形式が多く、新情報の獲得というより、相手との関係性を考慮するために質問─応答の連鎖が出てくることが多かった。これらの差異は相手に対してどのような質問をするのか、また発せられた質問に対してどのように、またはどこまで答えるのかというような期待値の差を生み出す。それが原因で双方に違和感を生じさせる可能性はあるだろう。日本語の社交会話における質問─応答連鎖の特徴を理解し、英語会話の練習に採り入れていくことは必要かもしれない。ただしこれがもっとも必要となるのは、世間話のような社交会話であって、討論や交渉などの異なるジャンルのやりとりでは、日本語でも当然情報獲得を目的とした質問─応答が出るわけなので、英語教育への導入の必要性は会話のジャンル次第ということになる。

　話題展開のスタイルに関しては、英語会話の典型的なスタイルは、インタ

ラクティブ・スタイルで、情報要求の質問と情報提供の答えという形式が、参加者間で質問者と答える者が入れ替わって継続する。一方日本語会話では、1人の話者が話し、その他が聞き役に回るモノローグ・スタイルが多く見られた。これは会話への参加方法の違いとでも言えるもので、やりとりにおける様々な諸相で会話参加者の平等性が重んじられる英語会話と、平等性をあまり求めない日本語会話とで大きく異なる点である。社交会話の参加に関して何が求められるかの違いは、情報の伝達という目的の遂行には直接かかわらなくとも、懇親会や名刺交換会などの社交会話の場面で、ラポール形成に影響を及ぼすことになろう。社交会話(世間話)を日常会話として教えたり、練習させたりする場合には何らかの形で取り込まれるべき事項ではないかと思われる。

　ターンと発話量は、先述した平等性に気を配る英語会話の心構えに直結する言語行動である。英語の社交会話では、誰もが会話に貢献することが期待され、参加者間でできるだけ均等な発話量やターン数の配布を目指した力学が働く。実際にはなかなかそのようにはならなくとも、発話量やターン数の平等性を求める語用規則がある。また本来、ターンは1人が話し終えたら、間隔をあけず次の者が話す、という形式で独立したターンが続くのがアングロ英語コミュニケーションの形式であるとされてきたが、本研究では奪い取りのターンが数多く見られたことが新しい発見であった。ただ、敵対の奪い取りではなく、重なり発話をしかけるのと同じく、会話を活発にするための奪い取りであり、そのために参加者間の関係が悪くなる性質のものではなかった。日本語母語話者が英語母語話者と英語で話すとき、発話量やターンが少なくなるのはできるだけ避けるべきなのだが、日本語では均等性を求める考えがないことから、発話量やターンを増やすための練習は英語教育に取り入れられたほうがよい項目であろう。

2.2　明示的指導か暗示的指導か

　語用規則が教室内での対教師とのやりとりの過程で習得できるかどうかは、教室談話の分析を通して研究が進行中である(Kasper & Rose 2001, 2002)。しかし英語が外国語であり日常的に英語を使用せず、英語を使わな

くても生活にまったく困らない日本という文脈や、そこから発生する英語習得のための絶対時間量の不足という状況を考えるならば、教室談話のみでは英語会話の語用規則への気づきや習得は難しいと推測するのが妥当である。語用規則の指導を教室内で積極的に行っていかなければ、結局日本語母語話者はリスニングやスピーキングのスキルが獲得できたとしても、やりとりをしなければならない「会話」はうまくできないままになってしまうであろう。

　それでは教室で実際に指導する際には、どのような方法で指導するのが効果的なのか。これにはまず明示的に語用規則と、その意味を示してから指導する明示的指導方法と、語用規則をあからさまにしなくても、うまく構成された練習をさせることによって、学習者が自然にそれができるようになる暗示的指導方法がある。村田・大谷(2006)は英語のポジティブ・ポライトネス・ストラテジーを明示的に示し、さまざまなストラテジーを大学生に練習させることによって、会話が活発化し、会話時間も長くなったことを報告している。下の会話はポジティブ・ポライトネス・ストラテジーを大学生に教える前(4月)と教えた後(7月)の会話であるが、尋問形式だったやりとりが、「相手に興味を示す」や「答えに一言加える」というストラテジーや具体的な言い回しを習ったことで、「夏休みの予定」という話題が継続し、会話らしくなっていることが分かる。(村田・大谷 2006: 207–210)

【ポジティブ・ポライトネス・ストラテジーの指導前】
(会話1)
F1:　What's your name?
F2:　My name is Kumi Hori.
F1:　When is your birthday?
F2:　My birthday is July 16th.
F1:　Where is your hometown?
F2:　My hometown is Nara. What's your name?
F1:　My name is Katsuko Mikawa.
F2:　When is your birthday?
F1:　My birthday is August 2.

F2: Where is your hometown?

F1: My hometown is Osaka.

【ポジティブ・ポライトネス・ストラテジーの指導後】（太字はポジティブ・ポライトネスに関わる部分。また読みやすさを優先して、原文から省略した記号がある。）

（会話2）

F6: Good morning, **Moe**.

F5: Good morning, **Miki**.

F6: How are you today?

F5: Oh, I'm fine. How about you?

F6: Uh, I'm fine, too. Thank you. **What , what will you do summer vacation?**

F5: I want to go to sea.

F6: Oh.

F5: And I, I will go to camp activity.

F6: Oh. Where are you going to? Where?

F5: Yamanakako. I want to, **I go to Yamanakako, in Yamanashi.**

F6: Oh

F5: **Miki, do you have any plans in summer vacation?**

F6: I come back my hometown.

F5: Oh, where, where is your hometown?

F6: My hometown is Niigata.

F5: **Oh, Niigata.**

F6: I will. **I'm going to work marine park.**

F5: Marine park? Oh yeah.

F6: And it's 9, 9 a.m.

F5: 9a.m. to?

F6: From 9 a.m. to 6 p.m. working.

（以下省略）

暗示的指導方法の成功例としては、英語のディスカッションクラスにおけるターン・テイキングができるように考案された Ask-Talk-Ask(Petrin 2013a, 2013b)の例がある。これは日本語母語話者のディスカッションにおけるターンと発話量を増やすための指導方法で、まさに日本語母語話者が日本語の語用規則から脱却し、日本語母語話者であっても英語のディスカッションのやり方に合わせて、ディスカッションを効果的に進めることができるように指導した例である。Petrin は指導の中で発話量を増やすことや、ターンを取ったり、渡したりするターン管理について説明をするわけではない。彼は英語でのディスカッションはどのように進行するかを discussion graphic organizer (DGO)と呼ばれる一種のフローチャートで示し(図1)、必要な語句を同じようなチャートで提供して(図2)、実際のディスカッションでそれらを使うように指示した。また学生の達成度を評価をするときには、図2で提示されているような語句が正しく使用されていたかどうかを観察した。

　DGO を使用して4週間指導した結果、統制群と比較して指導を受けたグループはターンのやりとりが自然になり、本来のディスカッションに近い形

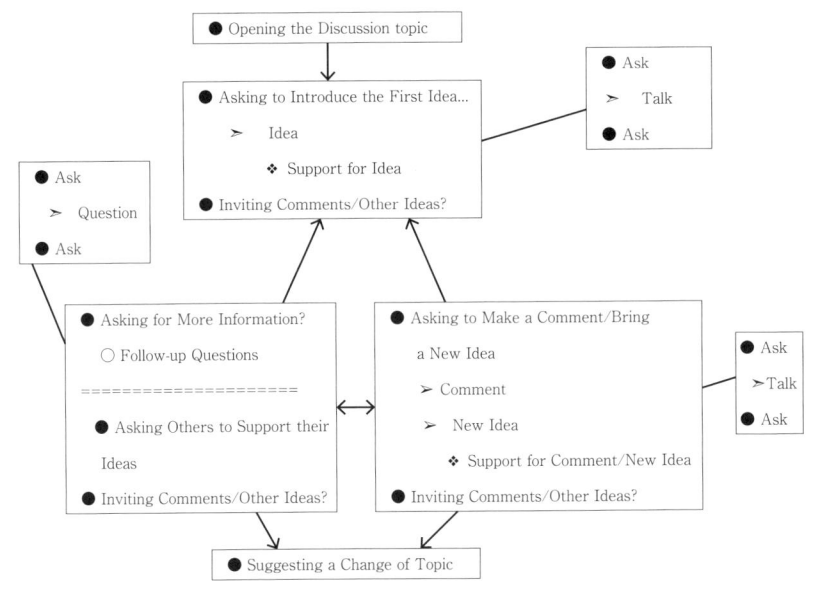

図1　ターン行動を示す Discussion Graphic Organizer(Petrin 2013a をもとに作成)

```
                    ● Let's Begin: "........"
                    ● W?hat does everyone think

                  ● Can I go first?                     ● Ask
                     ➢ In my opinion                    ➢ Talk
                       ❖ The main reason is .....       ● Ask
                         ▪ For example ...
                  ● Does anyone want to say something?
 ● Ask
  ➢ Question
 ● Ask

  ● Can I ask a question?        ● Can I say something?
    ○ Who/what/where/when          ➢ I agree/disagree …
    ○ Have you ever …              ➢ I think …              ● Ask
    ○ How often …                     ❖ The main reason is …  ➢ Talk
  =====================              ▪ For example …       ● Ask
    ➢ What's your opinion (name)?  ● Does anyone have another idea?
       ❖ Could you tell the why …?
          ▪ Could you give me an example?
  ● Does anyone have another idea?

                    ● Let's go to the next topic/question …
```

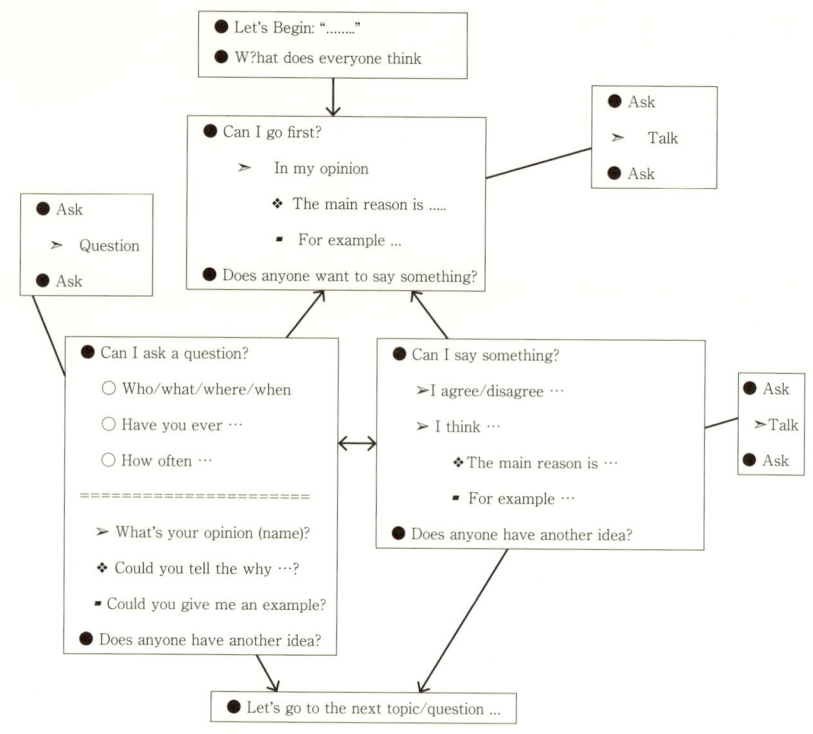

図2　ターン管理のためのフレーズを示した Discussion Graphic Organizer (Petrin 2013a をもとに作成)

になったことが報告されている (Petrin 2013a: 198)。会話 3 と会話 4 は GDO の指導前と指導後のディスカッションの一例である Petrin (2013b)。

【学期始め】話題は 'Is it easier to talk to friends or family when you have a problem?'
(会話 3)
Ryo: Hey guys, so what's up? Is it friends or family?
Jun: Of course friends are easier!
Ichiro: I agree! I went to Izakaya last night with my friends…
        いまちょっとねむい
Eri: Ichiro, you should drink コーヒー before coming to English

class. Okay, let's go to the next Discussion Question.

【4週間の指導後】話題は会話3に同じ
（会話4）
Ryo:　Okay, let's begin! "Is it easier to talk to friends or family when you have a problem?" What does everyone think?
Jun:　Can I go first? Well, I think it is easier to talk with friends when I have a problem. The main reason is that I can't relax when I talk to people in my family. Does anyone want to make a comment?
Ichiro:　Can I make a comment? In my opinion, family is easier to talk to. For instance, when I have a problem I talk to my father because he is older and a lot of life experience. Does anyone have a different idea?
Eri:　Can I say something? I see your point, but personally speaking, I think it is easy to talk to friends it's mainly because we are the same age. For example, yesterday I...

　会話4の下線部分は、学生たちに明示的に与えられたフレーズであるが、それらのフレーズを使うことによって学生間でのターンの受渡しが自然にされており、また発話量も飛躍的に増え、実際にディスカッションのためのやりとりになっていることが明らかである。
　明示的指導をするか、暗示的指導するかという選択は、おそらく導入する語用規則にもよるだろう。ポジティブ・ポライトネス・ストラテジーのように、その意味や機能が分かりにくい語用事項は、指導時間の制約を考えると明示的に意味を説明し、導入したほうが習得が確実となると思われる。しかし日本語でもなされるターンの管理などは、メタ語用的な規則であるので、敢えて説明をする必要はなく、会話でのターンのやりとりのためのフレーズを使用できるようにしてやれば、学習者はうまくターンを取ったり、渡したりするようになるだろう。いずれの指導方法を採るにせよ、英語会話の語用

規則は、日本語母語話者の英語会話能力を高める効果が期待されるため、積極的に導入されるべきものであると考える。

3. CEFR-J と語用規則

　最後に日本の英語教育に大きな変革をもたらしつつある CEFR-J と本書が解明を目指したような語用規則との関係について述べたい。CEFR-J は CEFR(Common European Frame of Reference ヨーロッパ共通参照枠 Council of Europe 2001)を土台として日本語母語話者を想定して作成されたものである。その基となっている CEFR には欧州評議会の下部組織である言語政策部門と欧州現代語センターが30有余年をかけて開発した外国語教育の学習、教授、評価に関する指標が含まれている(投野 2013: 5)。CEFR-J は CEFR に依拠しつつも、日本の言語教育環境に、より適した内容になるように手が加えられたものである。

　本研究が分析対象としたのは、初対面会話であり、分析の結果から導き出された語用指標は、CEFR-J においてはスピーキングのうちの「やりとり」に関わってくる。CEFR-J のディスクリプタ(Descriptor、CAN-DO Statements で表される)は、レベル分けも含めて、将来現場からの検証を積み上げて修正を図る余地を残すものではあるが、CAN-DO リストは作成されており、公開もされている。

　たとえば、日本の大学生が目指すレベルとされる B2.1 のディスクリプタには次の2つが記されている。

「ある程度なじみのあるトピックならば、新聞・インターネットで読んだり、テレビで見たりニュースについて議論することができる」
「母語話者同士の議論に加われないこともあるが、自分が学んだトピックや自分の興味や経験の範囲内のトピックなら、抽象的なトピックであっても、議論できる」　　　　　　　　　　　　　　　(投野 2013: 297)

CAN-DO リストの記述文はこのように、大枠の記載に留まり、個々の文法項

目や語彙などは含まれず、包括的なものになっている。CEFR がもともと特定の言語に制限されず、言語に中立であるためにディスクリプタには詳細な記述がなされないのであるが、印欧語族から言語距離が大きい日本語を母語とする学習者には、英語の Core Inventory(投野 2013: 61)のような下位リストとして、本研究で明らかにされたような語用指標を入れた記述が必要ではないかと思われる。レベル B2.1 では「議論できる」ことが到達目標とされているのであるが、ターンを取れて、自己開示も含めて適切な情報を提供することができなければ議論はできない。日本語とは異なる英語の話題の展開スタイルについても、それが運用できなければ、効果的に議論に参加することは難しいであろうし、英語で適切にあいづちを打てなければ、議論に興味がないと思われて、議論の輪から疎外されたままになってしまうかもしれない。

　B2 のような高いレベルでの「やりとり」だけではなく、本研究で明らかにされた語用規則は CEFR-J の初級レベルで記述されている「やりとり」の CAN-DO 文にも深く関わってくる。たとえば A1.1 のディスクリプタには「家族、日課、趣味などの個人的なトピックについて、(必ずしも正確ではないが)なじみのある表現や基礎的な文を使って、質問したり、質問に答えたりすることができる」とある。このディスクリプタには本書で提示されている自己開示のレベルと、情報授受のための応答要求表現―応答が関係する。個人的なトピックで会話をするのは、交感を目的とするものであろう。つまり、ラポールの形成や確認のためになされる社交会話である場合が多いと考えられるが、ここでも適切な自己開示や情報の授受や、あいづちの使用がなければ、「なじみのある表現や基礎的な文を使って、質問したり、答えたりすること」はできても、そのやりとりをする目的自体が達成できないことになる。

　CEFR-J のそれぞれのレベルで、どの語用規則がどのような具体的記述で含まれるべきかは、今後の検討課題であるが、到達度だけでなくその CAN-DO 文が提示する言語使用をすることによって、何が達成できるのか、何を達成しようと期待されているのかまで考慮したうえで、語用規則に関する記述を取り込むことが必要となろう。

参考文献

Brown, P., & Levinson, S.C. (1987). *Politeness: Some universals in language usage.* Cambridge: Cambridge University Press. [田中典子(監訳)斉藤早智子・津留崎毅・鶴田庸子・日野壽憲・山下早代子(訳)(2011)『ポライトネス』研究社]

Council of Europe. (2001). *Common European framework of reference for languages: Learning, teaching, assessment.* Cambridge: Cambridge University Press. [吉島茂・大橋理枝他(訳・編)(2004)『外国語教育Ⅱ 外国語の学習、教授、評価のためのヨーロッパ共通参照枠』朝日出版]

FitzGerald, H. (2003). *How different are we?: Spoken discourse in intercultural communication.* Clevedon: Multilingual Matters. [村田泰美(監訳)大塚容子・重光由加・大谷麻美(訳)(2010)『文化と会話スタイル―多文化社会・オーストラリアに見る異文化間コミュニケーション―』ひつじ書房]

Gumperz, J. J. (1982). *Discourse strategies.* Cambridge: Cambridge University Press.

堀素子・津田早苗・大塚容子・村田泰美・重光由加・大谷麻美・村田和代(2006)『ポライトネスと英語教育』ひつじ書房

Kasper, G. & Rose, K. R. (2001). Pragmatics in language teaching. In R. K. Rose & G. Kasper (Eds.), *Pragmatics in language teaching* (pp.1–9). Cambridge: Cambridge University Press.

Kasper, G. & K. R (2002). *Pragmatics development in a second language.* Oxford: Backwell.

久保田真弓(2001)『あいづちは人を活かす』廣済堂出版

Malinowski, B. K. (1922). *Argonauts of the Western Pacific.* London. [寺田和夫・増田義郎(訳)(1967)「西太平洋の遠洋航海者」泉靖一(編)『世界の名著』59 中央公論社]

松村昌紀(2012)『タスクを活用した英語授業のデザイン』大修館

村田和代・大谷麻美(2006)「ポジティブ・ポライトネス・ストラテジーの指導の試み」堀素子・津田早苗・大塚容子・村田泰美・重光由加・大谷麻美・村田和代『ポライトネスと英語教育』(pp.195–228)ひつじ書房

Petrin, V. (2013a). "Ask-Talk-Ask": Introducing English discussion skills as "whole" speech turn-taking through graphic organizers. *Rikkyo University New Directions in Teaching and Learning English Discussion, 1*(2), 195–201.

Petrin, V. (2013b). *"Ask-Talk-Ask" small group discussion turn-taking.* Paper presented at JALT International Conference, Kobe.

Silverstein, M. (1992). The indeterminacy of contextualization: When enough is enough? In P. Auer & A. di Luzio (Eds.), *The contextualization of language* (pp.55–76). Amsterdam: John Benjamins.

投野由紀夫(2013)『英語到達度指標 CEFR-J ガイドブック』大修館書店
Robert, C., M. Byram, A. Barro, S. Jordan & B. Street (2001). *Language learners as ethnographers*. Clevedon: Multilingual Matters.
Verschueren, J. (2011). Interactional sociolinguistics. In J. Japsers, J. Ostman & J. Verschueren (Eds.), *Society and language use* (pp.169–175). Amsterdam: John Benjamins.

索引

B
Bイベント　99

C
CEFR-J　288
Celce-Murcia (2007)　5
Clyne (1994)　3
Common European Framework of Reference for Languages (CEFR)　6
considerateness style　224
contextualization cue　8, 11

D
duet style　217, 219, 220, 221, 225

F
FitzGerald (2003)　4, 27, 193

G
Gumperz (1982)　8, 278

H
high-context communication　3
high-involvement　212
high-involvement style　224

I
Inner Circle　15
Inner Circle (内円) の英語変種　10
interactional competence　6
interactive style　204, 217, 219, 220, 221, 223

L
Leech and Svartvik (2002)　98
low-context communication　3

M
monologue style　221, 223, 225

O
Open-class　137, 148, 154, 155, 160

Q
Quirk et al. (1985)　98
Q-word　149

R
Repeat + Q　150

S
Sacks (1974)　40
Schegloff, Jefferson, & Sacks (1977)　135
second story　64, 65, 212, 226, 267, 272
second (follow-up) story　41, 85
Silverstein (1992)　278
Stivers & Enfield (2010)　98
story rounds　212
storytelling sequences　40

T

Tannen(1984) 224
TF 204, 213, 220

W

World Standard English(WSE) 10, 15

あ

あいづち 198, 200, 209, 212, 213, 221, 223, 224, 266, 269, 272
アメリカと日本のビジネスマンの会話 255

い

維持のターン(turn-maintaining) 234, 242
インタラクティブ・スタイル 266, 274

う

奪い取りのターン(turn-appropriating) 234, 242, 244

え

英語会話での日本語母語話者の発話量 248
『英語が使える日本人』 1
英語圏各地域のターン数と発話量の平均値 238
英語コミュニケーション能力 2
英語の他者修復の形式 142
英語のディスカッションクラス 285
英語変種 10
英語をリンガ・フランカとする異文化間会話 235

お

応答 95
応答要求発言 274
応答要求表現 273

か

海外勤務経験者 232
開始部 200
会話参加者の平等性 282
会話の連鎖 96
会話分析 231
限られた反応 198, 199
学習指導要領改訂 1
確認 142, 153, 157
確認や同意 96
完結可能点の投射の方向 257
完結可能点表示 257
完結文の後 178
間接真偽疑問文 99

き

聞き返し(Clarification) 136
聞き返し表現 142
疑問表現 142
共感 213, 221
共感発話 209, 213, 216, 221, 223
共話 188

く

繰り返し 142, 151, 155, 162, 199
繰り返しと疑問表現 142
グローバル化に対応した英語教育改革実施計画 1

こ

語彙的あいづち 175

交感的機能(phatic communion) 4
交感的作用 277
コミュニケーション・スタイル 3, 259
コミュニケーション・スタイルの違い 258
語用規則 275
語用指標 275
混合スタイル 220
コンテキスト化の合図(contextualization cue) 278

し

自己開示 268, 272, 274
自己修復(Self-initiated repair) 135
質問者 95
質問のターン(turn-direction) 234, 242
終結部 195, 200
修復(repair) 135
上昇イントネーション 99
情報提供 206, 207, 209, 212, 213, 217, 221
情報要求 204, 206, 213, 216, 221, 225, 226
初対面会話 9
真偽疑問文 99

そ

相互行為 8
相互行為インタラクション 6
相互行為的社会言語学 278, 279

た

ターン 266, 269, 273
ターンの種類 234
対人関係構築・維持 96, 106
他者修復(Other-initiated repair) 135, 159, 266, 269, 273, 274
他者修復の形式 136
多人数会話 8

ち

中途発話文の後 178

て

テーマ 195
デュエット・スタイル 271, 275
展開部 200

と

閉じた選択疑問文 100
トピック 41, 42, 52, 195

な

内円に属する英語(Inner Circle English varieties) 279

に

日本語的語用規則の転移 280
日本語のあいづち 171
日本語の他者修復の形式 142
日本語をリンガ・フランカとする異文化間会話 235
日本人の英語コミュニケーション能力 1
ニュースマークス 161
認識的非対称性(epistemic asymmetry) 96

ね

ネガティブ・フェイス 223, 224

は

働きかけ型 221, 225
発話量 266

ひ

非語彙的あいづち　175, 272
被質問者　95
否定疑問文　99
非働きかけ型　221, 225, 226
評価発話　199
開いた選択疑問文　100

ふ

フィッツジェラルド(2010)　258

ほ

ポーズ　198, 213
母語のコミュニケーション・スタイル　259
ポジティブ・フェイス　222, 223, 224
ポジティブ・ポライトネス　281
ポジティブ・ポライトネス・ストラテジー　283
補充疑問文　99
ポライトネス　222, 223

ま

まとめ発話　199

も

最も寡黙な話者　240
最も饒舌な話者　240
モノローグ・スタイル　271, 275
モノローグの談話展開スタイル　269

や

ヤマダ(2003)　255
「やりとり」のCAN-DO文　289

ら

ラポール　31, 132, 267, 268, 271

わ

話者交替　231, 234
話題　195
話題展開　195, 196, 204, 207, 209, 274
話題展開の失敗　220, 221, 223, 224
話題転換　195, 206
話題導入　206
話題の開始部　195

執筆者一覧

津田早苗(つだ　さなえ)　**東海学園大学名誉教授**
国際基督教大学教育学研究科大学院修士課程修了(教育学修士)
『談話分析とコミュニケーション』(リーベル出版、1994)
『ポライトネスと英語教育―言語使用における対人関係の機能』(ひつじ書房、2006、共著)
「日本語話者の他者修復と国際共通語としての英語」(塩沢正ほか編『現代社会と英語―英語の多様性をみつめて』金星堂、2014)

村田泰美(むらた　やすみ)　**名城大学人間学部教授**
オーストラリア国立大学(ANU)大学院アジア研究科博士課程修了(Ph.D)
『概説　社会言語学』(ひつじ書房、2013、共著)
『現代社会と英語―英語の多様性をみつめて』(金星堂、2014、共著)
「国際英語論考―教育のための英語モデルを考える」(『名城大学人文紀要』第103集49巻1号、2013)

大谷麻美(おおたに　まみ)　**京都女子大学文学部准教授**
お茶の水女子大学大学院人間文化研究科後期博士課程修了(人文科学博士)
「異文化間コミュニケーションと英語教育」(『英語教育と文化―異文化間コミュニケーション能力の養成』大修館書店、共著、2010)
「日本の英語教育への「ヨーロッパ共通参照枠」導入の意義と課題―社会言語能力と言語運用能力からの考察」(『京都女子大学人文論叢』第58号、2010)
「謝罪とその受入れのプロセスにみる相互行為―アメリカ英語の謝罪談話の事例研究」(『日本英語コミュニケーション学会紀要』22巻第1号、2013)

岩田祐子(いわた　ゆうこ)　**国際基督教大学教養学部教授**
国際基督教大学大学院教育学研究科博士後期課程修了　博士(教育学)
「日英語バイリンガルの子供たちの言語習得」(井出祥子・平賀正子編『講座社会言語科学第1巻　異文化とコミュニケーション』ひつじ書房、2005)
Pragmatic Failure in Topic Choice, Topic Development, and Self-Disclosure by Japanese EFL Speakers. (*Intercultural Communications Studies*, 19(2), 2010)
『概説　社会言語学』(ひつじ書房、2013、共著)

重光由加(しげみつ　ゆか)　**東京工芸大学工学部教授**
　　日本女子大学大学院文学研究科博士課程前期終了（文学修士）
　　「何を「心地よい」と感じるか」(井出祥子・平賀正子編『講座社会言語科学　第1巻　異文化とコミュニケーション』ひつじ書房、2005）
　　『数学の認知科学』G. レイコフ、R. ヌーニェス著（丸善出版、2012、共訳）
　　『概説　社会言語学』（ひつじ書房、2013、共著）

大塚容子(おおつか　ようこ)　**岐阜聖徳学園大学外国語学部教授**
　　金城学院大学大学院文学研究科修士課程修了（文学修士）
　　「A Course in Modern Japanese (1983)の会話分析―伝達機能の観点から」(藤原雅憲ほか編『大学における日本語教育の構築と展開―大坪一夫教授古稀記念論文集』ひつじ書房、2007）
　　「異文化間会話における日本語母語話者の言語行動―ポジティブ・ポライトネス・ストラテジーを中心に」(岐阜聖徳学園大学外国語学部編『ポスト／コロニアルの諸相』彩流社、2010）
　　「初対面の三人会話における話題の選択と提示」(岐阜聖徳学園大学外国語学部編『ことばのプリズム―文学・言語・教育』彩流社、2014）

	シリーズ言語学と言語教育
	【第35巻】
	日・英語談話スタイルの対照研究
	英語コミュニケーション教育への応用
	Linguistics and Language Education Series 35
	A Contrastive Study of Japanese and English Spoken Discourse Styles:
	Towards Effective English Communication Education
	Sanae Tsuda, Yasumi Gee Murata, Mami Otani,
	Yuko Iwata, Yuka Shigemitsu, Yoko Otsuka
発行	2015年 3月31日　初版1刷

定価	4000円＋税
著者	©津田早苗・村田泰美・大谷麻美・ 岩田祐子・重光由加・大塚容子
発行者	松本功
装丁者	吉岡透 (ae) /明田結希 (okaka design)
印刷所	三美印刷 株式会社
製本所	小泉製本 株式会社
発行所	株式会社 ひつじ書房
	〒112-0011　東京都文京区千石2-1-2 大和ビル 2F
	Tel 03-5319-4916　Fax 03-5319-4917
	郵便振替　00120-8-142852
	toiawase@hituzi.co.jp
	http://www.hituzi.co.jp/

造本には充分注意しておりますが、落丁・乱丁などがございましたら、小社かお買上げ書店にておとりかえいたします。
ご意見、ご感想など、小社までお寄せ下されば幸いです。

ISBN978-4-89476-738-6　C3080
Printed in Japan

概説　社会言語学

岩田祐子・重光由加・村田泰美 著　定価2,200円＋税

社会言語学とは何を研究する学問なのか、社会言語学を学ぶことで言語や言語の背景にある社会・文化について何がわかるのかについて、学部生にもわかるように書かれた入門書。入門書とはいえ、英語や日本語の談話データを分析しながら、社会言語学の様々な分野におけるこれまでの代表的な研究成果だけでなく、最新の研究成果も網羅している。社会言語学を学ぶ学生だけでなく、英語教育や日本語教育、異文化コミュニケーションを学ぶ学生にとっても役立つ内容である。

言語学翻訳叢書　11
文化と会話スタイル
多文化社会・オーストラリアに見る異文化間コミュニケーション

ヘレン・フィッツジェラルド 著　村田泰美（監訳）・重光由加・大谷麻美・大塚容子 訳
定価2,800円＋税

オーストラリアは多文化主義を政策として採用しながらも英語を国の土台ととらえ、移民の英語教育を保証している。本書は移民たちが英語母語話者を交えて問題解決をはかるとき、母語の文化的価値観や談話構造、ターン・ティキング、主張の仕方といった会話のスタイルがどのように英語母語話者や他の文化出身者との意思疎通を阻んだり、誤解を与えたのかを実際の会話データから分析した。英語教育、日本語教育、多文化教育でのコミュニケーションの在り方を考えるための必読書。
訳書原題：*How Different Are We? Spoken Discourse in Intercultural Communication*

シリーズ言語学と言語教育　34
日本の英語教育における文学教材の可能性

髙橋和子著　定価7,500円＋税

本書は、近年、日本の英語教育から文学教材が減少した経緯を批判的に分析した上で、文学はコミュニケーション能力育成を目指す英語教育において重要な教材であることを、理論と実践両面から示している。実践面では、中学・高校教員の声や、大学生の意見を踏まえ、文学を活用するための多彩な授業プランを紹介している。英語教育に興味を持つ幅広い読者に薦めたい。